作者简介：

宋平， 男，1975年8月出生，四川自贡人，2003年考入西南政法大学法学院诉讼法学专业，2006年获得法学硕士学位，2009年获得法学博士学位，现为四川理工学院法学院副教授，已出版《医患纠纷诉讼程序研究》(独著)，《外国民事诉讼法新发展》(合著)、《盐业纠纷解决研究——以四川近现代盐业史料为中心》(独著)等学术著作，并在《河北法学》《中国司法鉴定》等法学类核心期刊上发表多篇学术论文，主持、参与多项省部级、厅级科研项目。

本书是四川省哲学社会科学规划研究项目"诚实信用原则视野下管辖权滥用规制研究"（编号：SC15XK042）的成果。

契合与超越系列

总主编 ◎ 李祖军

民事诉讼诚实信用原则与管辖权滥用之规制研究

宋平 著

厦门大学出版社　国家一级出版社
XIAMEN UNIVERSITY PRESS　全国百佳图书出版单位

图书在版编目(CIP)数据

民事诉讼诚实信用原则与管辖权滥用之规制研究/宋平著. 厦门:厦门大学出版社,2018.3
(契合与超越系列)
ISBN 978-7-5615-6731-9

Ⅰ.①民… Ⅱ.①宋… Ⅲ.①民事诉讼-管辖权-司法制度-研究-中国 Ⅳ.①D925.104

中国版本图书馆CIP数据核字(2017)第256658号

出 版 人	郑文礼
责任编辑	邓 臻
美术编辑	李嘉彬
封面设计	赵 莉
技术编辑	许克华

出版发行 厦门大学出版社
社　　址 厦门市软件园二期望海路39号
邮政编码 361008
总 编 办 0592-2182177　0592-2181406(传真)
营销中心 0592-2184458　0592-2181365
网　　址 http://www.xmupress.com
邮　　箱 xmup@xmupress.com
印　　刷 厦门市金凯龙印刷有限公司

开本 720mm×1000mm　1/16
印张 14
插页 2
字数 246千字
版次 2018年3月第1版
印次 2018年3月第1次印刷
定价 68.00元

本书如有印装质量问题请直接寄承印厂调换

厦门大学出版社
微信二维码

厦门大学出版社
微博二维码

序

传统民事诉讼基本原则包括当事人诉讼权利平等原则、处分原则、同等或者对等原则、辩论原则。现代化民事诉讼理念下,以程序公正为导向,我国民事诉讼模式已经向社会型、协同型民事诉讼模式迈进。作为协同型民事诉讼模式的主要指标之一,民事诉讼基本原则随之也发生质的变化。统领民事诉讼立法与司法实践的民事诉讼基本原则,势必发生现代化转型。已经被民事实体法领域乃至法治社会普遍接受的诚实信用原则,早已被大陆法系德国、奥地利等国家的民事诉讼法所采纳。

自上世纪末开始,我国开展了一场轰轰烈烈的民事司法改革运动,民事司法改革的主要成果之一,就是采纳社会型民事诉讼模式。我国2012年新《民事诉讼法》对民事诉讼基本原则、制度进行了大幅度的修改和完善,新《民事诉讼法》充分尊重当事人私权自治下的民事实体权利和诉讼权利,赋予当事人完全的程序主体地位。例如,当事人协议管辖的案件种类和协议管辖选择的法院范围,都比旧法有了大幅度的扩充。另外,对于涉及社会公共利益的事项,新《民事诉讼法》对其进行严格规范。例如,原被告之间陈述一致的内容,原则上约束法院,但是,如果当事人之间陈述的内容不符合客观真实时,法官不受当事人之间自认的约束。当事人新《民事诉讼法》第13条,规定了民事诉讼中法官、当事人、其他诉讼参与人应当遵守诚实信用原则,当事人享有处分权。因此,诉讼主体在民事诉讼中的所有诉讼行为,都应当遵守诚实信用原则。

民事诉讼诚实信用原则,为民事诉讼法基本原则,属于抽象的指导原则,法院、当事人及其他诉讼参与人都应当遵守诚实信用原则。然而,诚实信用原则也具有自身的弱点,比如抽象化、可操作性不强、法官不愿意适用等。因此,民事诉讼诚实信用原则有待于民事诉讼立法和司法实践对其进行具体化。发生民事纠纷后,当事人首要关心的就是案件应当向哪个法院提起诉讼,民事诉讼管辖就作为当事人提起诉讼必须解决的诉讼"门槛"。我国民事诉讼采纳两审终审制,绝大部分民事案件由基层法院进行一审,二审和终审法院为地市州级别的中级法院,这就导致民事诉讼终审审级太低。无论是从主观方面,还是客观方面分析,不同地区的法院对同类案件都可能做出不同的判决结果。这其实不符合法治国家统一性原则,而我们却不得不接受这样的现实。正因为如此,最高人民法院定期向全国各地法院公布在司法实践中具有典型性的案例,目的为确保全国法院适用法律统一。另外,无论是从民事诉讼实体利益,还是程序利益的角度,原被告双方当事人都非常在意民事案件的管辖法院。我国幅员辽阔,法院数量众多,为了科学合理地分担各级各地法院的工作负担,我国《民事诉讼法》规定了级别管辖、地域管辖、协议管辖、专属管辖、应诉管辖等。与原则性与灵活性规定相吻合,民事诉讼法也赋予了法院、当事人较大的管辖程序选择权。司法实践中,为了达到非法目的,一方当事人恶意选择管辖,侵害对方当事人利益的情形时有发生。如何解决民事诉讼中当事人、法院违反诚实信用原则,规避管辖问题,就成了一项重大的研究课题。

本书以民事诉讼诚实信用原则为基点,系统研究我国民事诉讼各项管辖制度,大量司法实践案例,特别是最高人民法院作出的终审管辖裁定案例以及指导性案例。本书探讨由最高人民法院通过创制指导性管辖裁判案例,以案例的裁判要点对当事人、法院行使管辖权进行有效的约束,以维护程序公正,具有独到的理论意义和实践价值。本书的其他部分,作者还有许多颇为读到的见解,就留待读者自己去评判。

宋平同志博士毕业至今仍然孜孜不倦地进行学术钻研,值得鼓励。为自己的学生作序,我心里充满了欣慰和喜悦。本书即将付梓之际,我衷心希望宋平同志能有更多的作品问世,也希望有更多的人投身于民事诉讼法学理论研究之中。

李祖军

2017 年 9 月 4 日

目 录

导 论 ·· 1

第一章　民事诉讼管辖制度之起源 ·· 3
　第一节　各种非诉讼纠纷解决机制 ·· 4
　第二节　民事诉讼 ·· 10
　第三节　民事诉讼主管 ··· 18
　第四节　民事管辖概述 ··· 20
　第五节　民事诉讼管辖制度之基本原则 ·· 22

第二章　民事诉讼管辖制度之本论 ·· 29
　第一节　民事管辖概述 ··· 29
　第二节　民事管辖制度的起源 ·· 31
　第三节　我国的管辖制度 ·· 32
　第四节　我国管辖制度的缺陷与重构建议 ····································· 93

第三章　管辖制度比较法研究 ··· 95
　第一节　德国的管辖制度 ·· 95
　第二节　日本的管辖制度 ·· 98
　第三节　美国的管辖制度 ·· 104

第四章　民事诉讼中诚实信用原则之正当性 ·································· 107
　第一节　民事诉讼中诚实信用原则的起源 ······································ 108
　第二节　民事诉讼中诚实信用原则之本论 ······································ 113
　第三节　民事诉讼中诚实信用原则比较法考察 ·································· 116

第五章　诚实信用原则之规范化具体化 …… 119
第一节　当事人的诉讼行为 …… 119
第二节　法院的民事审判权 …… 136
第三节　其他诉讼参与人的诉讼行为 …… 160

第六章　当事人违反诚实信用原则滥用管辖权之分析 …… 166
第一节　当事人诉前违反诚实信用原则规避法定管辖权 …… 167
第二节　当事人诉讼中违反诚实信用原则规避法定管辖权 …… 178

第七章　法院违反诚实信用原则滥用管辖权 …… 192
第一节　立案阶段推诿法定管辖 …… 192
第二节　管辖权异议审查程序中违反诚实信用原则 …… 194

第八章　案例指导规范下的恶意民事管辖行为之规制 …… 201
第一节　案例指导制度 …… 201
第二节　案例指导制度下恶意管辖行为之规制 …… 207

参考文献 …… 211
后　　记 …… 218

导　论

民事纷争发生后,当事人之间的权利义务关系就处于一种持续不稳定状态,为了维护自己的合法权益,他们会寻求救济。民事纷争的解决机制包含非诉方式和诉讼方式,民事纠纷当事人必定会先选择成本较低的非诉讼解决机制。然而,纠纷当事人之间往往关系恶化,矛盾巨大,他们之间的民事纠纷很难通过以互谅互让为基础的私力救济方式化解时,利益受损方会寻求更加有效的公力救济,即终局性、强制性的纠纷解决机制——民事诉讼。人类进入文明社会后,为了维护社会稳定和可持续发展,国家设立了司法机关即法院,强制性地解决民事社会生活中发生的民事纷争。我国《宪法》《民事诉讼法》赋予了当事人诉权,诉权是国家赋予民事纠纷当事人的一种司法保护权,也是请求法院启动诉讼程序保护其民事权益的一种公权力。为了防止诉权被滥用,法律规定了当事人行使诉权需具备诉讼要件,主要包含当事人适格、法院途径合法、诉讼标的。诉讼要件之一的民事案件法院途径合法,就是民事案件属于法院主管范围,并且法院对本案的管辖正确。法院对案件的主管限定了其受理民事纠纷的权限和范围,管控了民事司法审判权的入口;法院管辖制度合理分配了全国的民事司法资源,为了公平解决民事纠纷,法院管辖制度必须坚持有利于法院办案、有利于当事人诉讼两大原则。

在应然状态下,根据法定法官原则,全国任何一个法院的任意一名法官审判民事案件,均会秉持客观公正立场,对案件作出公平的判决。然而,在实然状态下,我国司法不公、地方保护主义现象还时有发生,近期难以完全被消除。有时被当事人以及新闻媒体"放大"了的个别错案,也会加强当事人对某些法院和法官的不信任。与此同时,我国传统的熟人社会文化早已渗透进了平民化的社会生活中,当事人更愿意将案件向自己能够攀上关系的法院提起诉讼,交由自己熟悉的法官审理。

另外,关于影响当事人重要的民事诉讼程序利益的审级制度,相较于大陆法系绝大多数国家实行的三审终审制,我国民事诉讼采二审终审制,这就在客观上导致民事案件终审审级较低。一方面,在我国四级法院系统中,基层法院、中级人民法院与当事人住所地联系密切;另一方面,上下级法院在司法实践中已经形成了对疑难、复杂案件畅通的裁判前体制外的"沟通方式"。这种被扭曲了的民事诉讼两审终审制,迫使当事人穷尽一切手段,不惜违背诚实信用原则,通过技术性的诉讼手段,恶意取得规避或者获得特定法院的管辖。

本书认为,我国《民事诉讼法》第13条规定了诚实信用原则,当事人及其他诉讼参与人应当遵循此"帝王法则",当事人恶意行使选择管辖、变更诉讼标的和诉讼请求等诉讼行为,应当受到法院的规制,法院对民事案件管辖的司法裁判行为也应当遵循诚实信用原则。

第一章

民事诉讼管辖制度之起源

在蒙昧的原始社会,由于社会资源的有限性,加之在社会生活中个体认识的差距,在交换分配生产资料以及生活资料的过程中,人与人之间必定产生大量的民事纠纷。之后,人们生活的共同体为了集体安全、可持续发展、健康和谐等,会通过各种方法化解这些民事纠纷。原始社会中部落作为群体生活单元,以应对野兽的袭击,以及协同打猎获取必要的生活资料。当群体成员之间发生民事纠纷后,部落首领会凭借自己的权威,以及共同体之间已经形成的习惯,解决其内部成员之间的纠纷。对于部落之间发生的纠纷,不同部落往往会诉诸武力争斗加以解决。人类社会不断向前发展,当进入阶级社会产生政府、警察局、法庭、监狱等国家机器后,人们之间的民事纠纷如果久久未获得化解,就会危及社会的稳定。

"对于公共事务的管理一味地通过暴力是不可取的,这就是社会自身为了防止分裂所具有的本能性自卫作用。而且,他们又出于保持社会的安定的本能,倾向于对一定种类的纠纷采取大致相同的解决方法,社会的组成人员对此也加以承认并形成特定的期待。"① 人类社会自发形成了性质各异的纠纷解决机制,以纠纷类型的差异性、各自的纠纷解决机制性质不同而显现出其强制性逐渐递增。与此同时,社会生活不断发展变化,人们之间形成的民事纠纷性质也就当然呈现出复杂化、精细化态势。人类社会进入近现代工业化、信息化时代后,特别是在高科技、高技术性条件下的当代社会,纠纷解决机制必定随着社会现代化而同步得到革新。国家设立的纠纷解决机制已远不能满足复杂社会矛盾公平解决的需求,因此,各种专业化纠纷解决机制随之产生。

---

① 谷口安平.程序的正义与诉讼[M].王亚新,刘荣军,译.北京:中国政法大学出版社,1996:8.

随着资本主义社会经济的高速发展,在经济全球化、社会分工复杂化的大背景下,民事社会逐渐产生了大量的现代型纠纷,例如产品质量缺陷侵害多数消费者权益纠纷、医疗侵权纠纷、环境污染纠纷等。为因应上述现代化的新型民事争议,两大法系均制定了配套的类型化纠纷解决机制。英美法系之美国,更是持续扩展其特有的 ADR(alternative dispute resolution)解决机制,即替代诉讼程序的第三方解决制度,以化解司法机构受理案件数量的沉重压力。"当 ADR 裹挟着'和解文化'席卷全球时,我们发现世界各国的系统都在遭遇巨大冲击,正式性在纠纷解决领域一头独大的局面正在悄然发生改变,非正式的影响力日趋强劲,纠纷解决领域面临重新洗牌的局面。"[①]在经济全球化的宏观背景下,我国社会经济迈进快速增长的轨道,随之而来的各种负面影响逐渐扩大,现代型纠纷层出不穷,司法机构疲于应对,建构多元化的纠纷解决机制,就当然成了我国司法改革的重点。

第一节 各种非诉讼纠纷解决机制

在现代法治国家治国理念背景下,公正、和谐、稳定的社会是人民安居乐业、国家繁荣富强的可靠保障。不管在原始社会、封建社会、资本主义社会还是社会主义社会,民事纠纷的频繁发生都不可避免,而纠纷的及时公平化解,则关乎社会和谐安康、政治稳定。国家的权力中枢中必定存在着专责纠纷解决的裁判机关即法院,或者形成兼理司法的行政机关,这种纠纷解决机关所享有的权力源于国家公权力。

对于人们之间民事法律关系存在与否,以及民事权利义务归属和范围等,民事主体之间认识不一致时,就产生了民事纠纷。民事纠纷是平等主体之间对民事财产权利义务和民事人身权利义务的认识不一致时所产生的冲突。民事纠纷来源于民事社会生活,广义上的民事纠纷包括传统民事纠纷、婚姻家庭纠纷、继承纠纷、物权纠纷、债权纠纷、劳动争议、海事海商纠纷等。当社会分工愈加多元化时,社会生活中产生的纠纷在性质上就显出专业性和复杂性。

面对数量繁多的民事纠纷,现代各国分别制定了有针对性的特别法,专门

---

① 史长青.和解与法律文化传统——ADR 对司法职能的冲击[J].法律科学(西北政法大学学报),2014(2):3.

加以解决,例如我国的《人民调解法》《仲裁法》等。结合我国立法以及司法实践,我国民事纠纷的解决机制主要分为以下几类。

一、民事和解

由于我国自古重农抑商的封建传统,以及封建王权两千多年的专制统治,这就促使封建统治者为了维护自身政权的需要,压制商品经济的发展,也倡导厌讼、耻讼的法律文化传统。另外,我国古代封建社会的司法制度遵循刑民不分、程序法和实体法不分的机制。因为我国古代商品经济不发达,人们之间经常发生田宅、婚姻、斗殴等传统的民事争议。此外,人们依附于赖以生存的土地,不能随意迁徙,熟人社会形成,人与人之间的关系也显现出封建等级化,这就导致维系人与人之间的家庭关系、地主与佃户之间的关系更加稳固。

当民事纠纷发生后,纠纷主体在其实体利益方面可以承受和让渡的范围内,首选民事和解方式化解纠纷。民事和解纠纷解决方式,更加有利于彻底解决那些熟人社会所产生的矛盾,而且也能够继续维系当事人之间的关系。在现代社会中,人们之间发生民事纠纷后,纠纷主体往往会评估公力救济的成本,更倾向于通过私力救济和解方式解决民事纠纷。如果纠纷各方都聘请了律师作为其决策顾问,那么他们通过和解解决纠纷的成功率将大大增加。笔者亲自参与了一次民事纠纷的谈判。案情为甲受雇于乙,安装房屋雨棚。乙是一个装修工程老板,丙为一大型药业批发公司。丙将公司的装修工程全部包给乙施工,乙施工接近尾声时,丙又追加给安装雨棚的附件工程。乙自己没有做雨棚的工人,就通过自己朋友认识了甲,乙指派甲进入现场施工。施工现场就只有甲、乙,甲在对墙里钉螺钉时不小心摔倒在地,头朝下栽倒在地上,甲立即昏厥,送医后不治身亡。分析本案,甲是受雇于乙,乙是没有营业执照的自然人,很显然,甲、乙之间不能够形成劳动关系,因此,甲的死亡就不能被定性为工伤死亡。如果不是工伤死亡,那么甲的死亡只能算作人身意外伤害。依据《侵权责任法》第35条规定,甲、乙之间形成了个人之间提供劳务的民事法律关系,甲在提供劳务过程中因为劳务发生伤害,应当依据甲、乙各自的过错承担赔偿责任。言外之意就是,本案甲和工程老板乙、丙公司没有形成民事法律关系,既没有劳动关系,也没有个人之间形成的提供劳务关系。

如果甲的近亲属坚持通过诉讼途径解决,那么他们只能起诉乙,以人身伤害请求侵权损害赔偿。甲、乙都是自然人,乙作为个人老板,没有营业执照,当然就无法为其雇员购买工伤保险,甲死亡的损失必定由甲、乙分担,甲及其近亲属几乎不能获得赔偿。这时,乙和丙公司从人道主义援助的角度,愿意承担部分损失。最后甲、乙、丙三方及其律师通过谈判、协商、和解,最终达成一致,甲的人身损害死亡赔偿金共计 100 万元人民币，分别由甲、乙和丙承担三分之一。本案现在已经履行完毕，此案属于当事人各方积极通过和解解决纠纷。民事和解纠纷解决方式普遍存在于基层民事社会生活中，植根于熟人社会，当事人之间往往存在亲密的朋友关系、生意上的合作伙伴关系。然而，当纠纷涉及专业化，纠纷当事人之间对实体法律权利义务管辖的认识产生严重分歧时，矛盾双方当事人不可能坐在一起，也就无法继续进行谈判，此时，当事人会寻求规范化的纠纷解决途径。

二、调解

调解属于规范化的纠纷解决方式之一，调解主持人居中撮合发生民事纠纷的各方当事人，使其互谅互让，共同化解矛盾。从广义角度分析，调解分为人民调解、司法调解、行政调解，每一种调解机制都应当遵循相应的法律规范。作为基层群众自治组织下辖的人民调解委员会，依法解决本辖区范围内发生的民事纠纷。人民调解制度根源于我国封建社会时期的土地所有制，在漫长的封建社会时期，土地成为束缚人们迁徙的最大障碍，并且封建统治者禁止人们随意迁徙，目的是巩固封建王权，加强对农民的控制。

在这种重农抑商僵化的社会形态下，稳定的社会有助于统治者的统治秩序，统治者就会强化民事纠纷的调解解决。在古代中国，由于生产力不发达，民事纠纷通常发生在邻里之间，绝大多数纷争围绕着田宅、婚姻、侵权等类型，当这些矛盾激化时，村里德高望重的长者会乐于介入调解。调解主持人大多数情况下依靠自己的威望，以高品质的模范形象化解纠纷。

一方面，民事纠纷解决机制中的调解制度，克服了诉讼程序的严格规范性、僵化性等弊端，以灵活性、低成本等优势，供当事人自主；另一方面，通过调解解决民事纠纷所获得的调解结果，可能背离民事实体法，有违实体公正，不利于实体法秩序的维护。本书认为，当事人之所以愿意选择调解的民事纠纷解决方式，在于这一方式平衡了解决纠纷所获得的实体利益与需耗费的程序成本。

我国民事纠纷调解机制可分为人民调解、行政调解和司法调解。人民调解是城市基层社区居委会、农村村民委员会组建的，专门调解民间纠纷的法定组织，受所在地基层人民法院指导。我国在 2010 年颁布了《人民调解法》，该法对于人民调解委员会组织机构、调解员资格、受理案件范围、调解协议法律效力作了规定。在人民调解委员会主持下，双方当事人达成了调解协议，并且在调解协议上签字或者盖章后，调解协议即发生法律效力。另外，依据民法契约自由原则，依法达成的人民调解协议属于一种合法有效的合同，约束双方当事人。人民调解协议只有在违反法律的禁止性规定等无效条款时,才会被法院宣布无效。人民调解协议在基层法治运行中,对于民商事纠纷的彻底解决发挥了重要的作用,大大地促进了社会的和谐稳定①。

全国人大常委会于2012年修订了《民事诉讼法》,增加了一种非讼程序,即法院确认人民调解协议效力案件程序。确认人民调解协议程序规定,在人民调解委员会主持下,当事人之间达成调解协议签字后,双方当事人可以在30日内共同向人民调解委员会所在地的基层法院,申请司法确认调解协议效力。基层人民法院将这种案件作为非讼案件进行审理,主要审查双方当事人在达成调解协议时是否出于真实的意思表示,调解协议内容有无违反法律的禁止性规定。之后,基层法院将对人民调解协议作出民事裁定进行确认。如果一方当事人不履行此人民调解协议,另一方当然可以依据此裁定书,直接申请法院强制执行。2015年,人民调解协议当事人共申请了130749件确认案件,占调解案件总数的1.4%。

法院确认人民调解协议效力案件是非讼案件,《民事诉讼法》规定此类案件由人民调解委员会所在地基层法院管辖,符合程序公正、程序效益原则。能够通过人民调解解决的民事争议,往往属于简单的民事纠纷。迄今全国已有798417个人民调解委员会,为最基层的城市社区居委会、农村村民委员会、企事业单位、人民团体。人民调解委员会所在地基层人民法院管辖调解协议司法确认案件,有利于双方当事人行使诉讼权利,便于法院调查案情,也方便法院对拒不履行人民调解协议的当事人进行强制执行。

三、仲裁

仲裁是一种古老的纠纷解决机制,最初来源于商事领域。商人之间发生商事纠纷后,源于共同的商业行会管理制度,商业行会中的专业仲裁人将进行居中仲裁。由于仲裁双方申请人行使处分权,针对双方共同申请进行仲裁的商事纠纷,一旦选择申请仲裁,那么当事人就丧失诉权。此外,来源于仲裁当事人的处分权,仲裁庭仲裁裁决为一裁终局,当事人无权再提起民事诉讼,仲裁排斥司法裁判。早期,商事仲裁委员会多处理商人之间的商事性、专业性较强的纠纷,而且各方当事人均属于某个商业行会或者协会,商业行会、协会组

---

① 2015年全国各地人民调解委员会共调解9331047件各类民事纠纷,其中达成调解协议的有9100066件,占调解案件总数的97.52%。见司法部基层工作指导司人民调解处.2015年度全国人民调解工作数据统计[J].人民调解,2016(4):58.

织为了纠纷的顺利公正解决,自发设立了自己的仲裁委员会。行业协会会员入会之时,就已经同意将以后可能发生的商事纠纷提交本行会仲裁委员会仲裁。仲裁属于民间性的民事纠纷解决机制,与享有国家强权性的民事诉讼相比,具有本质区别。法律赋予仲裁委员会作出的裁决具有一裁终局效力,否定当事人上诉权,也排斥对同一纠纷提起民事诉讼的诉权。这种一裁终局的制度设计,源于民事纠纷当事人的实体和程序处分权。民事法律制度与理论中,当事人享有处分权,可以处分自己的程序权利和实体权利。纠纷各方当事人共同选择仲裁解决,那么他们就依法放弃诉讼解决的诉权,愿意接受一裁终局的仲裁结果。

我国于1994年颁布《仲裁法》,其中第2条规定:平等主体之间发生的合同纠纷和其他财产纠纷,可以申请仲裁解决;婚姻、收养、监护、继承等与人身关系密切的身份关系纠纷,不能申请仲裁解决。因为合同纠纷和其他财产权益纠纷属于财产权的争议或者私权争议,当事人能够自由处分的民事权利义务。但是,在面对民事主体间亲子关系否认和确认、婚姻关系解除以及宣告无效、收养关系的解除等身份关系纠纷时,身份纠纷的公平解决将影响当事人之外与其有亲属关系的第三人利益,因此,对此类涉及公共利益的案件,法律禁止当事人申请仲裁解决。近年来,我国仲裁案件数量和仲裁案件标的正在逐年激增①。

依据《仲裁法》,当事人可以在发生纠纷前后通过书面方式约定仲裁,并且可以约定我国任一仲裁委员会对他们的纠纷进行仲裁。换句话说,我国任何仲裁委员会都有权受理特定当事人约定的合同或者其他财产权利义务争议。关于仲裁委员会的管辖范围,法律不限制当事人约定仲裁委员会范围,体现了意思自治原则在当事人程序契约上的效力。

虽然当事人之间有共同协商选择仲裁的程序权利,但协商也是一种互相谈判、相互让步的过程,任何一方都不得将自己的意志强加于另一方。双方当事人合同中约定的仲裁条款,独立于合同权利义务的主要条款,属于纠纷解决特别条款。我国《仲裁法》第19条规定,合同纠纷或者其他财产权利义务争议

---

① 2014年,全国仲裁受案量和标的额再创历史新高。根据国务院法制办最新统计数据,全国235家仲裁委员会共受理案件113660件,比2013年增加9403件,增长率为9%。案件标的总额2656亿元,比2013年增加1010亿元,增长率为61%,是仲裁法实施20年来的最大增幅。法制日报转引人民网.去年全国仲裁受案量超11万件.(2015-06-13)[2016-10-21]. http://legal.people.com.cn/n/2015/0613/c188502-27148536.html.)

的当事人，订立的仲裁协议于合同实体权利义务条款而独立存在，即使合同被确认解除、变更、终止以及无效，仲裁协议的法律效力都不受影响。另外，最高人民法院制定的关于《仲裁法》的司法解释规定，即使合同被撤销、不成立，合同中订立的仲裁条款效力也不受影响，双方当事人可以约定两个以上仲裁机构，应当协议选择一个仲裁机构。可见，我国立法及司法解释对于仲裁协议的效力规定得宽松，其立法理论基础在于当事人享有的广泛之程序选择权。

本书认为，仲裁程序比较容易侵犯当事人程序选择权的情况经常存在于格式合同的仲裁条款中。当一方当事人属于经济实力较强的大型工商企业，另一方当事人为弱势的自然人时，大型工商企业会利用自己的优势地位，在格式合同的纠纷解决条款中约定仲裁条款，并且约定特定的仲裁委员会对合同产生的纠纷进行仲裁，因为这属于单方订立的格式条款。仲裁实践中，难以避免的情况是在合同签订过程中，具有优势地位的一方强迫另一方接受格式合同中的格式仲裁条款，另一方被逼无奈只能接受格式合同。这就侵犯了合同当事人的程序选择权，更导致其诉权的丧失。《合同法》第39条规定：采用格式条款订立合同的，提供格式条款的一方应当遵循公平原则确定当事人之间的权利和义务，并采取合理的方式提请对方注意免除或者限制其责任的条款，按照对方的要求，对该条款予以说明。格式条款是当事人为了重复使用而预先拟定，并在订立合同时未与对方协商的条款。第40条规定，合同格式条款若具有本法第52条、第53条规定的情形，或者提供格式条款一方免除其责任、加重对方责任、排除对方主要权利，该条款无效。第41条规定，对格式条款的理解如果产生争议，法院应当按照通常理解予以解释；如若对格式条款有两种以上解释的，应当最终作出不利于提供格式条款方的解释。格式条款与非格式条款不一致时，法院应当采用合同中的非格式条款。我国《合同法》对格式条款的约束，仅仅限于"应当遵循公平原则确定当事人之间的权利和义务"，而不同于实体权利义务的程序选择权，不属于所谓法律规定的"免除其责任、加重对方责任、排除对方主要权利"条款。因此，在实践中，对于这种格式仲裁协议条款，双方当事人一经签订即生效。

民事纠纷中当事人选择仲裁排斥诉讼，实质上将严重影响当事人的程序利益，使当事人丧失诉权。司法实践中，难免一方当事人与某些仲裁机构或者仲裁员关系密切，并对提交的仲裁案件的审理进行不当干涉。而当事人的民事纠纷获得不同级别的法官多重审理，属于程序保障理念下的一种审级利益，大陆法系国家民事诉讼绝大多数采纳三审终审之审级制度。由于我国仲裁机构中仲裁员法律素养参差不齐，当事人无法给予其充分的信赖。与此同时，一裁终局型的仲裁程序规则,将在很大程度上影响当事人实体利益和程序利益。与我国民事诉讼中协议管辖合同条款的特别规定相比,仲裁协议格式条款的法律效力还有待完善。为了平衡合同双方当事人的程序利益,我国在民事诉讼中已经将合同中格式管辖协议条款作了特别规定。民事诉讼法司法解释规定,一方利用优势地位在格式合同中订立的管辖协议条款,没有向对方当事人明确提示并告知的,对方当事人也没有明确表示同意时,这种格式协议管辖条款无效。本书认为,关系民事纠纷当事人基本程序保障的诉权,我国的仲裁立法或者司法解释可以参考格式协议管辖条款的规定。订立仲裁格式条款的当事人没有明确提示并告知对方当事人仲裁条款的,该仲裁条款无效。

第二节　民事诉讼

各种非诉讼纠纷解决机制远不能满足民事纠纷解决的需要,因此,国家必须设立权威性、强制性、终局性的纠纷解决机制,化解矛盾,维护民事社会的稳定。国家公权力介入私人之间的民事纠纷之主要方式为民事诉讼,由法院代表国家强制性、终局性、权威性解决私法争议。民事纠纷发生后,当事人诉诸非诉讼纠纷解决机制无法化解矛盾时,必定会寻求终局性的纠纷解决机制——民事诉讼,民事诉讼是最具规范性、程序性的司法审判制度。民事诉讼制度起源于国家的形成,它在组织上具有系统性和完整性,体现了国家维护稳定的私法秩序之目标。另外,民事诉讼制度为国家法制统一、树立法律权威提供了可靠的制度保障。"纠纷当事人在将冲突事实提交诉讼评价时,不外乎存在两个预期:一是要求得到公正的诉讼结果,一是要求审判过程中得到公正待遇。第一个要求与当事人的实体权益相联系,被称为实质公正;第二个要求与当事人的程序利益相联系,因此称为程序公正。所谓诉讼公正实际上就是指诉讼过程的公正和诉讼结果的公正,即实质公正和程序公正。一般认为,诉讼公正是一切诉讼真正永恒的生命力之所在,是诉讼首要的价值目标。"[①]

民事诉讼就是在人民法院(法官)主持下、当事人和其他诉讼参与人的参加下,为保护民事权益和民事权利,诉讼法律关系主体进行的各种诉讼法律行为和形成的各种诉讼法律关系。近代以来,西方资产阶级国家将国家权力分

---

① 常怡,等.比较民事诉讼法[M].北京:中国政法大学出版社,2002:12.

为立法权、行政权、司法权,分别由三机关分别执掌,三种国家权力互助监督、互相制衡。民事诉讼是法院行使民事审判权的运行机制,大陆法系国家遵循法官依法审判规则,法官通过自己长期学习和实践,掌握了司法三段论中的大前提,即法律规范,当事人请求解决的民事纠纷事实构成了司法三段论中的小前提。法官运用大前提即法律,适用在案件事实中得出判决结果,就是民事诉讼中法官审判行为模式。民事诉讼就好比一辆行驶的汽车,法官、当事人、其他诉讼参与人在这辆车上,共同行使诉讼权利,履行诉讼义务,各个主体分别适用民事实体法和民事诉讼法,目的为公平解决纠纷,保护当事人合法权益。民事诉讼有以下特点。

一、国家公权性

民事诉讼属于一种综合性的法律关系或者法律状态,它区别于民事实体法律关系和民事实体法律状态。民事诉讼是国家司法制度的重要组成部分,"所谓制度,也就是关于机关的性质、地位、职权、任务、组织、人员以及活动原则和运行程序等各方面制度的总称"①。民事司法制度,包括民事审判组织构成、审判权地位、律师制度、管辖制度、证据制度、民事庭审制度、民事审级制度、再审制度、强制执行制度等。民事诉讼是民事司法制度、结构、体系的集中体现和落实。

因此,民事诉讼制度具有国家公权性,在权力制衡机制下,法院之创设和法官之任免、撤销、惩戒等组织制度等,均受到立法权的约束。我国法院系统的组织框架与行政区划一致:基层法院管辖区与区县级地方政府行政区划一致,中级法院管辖区与地、市州级地方政府行政区划一致,高级法院和省级地方政府行政区划一致。为了防止司法地方保护主义,针对特殊类型案件,例如海事诉讼案件,全国人民代表大会常务委员会特别制定了《海事诉讼程序特别法》,在沿海城市设立了10个海事法院,分别审理发生在各自海域辖区内的海事海商纠纷案件。我国《宪法》以及《人民法院组织法》规定,法官由各级人民代表大会常务委员会任免,直辖市各级法院法官统一由直辖市人民代表大会常务委员会任免。我国正在进行"轰轰烈烈"的司法改革,其中法官任免和惩戒制度改革的目标是建立省人大常委会任免省辖范围内各级法院法官,以防止地方各级政府对同级法院法官任免的不当干扰。

另外,在民事诉讼中,法官是所有诉讼参与者进行诉讼的中枢,原告、被

---

① 陈业宏,唐鸣.中外司法制度比较研究[M].北京:商务印书馆,2015:8.

告、证人、司法鉴定人等都应当受到法官的约束,合法行使诉讼权利、履行诉讼义务。

二、程序规范性

"民事诉讼,是指民事争议的当事人向人民法院提出诉讼请求,人民法院在双方当事人和其他诉讼参与人的参加下,依法审理和裁判民事争议的程序和制度。"①在民事诉讼中,最重要诉讼主体是法官、原告、被告,他们能够决定民事诉讼的启动、中止、终结,享有民事审判权和完整的诉讼权利与诉讼义务。其他诉讼参与人,例如证人、鉴定人、翻译人员、勘验人员、书记员,参加民事诉讼,行使部分民事诉讼权利,履行一定的民事诉讼义务。

如此众多的诉讼法律关系主体参与民事诉讼,他们各自处于不同的立场,扮演不同的角色,指向不同的诉讼目标,但终极目标都是查明案件事实,作出公正判决。为了达到上述目标,民事诉讼法对各个诉讼法律关系主体的行为制定了严格的法律规范,并且规定了违反这些民事诉讼法律规范将承担的法律后果。当事人在民事诉讼中是重要的诉讼法律关系主体,民事诉讼遵循不告不理原则,原告提起诉讼,法院才启动程序、受理案件,进行审理并作出裁判。关于民事诉讼法的性质,"公法与私法之分野,罗马法学者与近代学者之界说,各异其趣,近代学者以规定国家与人民之权利义务关系者为公法,以规定人民相互间之权利义务关系者为私法"②。民事诉讼法是一部公法,也是规范人民法院民事审判权、当事人诉权、其他诉讼参与人诉讼权利的基本部门法。民事诉讼法中,绝大部分法律条文具备强制性或者禁止性,不容许当事人和其他诉讼参与人任意变更,法官行使民事审判权也必须依据民事诉讼法律规范。

法官在民事诉讼中的审判行为,必须依据民事诉讼法。法院受理民事案件后,不能以当事人起诉的民事纠纷太过复杂,无法查清案件事实而拒绝裁判,因为民事审判权是法院所享有的国家司法权,不得放弃。民事审判权可以被具体地分为几种程序权。法官在民事诉讼中的民事审判权又可以细分为几大类:审理权——程序控制权、询问权、调查取证权、释明权、证据审查权、事实认定权;裁判权——程序事项裁决权、实体争议裁判权③。民事诉讼运行模式

---

① 张卫平.民事诉讼法[M].3版.北京:法律出版社,2013:5.
② 陈朝壁.罗马法原理[M].台北:台湾商务印书馆,1974:25.
③ 张卫平.民事诉讼法[M].3版.北京:中国人民大学出版社,2015:47.

为法官遵循司法三段论法,认定纠纷事实,然后在事实上适用法律作出判决。司法三段论中,大前提是立法机关早已制定好的民事实体法律规范和民事程序规范,小前提就是本案中发生的纠纷事实;法官运用大前提之法律规范适用在小前提的案件事实之上,得出的结论就是判决结果。法官行使的民事审判权中的事实认定权,必定围绕查明民事纠纷的案件事实。程序控制权,就是法官确定程序进行期间、期日、诉讼中特殊事项处理等审判权,例如法官排定开庭期日,限定举证期限期间,确定证据交换期日,对诉讼中发生诉讼事件所作出诉讼中止、诉讼终结裁定。

法官行使程序控制权,目的是使民事诉讼顺利进行,提高诉讼效率,为作出公正的实体裁判做好准备。法官在民事诉讼中的询问权、调查取证权、释明权、证据审查权,其行使的目的就是查明案件事实,为法律适用做好准备。民事诉讼法均对这些程序性权力作了严格规定。例如,法官询问权、调查取证权的程序规定:必须两位以上的法院工作人员,对证人或者其他被调查主体进行调查取证。释明权,又称为释明义务,是在民事诉讼中,当事人事实上无法完全正确行使主张和举证权利时,法官给予当事人的一种辅助措施。民事诉讼遵循公正、公平,原则上要求法官消极中立于当事人各方,不得积极主动地介入当事人的纠纷,或者为一方当事人担任"代理人"。法官遵循这种消极中立主义的前提为,当事人之间无论在形式上还是实质上都处于公平地位,双方当事人委托了谙熟法律的律师代理诉讼。然而,我国民间长期以来存在厌讼传统,老百姓不愿意进行诉讼,或者讨厌挑起诉讼的人。在现代民事诉讼中,有相当一部分当事人没有委托律师,而民事诉讼本就是一项高技术性的法律实践活动,有时当事人在民事诉讼中的一言一行将决定整个案件的成败。如果当事人没有委托律师而亲自诉讼,亲自进行事实陈述和举示证据,这很有可能会发生某些尴尬的局面。在实体上本应胜诉的当事人,因为自己不懂法律,没有进行正确的主张,也没有提供自己早已掌握的证据,最终得到败诉的法律后果。这时,法官就应当行使释明权,辅助没有进行正确主张和举证的当事人,引导他们正确地进行"攻击和防御",促使诉讼案件获得公正的判决结果。法官行使释明权也必须遵循法律的规定,释明权起源于大陆法系的德国民事诉讼。"《德国民事诉讼法》第139条规定了法官的释明义务,又称为'阐明义务':(1)审判长应该促使双方当事人就一切与案件有重要关联的事实作充分说明,并且据此提出有利的诉讼请求或者申请,特别在对所提事实说明不够时,当事人要加以补充,还要表明证据方法。为达此目的,在必要时,审判长应当与当事人协同从事实上与法律上,对于案件的事实关系和法律关系加以阐明,并提出发问。(2)审判长对于依职权调查的事项中存在的可疑之处,应加以予注意。(3)法院的其他成员要求审判长时,应许其发问。"①法官行使释明权的范围,德国民事诉讼法规定主要分为三个方面:第一,当事人的诉讼请求不明或者不妥当的,法官应当释明当事人进行纠正或者修改;第二,当事人的事实主张不明确、不妥当的,法官应当告知当事人作出相应的修改;第三,当事人提出的证据与提出的诉讼请求或者事实主张不一致时,法官应当告知当事人,适度调整自己的举证。

德国民事诉讼理论和实务界早已达成共识。在现民事诉讼中,法官已经超越传统意义上法官居中裁判、消极中立角色,而应当积极地介入案件。在此前提下,法官应与当事人及其律师共同讨论对案件的事实关系和法律关系,并且适时发问。实质上,法官和当事人之间已经共同构成一个"工作共同体",共同协同解决民事纠纷,保护当事人合法民事权益,维护社会稳定。法官行使此种释明权,必须得有法律依据,否则就构成程序违法。

我国民事诉讼法没有规定法官释明权,仅在《最高人民法院关于民事诉讼证据的若干规定》第35条规定,在民事诉讼中,当事人主张了民事法律要件事实后,必须对该要件事实适用何种实体法,即诉讼标的作出决定。如果当事人主张对其案件法律关系性质或者民事行为的法律效力,与本案审判人员根据案件事实作出的认定不一致时,不受本规定第34条之限制,本案审判员应当告知原告当事人可以变更诉讼请求。若原告当事人申请变更诉讼请求的,法院应当重新指定举证期限。可见,现阶段我国通过司法解释赋予了法官有限的释明权。原告起诉后主张的民事实体法律关系的性质或者效力,与法官审理后得出的心证不一致时,法官应当告知原告修改诉讼请求。对比德国《民事诉讼法》139条规定,我国法官在民事诉讼中释明权行使对象,仅限于诉讼请求的性质或者诉讼标的。例如当事人主张的法律关系是侵权之诉,法官审理后认为本案应当构成合同违约之诉时,法官应当告知当事人改变诉讼请求,即修改诉讼主张中的法律关系。因为我国民事诉讼法理论和实务界均采纳诉讼标的旧实体法说,当事人起诉的实体法律关系和实体权利请求就是法院审判的对象。我国民事诉讼采纳"旧实体法"说之诉讼标的的理论,当案件事实不变时,当事人主张的实体法律关系就会决定案件的诉讼请求以及诉讼的胜败。我国通过最高人民法院司法解释授予法官这种职责和权限,是对民事诉讼法

---

① 谢怀栻.德意志联邦共和国民事诉讼法[M].北京:中国法制出版社,2000:36-37.

官和当事人之间权限范围的一次重大调整。因此,我国民事诉讼中,法官可以发挥积极的主观能动性,与当事人讨论案件的法律适用以及法律关系的性质,针对这种善意的提示,当事人需要相应调整自己的诉讼策略,才能最终获得胜诉判决。

我国关于释明权的规定不够完善,没有规定法官在当事人事实主张和证据举示方面不充分、不完善、不妥当时,可以释明当事人修改和增加。更为重要的是,我国现在没有完善的《法官惩戒制度》,司法实务中往往将二审法院在没有新证据的情况下改判一审判决时,一审判决就被视为错误判决。这就导致一审法官即使知道当事人的诉讼请求、事实主张、法律主张、举证不充分不妥当时,也不愿意积极对当事人释明,担心一旦自己认识错误,案件会被二审法院改判,形成错案。

法官对证据的审查和认定,必须依据民事诉讼法和其他法律规定。民事诉讼中,案件事实往往是当事人双方争议的最大焦点,法官有权对当事人提交的证据之真实性、合法性、关联性进行审核,之后确定案件的事实。在大陆法系民事诉讼中,"法官不受法定证据规则的拘束,他毋宁是根据自由确信来裁判某一事实陈述的真伪。也就是说,原则上他可以自己自由地对当事人陈述、证人陈述、鉴定人鉴定的具体证明价值进行裁判"①。法定法官之司法组织保障下,证据的审核和判定原则上赋予法官自由心证,如果法官自由心证采纳的经验法则显然不能成立,那么二审法院可以对这种心证行为进行否定。"在采自由心证主义之现行民事诉讼法的前提下,法院为事实之认定,虽采自由心证,但并非漫无标准,原系需依全辩论之意旨及证据调查之结果。其中即包含法院依证据调查,就要证事实所得之证明程序(证明点),以及法院就该事实之真伪,获得心证所必须之证明程度(心证程度)等双重之意义。易言之,唯有要证事实之证明程度,达到法院获得心证时,必要的证明程度,法院始可能为其真伪之认定。在此意义之下,法院认定事实,形成心证所要求之证明程度,称之为证明度"。②

总之,法官的证据认定和审核也必须依据民事诉讼法。最后,民事诉讼案件庭审达到可以裁判程度时,法官必须依据实体法作出公正的判决。

---

① 罗森贝克,施瓦布,戈特瓦尔德.德国民事诉讼法[M].16版.李大雪,译.北京:中国法制出版社,2007:835.
② 雷万来.民事证据法论[M].台北:瑞兴图书股份有限公司,1997:85.

三、判决终局性和权威性

发生民事纠纷后,原告起诉到法院,其目的就是解决纠纷,获得有利于自己的裁判。法院对民事纠纷的最终判决具备终局性,当事人不能再次进行争议,进而在社会上将获得权威性,这应验了古老的法谚:"司法是保障社会公平的最后一道防线。"作为民事纠纷案件主管机关的法院,其角色不同于行政机关和立法机关,法院消极、被动地受理当事人的起诉,进而对纠纷作出终局性的裁判,这也属于典型的民事司法制度。大陆法系国家司法机关涵盖范围较广,包含法院、检察院、侦查机关、刑罚执行机关的监狱。民事纠纷发生后,具备法定职权职责的机关为法院,法院居中裁判双方当事人的各类民事纠纷,各国宪法都授权法院作为民事案件审理的裁判机关。我国《宪法》第123条规定,中华人民共和国人民法院是国家的审判机关,法院审判刑事案件、行政案件和民事案件。我国的法院体系分为普通法院系统和专门法院系统,分别对应于各级地方政府管辖区域。民事纠纷发生后,当事人须向有法定管辖权的法院提起诉讼,法院审查受理案件后,由法定法官组成的审判组织进行审理,法官在查明事实的基础上作出判决。

民事诉讼中,当事人和法官处于各自的立场上,分别行使民事审判权、诉讼权利,履行诉讼义务,遵循民事实体法和民事程序法,共同推进民事诉讼程序向前。无论是大陆法系还是英美法系民事诉讼,都遵循辩论主义程序基本理念。"根据日本民事诉讼法的规定,辩论主义有如下内容:①在民事诉讼言词辩论阶段,当事人没有加以主张的民事诉讼案件主要事实(要件事实),法院不能将其作为判决的基础(第186条)。②对当事人之间不争执的法律要件事实无须证明,法院应当将其作为判决的根据(第186条)。③对争执的主要事实(要件事实),必须提供证据加以证明。④对事实的认定、适用法律并作出判决,是法院的责任。因此,对法律的解释和适用不属于辩论主义的内容。"[①]当事人在民事诉讼中的诉讼行为,必须围绕诉讼请求、事实主张和证据举示,竭尽全力证明案件事实,法官对自然历史条件下的案件事实适用什么法律作出判决,不受当事人法律主张的限制。法官垄断民事案件的法律适用权,对纠纷案件事实的法律关系性质和效力的认定,不受当事人主张的约束。因此,当事人在诉讼程序中充分地享有事实主张权、举示证据权、阐述法律意见的机会;

---

① 兼子一,竹下守夫.民事诉讼法[M].白绿铉,译.北京:中国政法大学出版社,1995:13-14.

法官居中判断当事人提出的证据,认定事实。依据民事诉讼处分原则,当事人对自己提出诉讼请求和事实主张,承担独立的程序法责任,即当这些事实主张和法律主张不能得到法官的支持时,应当服从法院的判决。法官对案件进行审理后作出的判决,对于双方当事人具有权威性和终局性。原因有二:第一,当事人已经基于其提出的诉讼请求,或者反驳对方的主张,竭尽全力地进行了主张和举证,民事纠纷属于私法纠纷,居于中立地位的法院无权偏离裁判者的角色为一方当事人主张和举证。当事人之间诉讼地位平等,法院均赋予双方均衡的攻击防御武器。例如,法院给予原告主张和举证的机会及期限,相应地,也必须为被告提供相同的主张和举证的机会及期限。如果面对法律知识水平或者文化知识水平较低的当事人,在他们没有委托律师的情况下,法官可以行使释明权,辅助这方当事人进行事实主张和举证。根据民事诉讼自我责任原则,当给予了当事人充分的程序保障后,当事人就应当接受法院的判决结果,即使这种结果同当事人主观想法的结果有差异。第二,法院在民事诉讼中享有民事审判权,进而裁决程序事项,审查证据,认定事实,作出最终判决。法院审判行为和当事人诉讼行为应当互相促进,相辅相成,共同推进民事诉讼向前。大陆法系德国民事诉讼已经演化成了一种新的诉讼模式——协同主义。"现在,协同主义认为法官不能袖手旁观,法官也有必要来帮助当事人,或原、被告双方都要来发现事实、澄清事实,换言之,协同主义其实就是合作,原文是Kooperation 的意思"。① 法官用尽审判权、调查取职权、事实认定权,充分地履行了自己的审判职责,作出的最终判决应当具备终局性和权威性。

　　基于议行合一的政治体制,国家司法权应当具备统一性、权威性、终局性。法院审判民事案件时,依据全国人民代表大会及其常务委员会制定的法律和其他规范性法律文件,任何的普通法院以及专门法院审判民事案件时,都应当遵守我国法律。

---

　　① 邱联恭.处分权主义、辩论主义之新容貌及机能演变:着重评析其如何受最近立法走向所影响及相关理论背景[C]//民事诉讼法研究基金会.台湾:民事诉讼法之研讨(九).台北:三民书局,2000:346.

第三节　民事诉讼主管

根据所涉及的法律性质之不同,司法制度处理的法律纠纷分为宪法纠纷、刑事纠纷、行政纠纷和民事纠纷。在大陆法系中,针对不同的纠纷,国家设立了不同的司法制度。大陆法系起源国之德国,其司法系统设置严谨复杂。《德意志联邦共和国基本法》第 92 条,民事审判权赋予法官:由联邦宪法法院、本基本法所规定之各联邦法院及各邦法院分别行使之。第 95 条第 1 款:为一般法律事件、行政、财务、劳工、社会法律事件,联邦设立联邦最高法院、联邦行政法院、联邦财务法院、联邦劳工法院及联邦社会法院为最高之法院。德国的司法机构包括宪法法院、普通法院、行政法院、财务法院、劳工法院、社会法院,分别审理各种法律纠纷。在德国,宪法法院、普通法院、劳工法院都可以审理民事纠纷。

我国《宪法》和《人民法院组织法》规定,由法院审判民事纠纷案件,法院内设刑事审判庭、民事审判庭、行政审判庭,分别审理刑事案件、民事案件、行政案件。法院依据司法主管权,受理民事纠纷案件,我国法院的民事审判主管范围,可以从积极方面和消极方面加以解析。

一、法院积极主管范围

积极主管范围:我国法院主管平等主体之间发生的人身权利义务争议和财产权利义务争议,具体包含婚姻家庭继承纠纷、抚养抚育纠纷、亲子关系确认否认纠纷、收养关系解除等身份纠纷;合同纠纷;劳动争议;物权纠纷;不当得利纠纷;无因管理纠纷;知识产权纠纷;侵权纠纷等。在发生上述纠纷之前提下,当事人依法享有向法院提起民事诉讼的诉权,与此对应,法院依司法职权必须对这些民事纠纷进行主管,行使民事审判权并作出裁判。

二、法院消极主管范围

法律规定排除法院主管的民事纠纷案件,属于消极主管范围,具体包括:

(一)土地所有权、使用权争议,法院无权进行主管和审理

我国《土地管理法》第 16 条规定,土地所有权和使用权争议,由当事人协商解决;协商不成的,由人民政府处理。单位之间的争议,由县级以上人民政府处理;个人之间、个人与单位之间的争议,由乡级人民政府或者县级以上人民政府处理。当事人对有关人民政府的处理决定不服的,可以自接到处理决定通知之日起 30 日内,向人民法院起诉,在土地所有权和使用权争议解决前,

任何一方都不得改变土地利用现状。因为土地是人们最重要的财产,是不动产,关涉人们的基本生存权利,所以土地所有权和使用权纠纷发生后,先由县级人民政府进行行政裁决,作出具体行政行为。政府部门对于土地所有权和使用权争议,通过行政方式进行裁决,主要原因在于政府土地管理部门管理了本行政区域内的土地档案,有利于调查争议土地的实际状况,查明案件事实。当事人对县级政府的行政裁决不服时,才可以将县级政府作为被告,向法院提起行政诉讼,请求法院依法判决撤销或者改变县级政府作出的使用权或者土地所有权争议裁决。

(二)城市中的房屋拆迁补偿纠纷

我国《城市房屋拆迁管理条例》第16条,拆迁人和被拆迁人,以及拆迁人、被拆迁人和房屋承租人之间达不成拆迁补偿安置协议时,经当事人提出申请,应当先由房屋拆迁管理部门作出行政裁决。房屋拆迁行政管理部门如果是被拆迁人的,由相应的同级人民政府进行裁决。裁决应当自收到申请之日起30日内作出。当事人对裁决不服的,可以自裁决书送达之日起3个月内向人民法院起诉。拆迁人依照本条例规定已对被拆迁人给予货币补偿或者提供拆迁安置用房、周转用房的,诉讼期间不停止拆迁的执行。在城市建设、旧城改造等领域,拆迁人与被拆迁人经常对房屋的拆迁价值不能达成一致而产生纠纷。拆迁人和被拆迁人之间主体地位平等,他们之间产生的拆迁物价值争议其实就是一种民事财产权利义务争议。依据《城市房屋拆迁管理条例》第16条规定,拆迁人不得将纠纷直接向法院提起民事诉讼,而只能向同级人民政府请求对拆迁物价值进行行政裁决,针对裁决不服,才可以以同级政府为被告,向法院提起行政诉讼,请求撤销或者变更拆迁决定。本书认为,《民事诉讼法》第3条之规定,法院主管和受理自然人(公民)之间、法人之间、其他组织之间,以及他们相互之间因为财产关系与人身关系提起的民事诉讼。城市房屋拆迁补偿纠纷,当然属于平等主体之间因财产关系产生的纠纷,法院应当具有主管权。《城市房屋拆迁管理条例》第16条的规定,限制了拆迁补偿纠纷中的当事人的诉权,值得商榷。

《立法法》第8条规定国家主权事项、立法机关司法机关行政机关的组织制度、司法诉讼和仲裁制度,由法律规定。因此,国家的仲裁制度和诉讼制度只能制定法律进行规范,那么民事纠纷的诉讼主管和受理范围应当由法律进行规范。而《城市房屋拆迁管理条例》仅是国务院制定的行政法规,本身这个拆迁补偿纠纷解决机制已经超越了国务院的行政法规规范职权。另外,在现实生活中,由于当事人在城市房屋拆迁补偿纠纷发生后不享有诉权,这就加剧了另一方进行强拆的"动力",个别拆迁事件逐渐演变刑事犯罪案件,备受广大公众关注。因此,城市房屋拆迁补偿民事纠纷应当列入法院民事主管的范围。

(三)我国历次政治运动所发生的民事争议

众所周知,由于特殊的国情,我国在新中国成立后进行了多次政治运动。在这些政治运动中,民事主体的财产权利或人身权利难免会受到侵害,必定在当年产生民事争议,如果当事人现在希望通过民事诉讼解决,最高人民法院专门颁布司法解释,规定对这类纠纷,当事人应当要求政府加以解决。

三、民事审判权垄断下法院主管制度之修正

无论是在三权分立的资本主义国家还是在社会主义国家,民事审判权都是国家权力的一极。人民法院应当受理和审判平等主体之间发生的因为财产权利义务产生的争议和因为人身权利义务关系产生的争议。从程序正义和实体正义角度出发,民事主体之间发生的一切民事争议,都应该由法院主管。本书认为,房屋拆迁补偿纠纷属于典型的民事争议,国务院制定行政法规排斥民事权的审理,有不妥之处。全国人大常委会可以针对此问题,进行立法解释,规定法院有权直接受理和审理房屋拆迁补偿纠纷。法院应当受理一切平等主体之间发生的民事财产权利义务争议和人身权利义务争议。

第四节 民事管辖概述

我国法院主管下的民事纠纷,法律如何将其分配给具体的法院进行审判,就是管辖制度要解决的问题。我国地域辽阔,人口众多,各地发展不均衡,经济水平、人们的法制意识也参差不齐。依据《宪法》,我国属于中央集权制国家,政治体制上实行中国共产党领导下的"议行合一"政治制度。在中国共产党领导下,全国人民代表大会是最高国家权力机关,产生中央人民政府和最高人民法院、最高人民检察院。最高人民法院作为最高审判机关,统领各级地方人民法院,地方人民法院之间划分民事案件的审判权限,就是民事管辖制度。我国的民事诉讼管辖的划分遵循"条块结合"原则,分别从纵向和横向划分管辖。

一、我国法院体系

从纵向分析,根据《宪法》和《人民法院组织法》,我国设立了基层的区县法院、中级地市法院、高级的省法院、最高人民法院;从横向分析,各基层区县法院之间、中级地市法院之间、高级省法院之间处于平级,互不隶属。基层区县

法院包括县级法院和县级市法院、自治县法院、市辖区法院。中级人民法院包括在各省、自治区内按地级市行政单位设立的中级人民法院,各直辖市设立的中级人民法院。高级法院包括各省高级法院、自治区高级法院、直辖市高级法院,这些都是普通法院。此外,我国还存在若干专门法院,专门法院审理各类型专业性的民事纠纷案件。第一类是海事法院,专门主管发生在海上或者江河上的海事、海商纠纷;第二类铁路运输法院,专门主管发生在铁路上的各类民事纠纷。第三类军事法院,主管在军队内部发生的各类民事纠纷。

普通法院系统与我国各级行政区划一致,四级政府分别对应于四级法院。中央政府即国务院,作为国家最高行政机关,与此相应,我国最高人民法院作为最高审判机关,指导、监督地方各级法院和专门法院并作为最高终审法院。最高法院承担监督、指导各级法院审判工作的重任,而且还履行统一法律适用的功能,虽然最高法院的这项职能在我国司法实践中运行现状不尽如人意。地方省级行政区域设立了高级人民法院,高级人民法院指导、监督本行政区域内各级法院的审判工作。我国正在进行司法改革,为了打破各级地方法院受制于同级地方政府这种窘境,拟采纳省管法院体制。现今我国四个直辖市法院系统的人事和组织结构,均采纳省管法院模式,直辖市高级法院在组织、人事、财务上管理本辖区内的所有基层和中级法院,包括人财物、法官任免等组织管理。各级法院的法官任免、经费保障等将不再受制于地方政府。本书认为,在我国现在的法制环境下,由于各地经济发展极不均衡,即使在同一个省区范围内,不同地方经济社会发展水平差别也比较大。司法改革后,各地法官的薪资水平将要保持一致,此项司法改革困难重重,不过,司法改革的目标一定会实现。

二、确定法院管辖的因素

《民事诉讼法》和《民事诉讼法司法解释》规定了大量条文规范管辖,确定法院管辖有多种因素,其中最重要的不外乎方便当事人诉讼、方便法院审判案件、维护国家主权等。民事诉讼立法者管辖立法时,往往首先考虑方便当事人诉讼原则。民事案件的管辖法院,应当同当事人户籍地、经常居住地以及民事法律关系发生变更消灭的要件事实发生地相连接。民事纠纷发生后,当事人倾向于选择和自己住所地以及经常居住地,或者标的物所在地有联系的法院。例如原告向被告住所地法院起诉,就方便被告应诉,方便法院调查案件事实,方便法院采取保全措施和强制执行。案件由纠纷发生地法院管辖,法院就方便调查案件的争议事实。当法院受理不动产纠纷案件时,不动产所在地法院容易查明纠纷事实,也更有利于生效裁判的强制执行。因此,民事诉讼法规定由不动产所在地法院专属管辖,排斥其他任何的法院管辖。再者,民事主体之间身份关系诉讼,关涉整个社会的公共伦理道德,因此,对于此类纠纷,根据国家主权原则,我国法院具有国际垄断管辖权。

综上所述,确定法院管辖的因素主要为当事人住所地或者经常居住地与法院辖区的关系;民事法律关系发生、变化、消灭等要件事实与法院辖区的关系;国家主权因素等。

三、管辖的种类

从纵的方向分析,民事诉讼法将管辖划分为级别管辖;从横的方向,又将管辖划分为地域管辖。因此,民事诉讼案件的管辖可以分为级别管辖与地域管辖。级别管辖划分了我国四级法院之间受理第一审民事诉讼案件之分工与权限。地域管辖划分同级法院之间受理第一审民事案件的分工和权限。地域管辖又被划分为一般地域管辖、特殊地域管辖、专属管辖、协议管辖、共同管辖、选择管辖、指定管辖和移送管辖。

第五节 民事诉讼管辖制度之基本原则

民事诉讼管辖制度,作为重要的民事程序法基本制度,涉及司法权配置、当事人诉讼权利保障、国家主权等。

一、国家主权原则

民事司法权来源于国家公权力,而对国家公权力的配置与划分,应当遵从于宪法。民事管辖制度,作为一项诉讼法规范,应当遵循宪法原则,即国家主权原则。

在我国领域内发生的民事纠纷案件,我国法院整体对其有司法管辖权。法院对我国民事案件的管辖权,体现了国家司法主权,即在我国发生的民事纠纷应当由我国法院进行审理和裁判。作为主权独立的国家,我国行使国家司法主权的一种方式就是对民事案件进行主管和管辖。

(一)我国法院对发生地在我国陆地、领海、领空的民事纠纷具有管辖权

一方面,我国法院对发生在中华人民共和国领域内的民事纠纷具有管辖权;另一方面,发生在我国领土延伸部分区域,即我国驻外使领馆内的民事纠纷案件,我国法院也当然对其享有管辖权。我国驻外使领馆,被视为是我国领土之延伸部分,遵循国际法惯例和准则,属于我国主权范围。假如在我国发生的民事纠纷,我国法院无权管辖,那么我们的司法主权就会遭到严重侵犯。在

历史上,我国主权曾经受到帝国主义国家的侵蚀。近代以来,我国饱受帝国主义列强侵略,腐败落后的清政府被迫与帝国主义国家签订了许多不平等条约。其中涉及司法主权的条约,当属建立了"会审公廨"制度。1864年清政府与英、美、法三国驻上海领事协议在租界内设立审判机关。规定凡涉及外国人的案件必须有领事官员参加会审;凡中国人与外国人之间的诉讼,若被告系有约国人则须由其本国领事裁判,若被告为无约国人则须由其本国领事陪审。所谓会审,空有其名,最后甚至租界内纯粹中国人之间的诉讼也须经由外国领事观审操纵判决,是领事裁判权在华的延伸。上海会审公廨产生于19世纪的上海租界,会审公廨制度导致在那个特定历史时期,我国出现了"国中国",租借区域的法院审判案件,不适用我国法律,其判决就是终审判决。

中华人民共和国成立后,我国全国人民代表大会及其常委会陆续制定了《宪法》《人民法院组织法》《民事诉讼法》等法律,明确了民事案件的级别管辖和地域管辖,即我国领域内发生的民事纠纷,适用我国民事诉讼法。

(二)在我国领域内进行民事诉讼的当事人,应当遵守我国民事诉讼法

在司法实践中,有的当事人不是我国的自然人、法人或者其他组织,他们愿意向我国法院提起民事诉讼,如果案件没有违反我国基本法律原则和公共利益,我国法院对这种民事纠纷就具有管辖权。例如,民事纠纷发生其他国家或者地区,当事人因为工作、学习或者其他原因现居住在我国,当事人向我国法院提起民事诉讼时,因为被告在我国有可供执行的财产,这种情况下,我国法院对于该案就具有管辖权。我国法院审理此类案件必须适用我国民事诉讼法,当案件事实被查明后,法官可以适用当事人国籍所在国之民事实体法,只要该实体法没有违反我国法律基本原则和禁止性规定。

(三)我国法院对于涉及我国自然人的身份关系诉讼案件享有垄断管辖权

身份关系案件,又称为人事诉讼案件,具体包含婚姻案件、亲子关系案件、收养关系案件、抚养抚育费案件。因为身份关系的确认和解除关涉当事人之外第三人的人身权利和财产权利,当事人之间的争议已经超越了他们的私人生活领域。"人事诉讼者,非以财产关系为诉讼标的,而关于人之身份能力之诉讼也。其诉讼有婚姻事件、亲子关系事件、禁治产事件及宣告死亡之事件,此项诉讼之性质,与财产事件之诉讼不同,财产诉讼,仅影响及私人之权利,而人事诉讼,则影响及社会之秩序,于国家之公益有关。"[①]因此,各国法律往往

---

① 王甲乙,杨建华,郑健才.民事诉讼法新论[M].台北:广益印书局.1983:715.

将此类案件的管辖确定为一种特殊地域管辖,类似于我国的专属管辖。《民事诉讼法》第22条规定,在方便当事人诉讼、方便法院审判的前提下,以下民事诉讼案件适用"被告就原告原则",由原告住所地所在法院管辖,如果原告住所地同他的经常居住地不一致时,由经常居住地法院管辖:①对不在我国领域内居住的自然人提起的关于身份关系的民事诉讼;②对于下落不明以及宣告失踪的自然人提起的关于身份关系的民事诉讼;③对于被采取强制性教育措施的自然人提起的民事诉讼;④对于被监禁的自然人提起的民事诉讼。我国民事诉讼法规定,对公民起诉或者应诉,可以由经常居住地法院管辖。因此,我国民事诉讼法特别将身份关系诉讼案件,垄断规定为我国法院管辖。例如,离婚案件的当事人分别居住在我国和其他国家,当事人在我国起诉离婚时,应当向我国法院即原告住所地法院提起离婚诉讼,而不是向被告住所地的他国法院提起民事诉讼。不论他国法院对于该起离婚诉讼案件有无审理,以及作出判决与否,即使外国法院对案件作出了判决,该判决对我国法院也没有拘束力,我国法院都对他们之间的离婚案件具有最终的管辖权。我国婚姻法的强制性规定,关涉公共利益,我国的自然人不能违反,例如一夫一妻、男女平等。由于地域文化之不同,有的国家的相关规定和我国相矛盾,也许他国的判决会违反我国的基本法律原则。在国家主权原则下,我国法院对身份关系诉讼享有垄断管辖权。

二、程序公正原则

程序公正原则是民事诉讼法之基本理念,理所当然也成为民事管辖制度的基本原则。程序公正原则时常被民事诉讼理论界上升至程序的基本价值,又被冠以"程序正义"理念。程序正义的基本内容为,"在民事诉讼中,与程序结果有利害关系或可能因此结果而蒙受到不利影响之人,都有权参加该诉讼程序,并得到提出有利于自己的主张与证据,以及反驳对方提出的主张和证据之机会。这就是'正当程序'原则包含的最基本内容或要求,也是满足诉讼中程序正义的重要之条件"①。

民事诉讼管辖制度,虽然是决定民事纠纷案件的受理和管辖法院,从形式上看无关乎实体裁判,然而在民事司法实践中,民事管辖制度一方面将会影响当事人的程序利益,另一方面当然也会影响当事人的实体利益。第一,民事案

---

① 谷口安平.程序的正义与诉讼[M].王亚新,刘荣军,译.北京:中国政法大学出版社,1996:12.

件的管辖会影响当事人的程序利益。原告非常希望案件的管辖法院就是他住所地或者经常居住地法院。因为原告在自己所在地法院提起诉讼,不仅可以节约诉讼所耗费的人力、物力和时间,更为重要的在于,在我国熟人社会法律文化背景之下,原告通常更易于通过私人关系违规接触案件的审判者,这也为司法暗箱操作埋下伏笔。第二,我国司法权的运行方式与大陆法系国家民事诉讼一致,法官查明案件事实,居中依法判决。不同的法院不同的法官,对于同一案件的证据确认、事实认定,乃至法律适用可能会发生微妙的变化。因为裁判者有权独立行使自由裁量权,我国法官法和司法解释对于法官责任的规定存在缺陷。《最高人民法院关于严格执行〈中华人民共和国法官法〉有关惩戒制度的若干规定》共 20 条,对法官行为进行了严格规定,其中第 2 条为法官必须忠实执行宪法与法律。法官不依法履行职责,有《法官法》第 32 条所列行为之一的,应当受到法律或者纪律的追究,而这些行为不包括法官故意或者重大过失行使自由裁量权错误认定事实、错误适用法律。可见,对于法官在民事诉讼中认定事实、适用法律错误,我国的法官惩戒制度没有进行具体规制,并且认定法官故意或者重大过失违反自由裁量权缺乏完善的程序规范。因此,现代世界各国均规定,法官依法独立审判,"法官必须——与官员相反——拥有作为职业特征的独立性,以使他能够客观和自由地获得。独立性并不是地位特权,也并不是为了保障法官'个人实现'意愿。实践中一再对此认识错误"①。

  法官独立审判、认定事实、适用法律,遵循经验法则与伦理法则,只要法官审判没有严重违反法律禁止性和强制性规定,那么,上级法院也就不能随意推翻原审判决。因此,面对同一案件,原告选择对其有利的法院审判,进而影响法官自由裁量权,法官作出对其有利的裁判时,这就导致对被告的不公平。民事管辖制度中,应当遵守程序公正原则,原告提起诉讼,法院受理案件并决定管辖本案后,如果被告认为将影响其程序利益和实体利益,民事诉讼法就应当赋予被告抗辩和申述之机会。大陆法系各国民事诉讼法均规定了被告对于原告提起的民事诉讼,有权提起管辖权异议,法官必须对这种程序性的抗辩诉讼行为作出程序性裁定。当事人对管辖裁定不服,法律还赋予了他提起程序上诉的机会,由二审法院进行终审裁定。

---

① 奥特马·尧厄尼希.民事诉讼法.[M].27 版.周翠,译.北京:法律出版社,2003:44.

三、程序效益原则

程序效益原则,是民事诉讼的基本原则之一,同时也是民事管辖制度的首要原则。"程序效益价值体现了当事人对于是否诉诸民事诉讼程序解决纠纷,作出合乎经济理性的选择,要求人民法院在审理民事案件时,应当注意节约诉讼资源的耗费;在法院作出裁判时,应注意判决结果对人们未来行为选择之效益刺激。"①民事管辖制度的立法原则,除了程序公正外,就是程序效益原则。国家司法资源是有限的,纳税人缴纳的税收支撑起整个国家公务系统,国家机关的运行经费都由全体纳税人承担。我国法院系统被分为四级,即基层法院、中级法院、高级法院和最高法院。《民事诉讼法》规定,各级法院都有权受理第一审民事纠纷案件,民事案件在四级法院之间合理分配,本身就体现了程序效益原则。法院地域管辖确定的基本链接点,就是当事人住所地和法院辖区的关联,这都充分体现了程序效益原则。我国基层法院在基层区县地方,和当事人接触最紧密,并且基层法院人员配备也最充分。全国基层司法组织结构中,每个区县地方均设立了一个基层法院。因此,基层法院审理第一审民事纠纷案件,合理分配了我国的司法资源,法院将主要的司法力量运用在民事审判第一线。

在民事地域管辖中,协议管辖制度赋予合同纠纷或者其他财产权利义务争议的双方当事人选择管辖权。合同双方当事人可以协议选择原告住所地法院、被告住所地法院、合同签订地法院、合同履行地法院、标的物所在地法院或者与案件有其他联系地点的法院管辖,这充分体现了程序效益原则。当事人提起民事诉讼,向就近的法院起诉,符合诉讼经济原则,也体现了诉讼效益原则。假如当事人向与他们住所地没有关联的法院提起民事诉讼,法院对案件的审理将增加诉讼耗费,也不利于程序利益的维护。法律针对有些民事案件的地域管辖,恰当地对一般地域管辖进行了微调,适用被告就原告管辖原则。我国《民事诉讼法》第22条规定,在方便当事人诉讼、方便法院审判的前提下,以下民事诉讼案件适用被告就原告原则,由原告住所地法院管辖,如果原告住所地同他的经常居住地不一致,由经常居住地法院管辖:①对不在我国领域内居住的自然人提起的关于身份关系的民事诉讼;②对于下落不明以及宣告失踪的自然人提起的关于身份关系的民事诉讼;③对于被采取强制性教育措施的自然人提起的民事诉讼;④对于被监禁的自然人提起的民事诉讼。第三项

---

① 章武生,等.司法现代化与民事诉讼制度的建构[M].北京:法律出版社,2000:66.

和第四项规定的民事诉讼,由原告起诉时住所地法院或者经常居住地法院管辖,这就有效减轻了那些监狱所在地法院案件审判负担。被监禁的人或者被采取强制性教育措施的人,往往会被其他民事主体提起民事诉讼,案件类型多反映在离婚诉讼、债权债务等诉讼中。假如此类案件由被告住所地法院管辖,监狱就是被告住所地,这必将导致监狱所在地法院不堪重负。因此,民事诉讼法将对被监禁的人或者被采取强制性教育措施的人提起诉讼,一律规定为原告住所地法院管辖,合理地分配了司法资源,减轻了法院的工作负担。

四、原则性与灵活性相结合原则

民事管辖作为典型的程序法规范,民事诉讼管辖的立法指导思想贯彻原则性与灵活性。根据我国《宪法》《人民法院组织法》,最高人民法院是我国最高司法机关,对全国各级人民法院的审判工作进行指导和监督,并审理部分民事案件。全国各级法院审理民事案件,必须适用我国民事诉讼法以及最高人民法院颁布的解释,各地各级法院均能够秉持公平公正原则。我国的民事管辖分为法定管辖、协议管辖、专属管辖、共同管辖、指定管辖,法律首先规定了管辖应当遵守的基本规定。一般地域管辖规定,普通民事案件的管辖法院,以当事人住所地与法院辖区的关系来确定。一般地域管辖中的原则规定,原告应当向被告住所地法院起诉,被告的住所地就是户籍所在地。另外,我国民事社会生活中的城乡二元化格局逐渐被打破,人们可以随意迁徙,政府不对这种人口自由流动加以限制。人们在外出求学、务工、经商的情况下,有的人已经在居住地购买了住房或者长期租住于此,那么他们必定离开其户籍地,迁入经常居住地。如果这部分人进行民事诉讼,要他们回到户籍地进行诉讼,将增加他们的诉讼耗费。因此,我国《民事诉讼法》第 21 条规定,对自然人提起的民事诉讼,由被告住所地即户籍所在地法院管辖;被告住所地同经常居住地不相一致时,由经常居住地法院管辖。对法人以及其他组织提起的民事诉讼,由被告住所地人民法院管辖。同一诉讼的几个被告住所地、经常居住地在两个以上人民法院辖区的,各人民法院都有管辖权。第 22 条规定,在方便当事人诉讼、方便法院审判的前提下,以下民事诉讼案件,适用被告就原告原则,由原告住所地所在法院管辖,如果原告住所地同他的经常居住地不一致,由经常居住地法院管辖:①对不在我国领域内居住的自然人提起的关于身份关系的民事诉讼;②对于下落不明以及宣告失踪的自然人提起的关于身份关系的民事诉讼;③对于被采取强制性教育措施的自然人提起的民事诉讼;④对于被监禁的自然人提起的民事诉讼。我国民事诉讼法规定,对公民起诉或者应诉,经常居住地可以由经常居住地法院管辖。《民事诉讼法司法解释》第 4 条规定,公民的经常居住地是指公民离开住所地至起诉时已连续居住一年以上的地方,但公民住院就医的地方除外。在当事人离开户籍地,在另外一个地方连续居住超过一年时,另外的地方就成了他的经常居住地,经常居住地法院就获得了管辖权,这就是典型的原则性规定和灵活性规定相结合的情况。

当法院依法对某个民事案件具有法定管辖权,但是法定管辖法院对该案的审理遇到程序障碍时,案件的实际管辖也可以被适度地改变。例如,当事人申请整个法院审判人员回避,而且具有法定的理由,符合法官回避规定时,那么这个法院就无权继续审理此案件。上级法院可以通过裁定,指定其他法院审理此案。上级法院灵活指定其他法院管辖本案,就是一种灵活性的变通规定,最终目的就是使法院适时、公平地作出民事判决。

总之,依据民事程序事项的法院管辖制度中的指定管辖,上级人民法院可以在发生特别情事时,通过裁定要求案件法定管辖法院将本案的管辖权移送给其他法院。这就充分地体现了原则性和灵活性相结合,是民事管辖制度的基本原则。

第二章

民事诉讼管辖制度之本论

第一节 民事管辖概述

关于民事管辖的概念,各国各地区的定义不尽相同。德国民事诉讼法学者认为,"在客观意义上,机构的管辖,尤其是法院的管辖是指法院的业务范围。相应地,如果机构超越了自己的业务范围而侵入另一机构的业务范围,就构成管辖错误"[①]。日本学者认为,"审判权是把我国各级法院视为整体抽象地考虑的权能,而具体规定哪个法院行使这一审判权就是管辖权的问题"[②]。我国学者认为,"民事诉讼中的管辖,是指各级人民法院之间和同级人民法院之间受理第一审民事案件的分工和权限。它是在人民法院内部落实民事审判权的一项制度"[③]。通过以上学者的分析,管辖制度包括以下几个要素。

一、民事管辖是国家权力的组成部分

当代资本主义国家的国家权力通常分为立法权、司法权、行政权,三权分立、各司其职、互相监督、互相配合。资产阶级启蒙思想家孟德斯鸠认为,"如果司法权不同立法权和行政权分立,自由也就不存在了。如果司法权和立法权合二为一,则将对公民的生命和自由施行专断的权力,因为法官就是立法

---

① 罗森贝克,施瓦布,戈特瓦尔德.德国民事诉讼法[M].16版.李大雪,译.北京:中国法制出版社,2007:175.

② 兼子一,竹下守夫.民事诉讼法[M].白绿铉,译.北京:中国政法大学出版社,1995:17.

③ 江伟,肖建国.民事诉讼法[M].7版.北京:中国人民大学出版社,2015:86.

者,如果司法权同行政权合二为一,法官便握有压迫者的力量"①。三权分立思想代表资产阶级统治者的利益,具有一定的局限性,不过其创立的分权制衡理论,也具备一定的先进性。司法权首先是法官对案件行使审判权的权源;司法权当然也是法院对民事纠纷进行主管的权源,进而享有对民事案件受理、审理、判决的权力。法院依法享有民事案件主管权后,才能进一步审查有无级别管辖和专属管辖,民事管辖制度属于典型的程序法制度。

二、民事管辖是一项民事司法制度

依据《宪法》和《法院组织法》,以司法案件性质的不同,我国法院审判的案件分为三大类:刑事案件、行政案件、民事案件,民事管辖是法院行使民事审判权,受理民事案件、进行审理、作出裁判的必要条件。人民法院对于其主管的民事案件,有职责受理和审判,受理的依据为主管权和管辖权,这是《宪法》和《人民法院组织法》《民事诉讼法》赋予法院的司法权。人民法院受理当事人提起的民事诉讼案件后,依司法职权不得拒绝裁判,必须依法进行审理和判决。

三、民事管辖是程序规范

当事人在民事纠纷发生后,都认为自己的权利受到侵犯,他人负有民事义务和承担民事责任;或者认为自己没有侵犯他人的民事权利,不负有民事义务和承担民事责任。当事人在民事社会生活中发生争议时,争议的焦点集中在民事实体权利义务关系的发生、变更、消灭等发生与否。当事人为了消除这种不稳定状态,保护自己的民事权益并解决纠纷。民事主体必须诉诸司法权进行公力救济,就产生了如何起诉、向哪个法院起诉等与案件实体权利义务无关的诉讼问题。此时,当事人必须确定纠纷能否获得法院的主管、应当向哪个法院起诉,法院民事管辖是一种典型的程序性规范。

在现代国家法律体系中,实体法与程序法泾渭分明,但是实体法律规范和程序法律规范有时却难以区分。实体法律规范是规定当事人之间民事实体权利义务关系和民事责任承担的法律规范,例如:《侵权责任法》第 2 条规定,侵害民事权益,应当依照本法承担侵权责任。本法所称民事权益,包括生命权、健康权、姓名权、名誉权、荣誉权、肖像权、隐私权、婚姻自主权、监护权、所有权、用益物权、担保物权、著作权、专利权、商标专用权、发现权、股权、继承权等人身、财产权益。第 6 条规定,行为人因过错侵害他人民事权益,应当承担侵权责任。根据法律规定推定行为人有过错,行为人不能证明自己没有过错的,应当承担侵权责任。以上法条就是一种典型的侵权实体法律规范,行为人因

---

① 孟德斯鸠.论法的精神(上册)[M].张雁深,译.北京:商务印书馆,1961:156.

为过错侵犯他人民事权益时,应当承担侵权责任,规范民事主体之间实体权利义务。

程序法规定法院、当事人或者其他诉讼参与人行为方式、行为模式的法律规范。《民事诉讼法》第3条规定,人民法院受理公民之间、法人之间、其他组织之间以及他们相互之间因财产关系和人身关系提起的民事诉讼,适用本法的规定。第21条规定,对自然人提起的民事诉讼,由被告住所地即户籍所在地法院管辖,被告的住所地与其经常居住地不一致时,由被告的经常居住地法院管辖。对法人以及其他组织提起民事诉讼时,由被告单位住所地法院管辖。同一起民事诉讼中几个被告住所即户籍地地、经常居住地在两个以上的法院辖区时,各个法院都有管辖权。这一法条属于典型的程序性规范,规定原告如果对公民即自然人提起民事诉讼,那么应当由被告的住所地法院管辖,如果被告离开住所地持续超过一年的,就应当由被告的经常居住地法院管辖。民事诉讼管辖规范,规定当事人应当向哪个法院起诉,各级法院应当受理哪些范围内的民事纠纷。至少从形式上分析,民事管辖规范不涉及当事人之间实体权利义务。这也在一定程度上导致学界对民事管辖理论研究的疏忽。本书认为,民事管辖制度不仅关涉当事人的程序利益,而且也会间接影响当事人实体权利义务责任的享有和承担,学界应当加强对民事管辖制度的研究。

综上所述,本书认为,民事管辖制度是法院对于民事案件进行主管后的业务分配程序规范,也是各级法院之间审判业务的分工和权限。

第二节　民事管辖制度的起源

自人类社会产生起,人们在社会生活中难免产生各种类型的民事纠纷。在早期人们社会生活中,当发生纠纷后,当事人倾向以协商乃至同态复仇、自力解决纠纷。在原始社会中,为了能够生存下来,人们不得不以群体方式结合在一起,共同抵御野兽的侵扰或者异族人的入侵。人们生活在一起就形成部落,如果部落成员之间发生纠纷,通常由有威望部落头领或者长老居中调解纠纷。因为生产力极其低下,国家形态下的政府、法院无法形成。随着生产力的发展,人类社会文明继续往前推进,逐渐形成了国家。国家统治者为了维护社会稳定,巩固统治的需要,相继建立了警察、监狱、法庭等国家机器,强制性地解决纠纷。由于国家疆域辽阔,统治者不得不在全国各地设立各种层级的司法机关,解决各地发生的纠纷。在这种情况下,民事诉讼法将民事案件的管辖按照一定的标准,合理地分配给全国各地各级法院。

民事诉讼法确定法院管辖的基本规则,早在古罗马时期就已经形成。"法院的管辖权,随被告的住所地而定,即原告必须向被告住所地的法院起诉或请求,这叫作诉讼住所地主义(actor sequitur forumrei)。最初,罗马实行被告住所地主义,所以没有专属管辖和属人管辖的规定。到帝国时期,由于'原告依从被告'的原则不方便,才有事物管辖的例外规定,即原告可在诉讼标的物的所在地起诉。到查士丁尼时又扩展适用到对物诉讼,可以在物权所在地起诉。但关于遗产确认或请求之诉,仍由被告住所地管辖。由于不法行为或侵权行为所引起的诉讼,得由行为地的法院管辖;由于合同关系引起请求的诉讼,得由合同签订地的法院管辖"①。罗马民事诉讼对于管辖的规定较为原则,主要以当事人住所地和诉讼标的物与法院辖区的管辖确定法院的管辖,缺乏级别管辖。

现代社会中,不管是大陆法系国家还是英美法系国家,民事诉讼法均规定了纵向的级别管辖和横向的地域管辖制度,对罗马法的管辖制度进行了丰富和发展。

第三节 我国的管辖制度

我国《民事诉讼法》以22个条文规定管辖制度,《民事诉讼法司法解释》用了42条管辖规范进行司法解释,可见,民事管辖制度是我国民事诉讼的一项重要的程序法制度。民事管辖制度关系我国司法资源的合理分配,直接关系当事人的程序利益。"首先,对法院来说,管辖的确定可以使审判权得到落实,能有效避免各法院之间相互推诿或互相争管辖权的现行,从而使各个法院能及时、正确地行使其审判职权履行职责。其次,对当事人来说,明确管辖有利于当事人行使诉讼权利"②。我国《民事诉讼法》将管辖分为级别管辖、地域管辖、移送管辖、指定管辖。学界普遍认为,各种管辖之间有互相交叉,从学理上管辖可以分为法定管辖和指定管辖、专属管辖和协议管辖、共同管辖和选择管辖。本书认为,管辖制度还包括管辖权异议制度和管辖恒定制度。

---

① 法学教材编辑部《罗马法》编写组.罗马法[M].北京:群众出版社,1983:323.
② 江伟,肖建国.民事诉讼法.[M].7版.北京:中国人民大学出版社,2015:86.

一、法定管辖

法定管辖是指法律明确规定的管辖制度,即《民事诉讼法》将某类民事案件特别规定为特定法院管辖。指定管辖,因为法定管辖法院发生特殊情况不能行使管辖权时,由上级法院指定其他法院对本案行使管辖权。法定管辖又可以划分为级别管辖、地域管辖、专属管辖。指定管辖制度授予上级法院对下级法院法定管辖进行调整的自由裁量权,上级法院根据具体的情况,将下级法院法定管辖的案件,指定给其他同级法院管辖。

管辖制度作为典型的诉讼制度,规范法院立案受理行为。我国《立法法》规定,司法制度、仲裁制度和诉讼制度等基本司法法律制度只能通过法律予以规范。我国《宪法》《民事诉讼法》和《人民法院组织法》,对于司法制度和诉讼制度都有具体规定。《宪法》作为根本大法,应当约束下位法。《民事诉讼法》为基本的民事程序法,规定了民事诉讼制度、民事证据制度,其中包含重要的民事管辖制度,我国《民事诉讼法》规定,法定管辖分为级别管辖、地域管辖。

(一)级别管辖

依据《宪法》《人民法院组织法》和《民事诉讼法》规定,我国法院系统分为四级,分别为基层之区县法院、地市级之中级法院、省级行政区之高级法院、中央之最高法院。这四级法院依法都可管辖第一审民事案件,法律和司法解释详细规定了四级法院对第一审民事案件管辖的分工与权限。我国学界和实务通说认为:划分上下级法院之间各自受理第一审民事案件的权限和分工,以案件性质、影响大小和案件的繁简程度为依据,不过这种划分方式过于抽象,不具备可操作性。因此,最高人民法院对级别管辖制定了若干司法解释,进行了完善和补充。

1. 基层人民法院的级别管辖

基层人民法院处于我国行政区划的最低级、最基层,和当事人住所地结合最紧密。"截至 2011 年 6 月,全国共有 3115 个基层法院,下设 9880 个人民法庭;基层法院(含人民法庭,下同)共有法官及其他工作人员 250827 人,占全国法院总人数的 76.9%。2008 年至 2011 年上半年,基层法院共审理和执行各类案件 30381840 件,占全国法院审理和执行案件总数的 89.28%。"①基层法院与最基层的区县级行政区划一致,处于区县政府所在地,区县行政中心必须

---

① 东方法眼.全国基层法院数量及办案情况数据(2011-10-26)[2017-07-18]http://www.dffyw.com/sifashijian/ziliao/201110/25845.html

设立一个普通的基层区县法院,管辖在本辖区发生的普通民事纠纷。另外,铁路系统设立了各级铁路运输法院,其中也有铁路运输基层法院。基层人民法院每年管辖和审理的民事案件,超过我国全部民事案件的80%,法律规定其他级别的法院不管辖的案件,都属于基层法院管辖。此外,基层法院设立了派出人民法庭,2011年止,全国基层法院派出人民法庭共9880个。基层法院的派出人民法庭,就是一个代表基层法院行使审判权的审判单位,人民法庭审理的案件,作出的裁判,就是基层法院的裁判,基层法院管辖的民事案件中,由派出人民法庭审理的案件往往超过2/3。相比中级人民法院和高级人民法院,基层人民法院审判力量更为充足。

近年来,我国司法改革已经取得一定的阶段性成果,其中法官员额制体现了各级法院审判业务量的对比。法官员额制,就是赋予法院具有审判资格的法官审判资格,核定其为本院的审判人员。例如,西部地区一个普通的地级市为例,全市法院系统共有199名法官员额,其中,中级人民法院只有35名法官员额,其余法官员额为6个基层法院的法官数额。可见,法官员额制对法官数额的分配也反映了基层人民法院受理和管辖绝大多数第一审案件的工作负担。

2. 中级人民法院的级别管辖

在我国司法体系中,中级法院也属于较低层级的地方法院,由于我国司法体制,中级法院既管辖第一审民事案件,又管辖第二审民事案件。我国《民事诉讼法》第18条规定,中级法院管辖下列第一审民事案件:①重大的涉外民事案件;②在本辖区有重大影响的民事案件;③最高法院确定由中级法院管辖的民事案件。可见,中级人民法院管辖三类第一审民事案件。

其一,重大涉外民事案件

民事案件中的当事人、诉讼标的、法律事实等涉及外国因素时,这种案件就被称之为涉外案件。涉外案件不同于普通民事案件,有时会影响到国与国之间的关系,法院是哪里涉外案件比其他案件更加慎重。一般涉外民事案件,基层区县法院享有管辖权。

《民事诉讼法》对涉外案件的管辖规定得比较原则和抽象,因此,最高法院也针对这个问题专门制定了司法解释。最高人民法院于2002年制定了关于涉外案件事实管辖的司法解释,其中第3条规定,本规定适用于下列案件:①涉外合同纠纷案件与侵权纠纷案件;②信用证民事纠纷案件;③申请承认、撤销、强制执行国际仲裁裁决案件;④审查有关涉外民商事仲裁条款效力的案件;⑤申请承认和强制执行外国法院民商事判决、裁定的案件。第5条规定,涉及香港、澳门特别行政区和台湾地区当事人的民商事纠纷案件的管辖,参照本规定处理。因此,我国涉外民事案件的范围由最高人民法院通过解释进行了具体规定和限制。《民事诉讼法司法解释》第1条规定,民事诉讼法第18条第1项规定的重大涉外案件,包括争议标的额大的案件、案情复杂的案件,或者一方当事人人数众多等具有重大影响的案件。最高人民法院关于级别管辖司法解释第1条,第一审涉外民商事案件由下列人民法院管辖:(一)国务院批准设立的经济技术开发区人民法院;(二)省会、自治区首府、直辖市所在地的中级人民法院;(三)经济特区、计划单列市中级人民法院;(四)最高人民法院指定的其他中级人民法院;(五)高级人民法院。上述中级人民法院的区域管辖范围由所在地的高级人民法院确定。可见,涉外案件第一审是由审判力量较强的基层法院管辖,或者副省级城市的中级人民法院管辖。

其二,在本辖区有重大影响的案件

民事案件是当事人之间发生的民事权利义务争议,通常情况下,纠纷影响范围较小,或者只对当事人双方生产生活产生一定的影响。例如,民间借贷纠纷,债权人和债务人之间法律借贷合同法律关系,双方当事人对借贷合同的成立生效及履行发生争议,不会牵涉案外人人的利益,因此,这种纠纷的影响力就只有在基层人民法院辖区范围。《民事诉讼法》规定由中级人民法院受理的第一审民事案件,这种民事案件的影响范围一定会超越基层人民法院辖区。例如,民事案件当事人众多,来源于不同的市县或者不同的省,这种案件的影响力就远远超越基层人民法院的辖区,应当由中级人民法院进行第一审管辖。

其三,最高人民法院确定的由中级人民法院管辖的第一审民事案件

民事管辖制度贯彻原则性和灵活性,随着我国经济社会的飞速发展,许多新型案件层出不穷,《民事诉讼法》授权最高人民法院根据新情况,确定中级人民法院管辖一些类型的民事案件。

第一、海事、海事案件

海事、海商案件发生在水面上,不同于陆地上的民事案件,具有流动性、标的金额大、涉外等因素。因此,我国特别设立了10个海事法院,分别位于沿海城市或者内陆较大的港口城市。《海事诉讼特别程序法》第6条规定,海事诉讼民事案件之地域管辖,依据《中华人民共和国民事诉讼法》的相关规定。

2016年,最高人民法院通过了关于海事法院受理案件范围司法解释,划定了海事法院受理及执行案件的管辖范围,具体规定如下:

①海事侵权纠纷案件;②海商合同纠纷案件;③海洋及通海可航水域开发利用与环境保护相关纠纷案件④其他海事海商纠纷案件⑤海事特别程序

案件。

第二,民事公益诉讼案件

随着经济社会的飞速发展,工业企业在进行现代化工业生产的同时,随之而来的公害、环境污染问题逐渐浮出水面。对于工商企业侵犯公共利益的行为,个体受害者不愿意提起侵权诉讼,因为提起诉讼成本过高,得到的结果过低。其实在古罗马时期,公益诉讼就已经呈现。古罗马时期的诉讼分为"私益诉讼(actiones privatae)和公益诉讼(actionespublicae populares),前者乃保护个人专有权利的诉讼,仅特定人才可提起;后者乃保护社会公共利益的诉讼,除法律有特别规定者外,凡市民均可提起。现代法关于公共利益的保护,由公务员代表国家履行之。罗马当时的政权机构,远没有近代这样健全和周密,仅依靠官吏的力量来维护公共利益是不够的,故授权市民代表社会集体直接起诉,以补救其不足。公诉又分市民法公诉和大法官法公诉。前者是由市民法所规定,被告所付的罚金归国库,但起诉者可得一定的奖金。后者为大法官等谕令所规定,被告所付的罚金,归起诉者所得。如果对同一案件有数人起诉,则由法官选择一人为原告"①。

近代资产阶级革命后,大陆法系国家均制定了公益诉讼制度。我国于2012年修订的《民事诉讼法》第55条规定,对污染环境、侵害众多消费者合法权益等损害社会公共利益的行为,法律规定的机关和有关组织可以向人民法院提起诉讼。我国从立法上第一次确定了公益诉讼,以加强对环境污染、大规模侵害消费者合法权益案件的审判力度,以达到实现社会公正,保护公共利益,保障弱势群体的目的。然而,仅凭单独的一个法条,无法涵盖民事公益诉讼之完备的诉讼程序。因此,《民事诉讼法司法解释》规定了公益诉讼的具体程序制度,第285条规定,民事公益诉讼案件由民事侵权行为地或被告住所地中级人民法院管辖,但法律、司法解释对其另有规定的除外。因海洋环境污染侵权提起的民事公益诉讼,由污染产生地、污染损害结果地以及采取对污染进行措施地的海事法院管辖。对同一民事侵权行为分别向两个以上人民法院提起民事公益诉讼的,应当由先立案的人民法院管辖,必要时由它们的共同上级人民法院指定管辖。

《民事诉讼法》规定,在本辖区内有重大影响的案件,由中级法院管辖。环境污染公益诉讼案件、大规模侵犯众多消费者合法权益案件等必定在侵权行

---

① 周楠.罗马法原论(下册)[M].北京:商务印书馆,1994:886-887.

为地辖区产生重大的社会影响,早已超过基层法院辖区范围,往往还可能演变成群体性维权事件。因此,最高人民法院通过解释将公益诉讼案件的级别管辖法院提至中级人民法院管辖,体现了程序公正原则。

第三,专利纠纷案件

《民事诉讼法司法解释》第2条规定,专利纠纷案件由知识产权法院、最高人民法院确定的中级人民法院和基层人民法院管辖。此外,最高人民法院通过司法解释重新划定了专利纠纷民事案件的第一审管辖法院,作为司法改革成果之一,最高法院在全国设立了多个知识产权法院。专利纠纷的第一审民事案件,由各省、自治区、直辖市人民政府住所地的中级法院管辖,以及最高法院指定的某些中级法院管辖。最高法院根据各地实际情况,可以指定某些专业性较强的基层法院管辖辖区内发生的第一审专利纠纷民事案件。

另外,最高人民法院制定了司法解释,设立了北京、上海、广州知识产权法院,北京、上海、广州知识产权法院为中级法院级别,当事人对于知识产权法院的判决不服,应当向该专利法院所在地的高级人民法院提起上诉。

第四,诉讼标的金额大或者诉讼单位属省、自治区、直辖市以上的民事争议案件

最高人民法院制定了司法解释,以诉讼标的金额,对级别管辖做了统一的划分。①北京、江苏、广东、上海、浙江经济发达省份高级人民法院管辖诉讼标的额5亿元以上一审民事案件,所辖省份内的中级法院管辖诉讼标的金额1亿元以上一审民事案件。②河北、天津、内蒙古、四川、重庆、山西、辽宁、福建、山东、安徽、河南、湖北、湖南、广西、海南高级人民法院管辖诉讼标的金额3亿元以上的一审民事案件,所辖省份内中级法院管辖诉讼标的额3000万元以上一审民商事案件。③吉林、黑龙江、江西、陕西、云南、新疆高级人民法院和新疆生产建设兵团分院,管辖诉讼标的金额2亿元以上的一审民事案件,所辖省份内中级人民法院管辖诉讼标的金额1000万元以上一审民事案件。④贵州、甘肃、青海、西藏、宁夏高级人民法院,管辖诉讼标的金额1亿元以上一审民事案件,所辖省份内中级法院管辖诉讼标的金额500万元以上一审民事案件。

第五,证券虚假陈述民事赔偿案件

最高人民法院于2003年制定了证券市场虚假陈述产生的民事侵权赔偿案件司法解释,对于证券虚假陈述侵权民事案件的管辖,做了专门规定。在证券市场内因有关主体虚假进行陈述引发的民事侵权赔偿案件,是指证券市场的投资人,主张信息披露义务的人违反相关法律规定,采取虚假陈述同时致其遭受财产损失为理由,向法院提起民事诉讼的民事侵权损害赔偿案件。证券

欺诈诉讼不同于传统型民事侵权案件,该类案件具有侵权面广、受害人众多、专业性强等特点。因此,法院审理此类案件时应当加强职权调查,维护社会公共利益。美国早已规定了特别诉讼制度,授予法官司法管理权。"美国立法采取了一系列强化法官职权的措施,出现了所谓'管理型审判'的概念。管理型审判首先运用于复杂诉讼或重大疑难、涉及公益的诉讼中,例如反托拉斯诉讼、证券诉讼、重大事故诉讼、产品责任诉讼、集团诉讼和多方当事人诉讼等,现在也有逐渐扩展到其他诉讼的迹象。其特点是为了加强对发现等审前程序的监督和管理,增大法官的权力,通过一系列相互联系的方法,实现法官对双方当事人收集证据过程的控制"①。

我国司法解释规定,虚假陈述证券民事侵权损害赔偿案件,应当由省、直辖市、自治区政府住所地以及计划单列市、经济特区的中级法院管辖。证券市场是投资者以购买股票、债券等有价证券的资本市场,具有高度风险性。股份有限公司发行股票,投资者积极购买或者甩卖,制约着股票价格的波动。投资者购买股票的动力来源于股票上所载股份价值的增值,投资者看重的是股票的升值空间。股份有限公司是典型的商法人,具备《公司法》所规定的组织机构和人员。公司的董事长、总经理、监事等高级管理人员,往往又是公司的大股东或者隐形控制人。在公司经营过程中,这些公司高级管理人员掌握公司的经营信息、决定着公司投资等重大事项。依据《公司法》的规定,公司董事会或者经理等机构应当按时公布公司的财务会计报告、经营利润等信息。而这些信息的不断公开,必定影响投资者的投资取向。公司高级管理人员如果虚假陈述、虚假公布经营信息和管理信息,就会造成对不知情的投资者投资失误,从而产生损失,这些高级管理人员通过这些内幕信息将获得巨大的非法利益。这种虚假陈述行为构成一种特殊侵权行为,侵犯广大中小股东,即证券虚假陈述侵权行为。

依据最高法院司法解释规定,虚假陈述证券民事侵权损害赔偿案件,由省、直辖市、自治区政府住所地中级法院和计划单列市、经济特区中级人民法院管辖。省会城市、计划单列市与经济特区,往往属于较发达地区,率先进行改革开放,公司制起步较早,因此,当地法院审理此类案件更具有专业优势。

第六,垄断民事侵权纠纷案件

---

① 汤维建.两大法系民事诉讼制度[C]//陈光中,江伟.诉讼法论丛(第1卷).北京:法律出版社,1998:447.

最高人民法院制定了审理垄断民事纠纷案件司法解释,因垄断行为引发的民事侵权纠纷案件(以下简称垄断民事侵权纠纷案件),是指因垄断行为受到财产损失以及因合同内容、行业协会之章程等,违反反垄断法进而发生民事争议的自然人、法人或其他组织,向法院提起的民事侵权诉讼案件。原告认为受到垄断损害,直接向法院提起民事侵权诉讼,以及当反垄断执法行政机构认定构成垄断行为的处理决定生效后,再向人民法院提起民事侵权诉讼,同时符合民事诉讼法规定的其他民事案件受理条件的,法院应当依法受理。

第一审垄断民事侵权纠纷案件,由省、自治区、直辖市辖区人民政府住所地中级法院、计划单列市中级法院或者最高法院指定的某些特定中级法院管辖。经最高人民法院特别批准,某些基层法院能够管辖第一审垄断民事侵权纠纷案件。垄断民事侵权纠纷案件的地域管辖,根据反垄断案件的具体案情情况,依照民事诉讼法及相关司法解释关于民事侵权纠纷、民事合同纠纷等的规定确定管辖。

反垄断案件属于一种新类型的商事案件,行为人的垄断行为必侵犯合法竞争中的财产权利,因此,利害关系人可以向省会城市中级法院、其他副省级城市中级法院或者最高人民法院指定的某些中级法院起诉。与此同时,原告也可以向经最高人民法院已经批准的某些基层人民法院提起民事诉讼。

3.高级人法院管辖的第一审民事案件

《民事诉讼法》第19条之规定,高级法院管辖在本省范围内有重大影响的第一审民事案件。全国每一省、自治区、直辖市行政区都设立了一个高级人民法院,各高级人民法院的主要职能在于监督、指导本省级区域内各级法院的审判工作,不宜过多地审理民事一审案件。

2015年,我国最高人民法院通过司法解释,主要以诉讼标的金额确定高级法院对第一审民事案件的级别管辖标准。北京、上海、浙江、广东、江苏高级法院级别管辖第一审诉讼标的额5亿元以上的民事案件。河北、天津、内蒙古、山西、辽宁、安徽、福建、山东、河南、湖北、湖南、广西、海南、四川、重庆高级法院,级别管辖诉讼标的金额3亿元以上的一审民事案件。黑龙江、吉林、云南、江西、陕西、新疆高级法院,级别管辖诉讼标的金额2亿元以上的一审民事案件。贵州、甘肃、青海、西藏、宁夏高级法院,级别管辖诉讼标的额1亿元以上的一审民事案件。解放军军事法院级别管辖诉讼标的额1亿元以上的一审民事案件。婚姻、继承、物业服务、人身损害赔偿、家庭、名誉权、交通事故、劳动争议等传统民事案件,以及群体性民事纠纷案件,原则上都由基层法院管辖。当面对重大疑难案件或者新类型案件,以及在适用法律上将产生普遍指导意义的案件时,上级法院可以依照民事诉讼法第 38 条的规定,自行决定由其审理,或者根据下级人民法院报请决定提审。

因此,各高级人民法院依据案件诉讼标的金额,确定自己的第一审管辖法院。经济越发达地区的高级人民法院,管辖第一审民事案件的标的金额就越大,反之,就越小。

4. 最高人民法院管辖的第一审民事案件

《民事诉讼法》第 20 条规定,最高人民法院管辖下列第一审民事案件:①在全国有重大影响的案件;②认为应当由本院审理的案件。从世界各国司法制度分析,最高法院作为最高裁判机关,不宜作为一审法院审判民事案件。因为我国民事诉讼法采纳两审终审的审级制度,如果最高人民可以审理第一审民事案件,当事人如果对该判决不服,就不能向更高一级的法院提起上诉。因此,最高人民法院的主要职责就在于指导、监督各级法院的民事审判工作。

二、地域管辖

级别管辖确定纵向四级法院之间受理第一审民事案件的分工和权限,当某件民事案件被确定为某个级别管辖法院后,接下来就要确定民事案件的地域管辖法院。地域管辖确定横向哪个法院对特定民事案件具有管辖权,在同级的基层人民法院或者中级人民法院,以及高级人民法院之间划分管辖。"从各国民事诉讼法关于地域管辖的规定看,确定地域管辖的标准主要有两个:其一是诉讼当事人的住所地(尤其是被告住所地)与法院辖区之间的联系;其二是诉讼标的、诉讼标的物或法律事实与法院辖区之间的联系"①。当事人住所地必定和法院辖区之间有着地域上的联系,或者民事法律关系的发生、变更、消灭、妨碍等要件事实也与特定的法院管辖地域产生某种联系,这种"链接"将民事案件和法院相牵连。各国民事诉讼法设立的地域管辖,都遵循大致的原则,或者方便当事人进行诉讼,或者方便法院调查取证、方便法院传唤被告以及方便案件的强制执行。我国《民事诉讼法》规定了一般地域管辖、特殊地域管辖。

(一)一般地域管辖

我国民事诉讼中的一般地域管辖,又可以分为原则规定与例外规定。《民事诉讼法》第 21 条规定,对自然人(公民)提起的民事诉讼,应当由被告住所地即户籍地法院管辖,如果被告的户籍地或者住所地同他的经常居住地不相一

---

① 江伟,肖建国.民事诉讼法.[M].7 版.北京:中国人民大学出版社,2015:94.

致时,就应当由被告的经常居住地法院管辖。另外,对法人以及其他组织提起民事诉讼时,由被告单位住所地法院管辖。同一民事诉讼有几个被告的情况下,如果几个被告住所地(户籍地)或者经常居住地存在于两个以上法院管辖区域的,各个法院都享有管辖权。

我国民事地域管辖以民事法律关系主体住所地作为连接法院的管辖依据,当事人包括公民(自然人)、法人、其他组织,他们的住所地法院就是管辖法院。我国民事诉讼法和民法的主体范围有差异,民法中对于有生命的个体称为自然人。"自然人皆有权利能力。此项能力,始于出生,终于死亡(民法六条)。然此仅就一般的权利能力而言,有如前述。关于自然人权利之始终,外国立法有仅规定始于出生,而以因死亡终止为当然之事,认为无须规定者。我民法则定出生为始期,死亡为终期,盖从瑞士、土耳其及泰国之例也。"①我国民事实体法规定,有民事权利能力的人才能够成为民事主体,参与民事活动,享有民事权利和履行民事义务。我国最新《民法总则》第13条规定,自然人从出生时起到死亡时止,具有民事权利能力,依法享有民事权利,承担民事义务。自然人出生后,依法取得我国国籍,同时取得户籍。国务院颁布的《中华人民共和国户口登记条例》第6条规定,公民应当在经常居住的地方登记为常住人口,一个公民只能在一个地方登记为常住人口。我国自然人出生后,由其监护人向常住地公安户籍管理机关申请户籍登记。自然人一旦登记户籍后,就不得随意改动,如果要迁移户籍,必须具备法定条件,履行法定手续。

法人是相对于自然人的组织体,第十二届全国人民代表大会第五次会议通过的《民法总则》第57条规定,相对于自然人,法人就是具有民事权利能力与民事行为能力,并且依法独立地享有民事权利、承担民事义务的组织。法人有独立的民事主体资格,其民事权利能力与民事行为能力相统一,法人的民事权利能力从成立时产生,到终止时消灭。法人享有独立的财产,设立了独立的机构和组织,并且独立承担民事责任。我国的法人可以分为多个种类,即企业法人、机关法人、事业单位法人、社会团体法人。不管其性质如何,法人参与民事诉讼,法院应当以法人的住所地确定案件的管辖法院。

其他组织是我国《民事诉讼法》认可的当事人,然而,在民事实体法中,其他组织没有民事主体资格。《民法总则》规定,除法人以外,非法人组织作为一种独立的民事实体法律主体。《民事诉讼法司法解释》第52条规定,民事诉讼

---

① 史尚宽.民法总论[M].北京:中国政法大学出版社,2000:72.

法第48条所规定之其他组织,是指依据法律成立、具有一定的组织机构并享有一定的财产,但是又不具备组织法规定的法人资格的组织。民事诉讼中其他组织包括:①依据法律登记,并且领取工商营业执照之个人独资企业;②依据法律登记,并且领取营业执照之合伙企业;③依据法律登记,并且领取我国的营业执照之中外合作经营企业和外资投资企业;④依据法律成立的社会团体,设立的分支机构和代表机构;⑤依据法律设立,并且领取工商营业执照的法人之分支机构;⑥依据法律设立,并且领取工商营业执照的金融机构的分支机构,例如商业银行或者政策性银行、以及非银行金融机构;⑦依据法律登记,并且领取工商营业执照的乡镇企业和街道企业;⑧符合其他本条规定条件之组织。这些组织不具备法人资格,但领取了营业执照或者依法进行了登记,活跃在社会生活中,这些主体作为原被告时,他们的住所地法院就是地域管辖法院。

依据我国《民事诉讼法》规定,一般地域管辖又分为原则规定与例外规定。

(1)一般地域管辖的原则规定

一般地域管辖中的原则规定是最基本的法定管辖原则规定,民事诉讼理论界将这种原则规定界定为"原告就被告"原则,即原告提起民事诉讼,应当到被告住所地法院起诉,如果被告经常居住地同住所地不一致的,那么原告就应当向被告经常居住地法院起诉。《民事诉讼法司法解释》第3条规定,公民的住所地是指公民的户籍所在地,法人或者其他组织的住所地是指法人或者其他组织的主要办事机构所在地。法人或者其他组织的主要办事机构所在地不能确定的,法人或者其他组织的注册地或者登记地为住所地。

"一般地域管辖适用的原则是原告就被告,此一原则在罗马法上就已确定,现代大陆法系国家大都继承了这一原则"①。20世纪初,清政府"百日维新"变法图强,制定了一系列的现代化法典,其中就有《民事诉讼律草案》。"土地管辖中确定案件管辖权的依据为审判籍。审判籍分为普通审判籍与特别审判籍二种。其中,普通审判籍指管辖被告普通诉讼事件的区域。普通审判籍为保护被告利益而设,为便利被告,凡对于被告之诉,除有特别审判籍外,皆应由被告住所地的审判衙门管辖"②。可见,我国在清末第一次制定现代化的民事诉讼法时,就采纳了一般地域管辖之原告就被告原则。原告向被告住所地

---

① 江伟,肖建国.民事诉讼法.[M].7版.北京:中国人民大学出版社,2015:94.
② 张晋藩.中国民事诉讼制度史[M].成都:巴蜀书社,1999:232.

法院提起民事诉讼,立法理由主要有两个:第一,防止原告滥用诉权侵害被告程序利益。原告必须到被告住所地法院提起诉讼,就促使原告慎重考虑,提起的诉讼能否得到法院支持。如果原告恶意提起诉讼,意图侵犯被告合法权益,那么原告将付出往返于被告住所地法院的时间、金钱、精力等诉讼耗费。因此,原告就被告的管辖原则可以防止原告滥诉。第二,有利于法院行使审判权。被告住所地法院管辖民事案件,将有利于诉讼的顺利进行。因为被告住所地在法院辖区,基层法院管辖的案件,被告住所地在基层法院所在的县或者市,管辖法院传唤通知被告,依法送达等诉讼行为将会更加顺利。法院依职权调查案件时,也会更加顺利,对本辖区内的证人,以及有关公共机构的书证进行证据调查更方便和快捷。法院判决生效后,被告住所地法院进行强制执行,会更加高效。

《民事诉讼法》第 21 条规定,对公民提起的民事诉讼,由被告住所地人民法院管辖;被告住所地与现在的经常居住地不相一致时,由被告现在的经常居住地法院管辖。对法人或者其他组织等单位当事人提起民事诉讼,应当由被告单位的住所地法院管辖。如果民事诉讼案件为共同诉讼,几个被告的住所地(户籍地)或者经常居住地分布在两个以上法院辖区时,每个地方的法院都享有管辖权。

《民事诉讼法》第 4 条规定,公民离开住所后长期居住于外地的,此经常居住地是指公民离开住所至起诉时已连续居住一年以上的地方,但公民住院就医的地方除外。现今社会处于经济高度发达的状态,人民有迁徙的自由,尤其在各地农村地区,自然人外出务工、经商比较普遍。这些人长期外出,有的家庭举家迁移定居在外地。但他们的户口还在原籍,当这些人进入诉讼程序作为被告后,原告如果在他们的户籍所在地起诉,管辖法院反而不方便通知他们参加诉讼。与此同时,他们在自己的户籍地法院应诉,自己也不方便参加诉讼。因此,《民事诉讼法》规定,自然人离开自己的户籍地,到另一个地方连续居住满一年后,当他作为被告参加诉讼时,他的现在居住地就是一般地域管辖法院所在地。《民事诉讼法》对经常居住地法院管辖的规定,也可以看作是对法定管辖的一种变通,既方便当事人进行诉讼,又方便法院办理案件,节约了资源。

司法实践中出现了一些新情况,导致法院准确确定管辖较为困难和不便。有的当事人离开户籍地外出务工或者经商,但是其经常居住地不固定,经常变换住所。然而,这些人也没有回到户籍地,如果原告向被告户籍地法院提起诉讼,法院通知被告和送达诉讼文书也将面临困难。严格依据法律规定,原告必须向被告户籍地法院提起民事诉讼,户籍地法院将面临无法通知被告应诉的尴尬局面。而有的基层法院则要求原告提交被告下落不明的证明以便公告送达诉讼文书,否则就不能确定被告。原告到被告户籍地社区或者村委会开具被告下落不明的证明,会遇到相应的基层组织的阻挠或者不配合,原告不能提交被告下落不明的证明,法院可能会劝说原告撤诉。

有些特殊类型的案件,例如民间借贷纠纷案件,原告起诉提交的证据仅仅是一张被告书写的借条。而此时被告下落不明,借款的真实性无法核实,这也对原告提起民事诉讼,确定地域管辖法院产生困难。

《民事诉讼法司法解释》第5条规定,对没有办事机构的个人合伙、合伙型联营体提起的诉讼,由被告注册登记地人民法院管辖。没有注册登记,几个被告又不在同一辖区的,被告住所地的人民法院都有管辖权。个人合伙是多个民事主体共同出资、共同经营、共享收益、共担风险的一种人合组织,这种合伙组织,有的在工商行政管理局办理的工商登记,而有的没有登记。当对这些组织体提起诉讼时,原告可以向个人合伙组织登记地法院提起民事诉讼。如果这些组织没有注册登记的,原告可以向任何一个合伙人的住所地法院提起民事诉讼。

《民事诉讼法司法解释》第6条规定,被告被注销户籍的,依照民事诉讼法第22条规定确定管辖;原告、被告均被注销户籍的,由被告居住地人民法院管辖。

自然人因为某些原因被注销户口时,在户籍法中他就没有了住所地,因此,最高人民法院通过解释确定对他的一般地域管辖,适用原住所地法院管辖。

《民事诉讼法司法解释》第7条规定,当事人的户籍迁出后尚未落户,有经常居住地的,由该地人民法院管辖;没有经常居住地的,由其原户籍所在地人民法院管辖;当事人由于搬迁、求学等情况,将户籍迁出本地,暂时没有落户,在另一地方已经连续居住超过一年,那么这个地点就是他的经常居住地。原告对他提起诉讼,应当由被告现在的经常居住地法院管辖。假如该人没有经常居住地的,那么他的原户籍所在地就是他的经常居住地,原户籍所在地法院为一般地域管辖法院。

《民事诉讼法司法解释》第8条规定,如果双方当事人都同时被监禁或者同时被采取强制性的教育措施,民事案件应当由被告被监禁前的原住所地(户籍地)法院管辖。另外,如果被告被监禁或被采取强制性的教育措施超过一年以上时,由被告现在被监禁地以及被采取强制性教育措施地法院管辖。如果双方当事人都同时因为刑事犯罪而被判处监禁的,或者因为其他违法行为而同时被采取强制性的教育措施,例如吸毒而被强制性戒毒处罚,那么就由被告原户籍所在地法院管辖,被告被监禁或者采取强制性教育措施超过一年时,就由被告现在服刑的监狱或者强制性教育机构管辖。这种规定和民事诉讼法相关规定相一致,被告到监狱服刑,那么他的经常居住地就变成了监狱所在地,在监狱服刑超过一年,那么监狱所在地法院就自动变成了他为被告时的一般地域管辖法院。本法条适用的前提条件是原被告均被采取强制性教育措施或者同时被监禁。如果原告方没有被监禁,被告方处于被监禁状态,不论被告被监禁的时间是否超过一年,均由原告住所地法院管辖。最高人民法院对管辖案件的审理和裁定遵循本条司法解释。

案例:最高人民法院(2016)最高法民辖19号民事裁定,江某与被告黄某发生离婚诉讼管辖案。原告江某与被告黄某发生离婚纠纷,黄某因为犯罪被监禁于湖南吉首监狱,至江某起诉时已经超过一年。原告江某居住地在广东省茂名市电白区,被告黄某被监禁前住所地也住广东省茂名市电白区。广东省茂名市电白区人民法院于2015年5月14日立案。江某诉称,其与被告黄某于×年×月×日登记结婚,目前夫妻感情彻底破裂,自2011年至今分居,请求判决准予双方离婚,婚生儿子黄振威由黄某抚养,抚养费由黄某承担。广东省茂名市电白区人民法院认为,被告黄某自2011年9月间,因犯诈骗罪被判处有期徒刑五年,在湖南省吉首监狱服刑,至今已被监禁一年以上。依照《民事诉讼法司法解释》第8条"双方当事人都被监禁或者被采取强制性教育措施的,由被告原住所地人民法院管辖。被告被监禁或者被采取强制性教育措施一年以上的,由被告被监禁地或者被采取强制性教育措施地人民法院管辖"的规定,本案应由黄某被监禁地湖南省吉首市人民法院管辖。于2015年7月21日作出(2015)茂电法民二初字第196号民事裁定:本案移送湖南省吉首市人民法院审理。2016年4月7日,湖南省高级人民法院以广东省茂名市电白区人民法院作为原告江某住所地法院,对本案具有管辖权,将本案裁定移送吉首市人民法院管辖不当为由,报请最高人民法院指定管辖。最高人民法院认为,《民事诉讼法司法解释》第8条是对于原、被告双方均被采取强制性教育措施或被监禁时,确定案件地域管辖的规定,对于只有被告方当事人被采取强制性教育措施或被监禁时,应适用《中华人民共和国民事诉讼法》第22条第3项和第(4)项的规定,由原告住所地人民法院管辖;原告住所地与经常居住地不一致的,由原告经常居住地人民法院管辖。本案中,只有被告黄某被监禁,应由原告江某住所地人民法院管辖。广东省茂名市电白区人民法院作为原告住所地人民法院,对本案有管辖权,将案件移送湖南省吉首市人民法院审理属于适用法律错误。依照《中华人民共和国民事诉讼法》第36条规定,最高人民法院裁定如下:一、撤销广东省茂名市电白区人民法院(2015)茂电法民二初字第196号民事裁定;二、指定江某诉黄某离婚纠纷一案由广东省茂名市电白区人民法院审理①。本案中,广东省茂名市电白县法院移送管辖裁定错误,该法院认为,被告被监禁超过一年后,原告对被告的所有诉讼均应由被告监禁地法院管辖,其混淆了一般地域管辖的例外规定适用的法定条件。

《民事诉讼法司法解释》第9条规定,追索赡养费、抚育费、扶养费案件的几个被告住所地不在同一辖区的,可以由原告住所地人民法院管辖。民事案件分为两大类,即财产权利义务关系和人身权利义务关系争议。财产权利义务争议案件的一般地域管辖,为被告住所地法院。人身关系,以自然人之间婚姻关系的产生与消失而发生相应的变动,并形成家庭为生活的中心。"家庭是人类最基本的生活共同体,家庭成员朝夕相处,利害相关,他们之间既有感情、伦理和思想上的联系,又有法律上的权利义务关系,家庭在人们的社会生活中占有十分重要的地位"②。围绕婚姻家庭关系,其成员之间会形成若干人身权利义务关系,也将产生相应的人身权利义务争议。追索赡养费案件,是丧失劳动能力的又无生活来源的老年人,养育了子女,并且子女已经长大有经济收入,或者几个子女互相推诿,或者以各种理由不赡养父母亲所产生的纠纷。父母生活陷入绝境时,不得已对子女提起民事诉讼。追索赡养费案件属于典型的身份关系诉讼,双方当事人以存在父母子女关系为前提。年迈的父母已经丧失劳动能力并且无生活来源,于情于理于法,应当由他们抚养成人的子女承担赡养义务。当这些子女有赡养能力而拒不承担赡养义务时,父母亲起诉子女承担赡养费,依据一般地域管辖的规定,他们应当到子女住所地法院提起民事诉讼。假如子女和父母同住在一所法院辖区,那么法院对案件的审理、判决、执行都比较方便。如果几个子女和原告不在同一法院辖区,那么原告就不得不选择向其中一个被告的住所地法院提起诉讼。这就不利于原告合法权益的维护,也不方便法院审理案件。因此,民事诉讼法司法解释规定,赡养纠纷案件中几个被告不在同一辖区,原告可以选择在自己所在地法院提起诉讼,这

---

① 中国裁判文书网.最高法民辖19号民事裁定书.(2016-11-13)[2017-04-29]. http://wenshu.court.gov.cn/list/list/? sorttype=1&conditions=searchWord+QWJS+++.

② 张贤钰.婚姻家庭法教程[M].北京:法律出版社,1995:128.

就极大地方便了原告参加诉讼。本书认为,如果在追索赡养费案件中,原告向多个被告提起民事诉讼,而几个被告的住所地均在同一法院辖区,原告恰好不在该法院辖区,那么原告必须到所有被告住所地法院提起民事诉讼,这也导致原告起诉的困难。本书建议将来我国修改《民事诉讼法》时,可以将赡养纠纷案件的管辖法院,确定为由原告住所地法院。

《民事诉讼法司法解释》第10条规定,不服指定监护或者变更监护关系的案件,可以由被监护人住所地人民法院管辖。监护案件属于身份关系诉讼,民事诉讼法将监护案件确定为一类特别案件,适用特别的审判程序。依据《民法通则》规定,限制行为能力人或者无行为能力人,他们的父母是第一顺序的监护人,如果父母不在了,或者父母没有监护能力,则他们的祖父母、外祖父母、孙子女、外孙子女,以及成年兄姐就作为监护人。其他有亲属关系的人,愿意承担监护职责时,可以做监护人。没有上述监护人时,由未成年人父母所在单位或者未成年人住所地居民委员会、村民委员会以及民政部门担任监护人。以上监护人有法定顺序,前一顺序的人优于后一顺序的人。

当监护人之间对于监护资格的确定发生争议时,由未成年人父母所在单位或者未成年人住所地居民委员会、村民委员会指定监护人。利害关系人对指定监护不服时,可以由被监护人住所地法院管辖,被监护人住所地法院贴近当事人的住所,有利于法院调查核实证据、也方便传唤当事人、法院判决容易得到顺利执行。

《民事诉讼法司法解释》第11条规定,双方当事人均为军人或者军队单位的民事案件由军事法院管辖。新修订的民事诉讼法司法解释,改变了涉军民事案件的管辖。双方当事人都是军人或者军队单位的民事案件,由各军事法院管辖。军事法院管辖双方当事人都属于军人的民事案件,符合军事法院专业性的要求。

(2)一般地域管辖的例外规定

一般地域管辖是以当事人住所地法院作为管辖依据,大陆法系民事诉讼称之为"审判籍"。"某第一审法院就某诉讼事件有管辖权者,该事件之被告即有受该法院审判之权利义务,谓之审判籍"①。因此,原告起诉,应当向被告的住所地法院提起。然而,民事案件千差万别,有时遇到特殊案件,适用一般地域管辖之原则性规定,反而不便于当事人进行诉讼,也不利于法院顺利审理民

---

① 石志泉,杨建华.民事诉讼法释义[M].台北:三民书局,1981:28.

事案件。对于这种情况,大陆法系各国民事诉讼通常采纳了例外规定,即"被告就原告原则"。我国《民事诉讼法》第 22 条规定,下列四种情况下,应当由原告住所地或者原告经常居住地法院管辖。

第一,对不在中华人民共和国领域内居住的人提起的有关身份关系的诉讼。原告向人民法院提起民事诉讼,案件为身份关系诉讼,就是离婚、确认婚姻无效、收养关系解除、亲子关系确认、扶养、抚育、赡养案件。身份关系诉讼案件,纠纷事实围绕着当事人之间的亲属关系发生、变动、消灭而展开。在这些案件中,一方当事人在我国领域内,另一方不在我国领域。相对于财产权利义务关系诉讼,身份关系诉讼有其特殊性。众所周知,身份关系案件涉及一国的基本的婚姻家庭制度,关涉社会伦理和公共利益。我国法院在审理涉外身份关系案件时,适用的实体法不能违背我国基本的法律原则,也不能适用与我国基本的婚姻家庭制度相矛盾的外国法。

我国自然人对不在我国领域内的人提起身份关系诉讼,依据国家主权原则,也为了方便当事人进行诉讼,原告应当向他自己的住所地法院提起民事诉讼。当事人双方发生的身份关系纠纷后,即使此案经过他国审理判决,该裁判结果并不必然会得到我国的承认,也不能约束我国法院。针对外国法院裁判,我国民事诉讼法规定了专门的特别程序,由申请人申请我国法院裁定承认该外国裁判。《民事诉讼法》第 281 条,外国法院作出的发生法律效力的判决、裁定,需要中华人民共和国人民法院承认和执行的,可以由当事人直接向中华人民共和国有管辖权的中级人民法院申请承认和执行,也可以由外国法院依照该国与中华人民共和国缔结或者参加的国际条约的规定,或者按照互惠原则,请求人民法院承认和执行。第 282 条规定,人民法院对申请或者请求承认和执行的外国法院作出的发生法律效力的判决、裁定,依照中华人民共和国缔结或者参加的国际条约,或者按照互惠原则进行审查后,认为不违反中华人民共和国法律的基本原则或者国家主权、安全、社会公共利益的,裁定承认其效力,需要执行的,发出执行令,依照本法的有关规定执行。违反中华人民共和国法律的基本原则或者国家主权、安全、社会公共利益的,不予承认和执行。

案例:南宁市中级人民法院民事裁定,甘某某申请书(2011)南市民三特字第 1 号申请人:甘某某承认加拿大安大略省高等法院对其与黄英泽离婚一案于 2009 年 7 月 6 日作出的第 06-FD-320275 号判决案。申请人甘某某于 2011 年 8 月 10 日向南宁市中级人民法院提出申请,要求承认加拿大安大略省高等法院对其与黄英泽离婚一案于 2009 年 7 月 6 日作出的第 06-FD-320275 号判决。经审查,2009 年加拿大安大略省高等法院所审理的甘某某与黄英泽的离婚诉讼,系甘某某作为原告或申请人提起的,于 2009 年 7 月 6 日作出第 06-FD-320275 号判决。在审理本案中,南宁市中级人民法院要求申请人甘某某提交加拿大安大略省高等法院在审理离婚诉讼时已合法传唤被告或被申请人黄英泽出庭的有关文件,但申请人甘某某未能提供。南宁市中级人民法院认为:最高人民法院《关于中国公民(自然人)申请承认外国法院离婚判决程序问题的规定》第 9 条规定:"外国法院作出离婚判决时,离婚诉讼中原告为申请人,人民法院应当责令该申请人提交作出此外国法院判决的外国法院,已经合乎法律规定,传唤了被告出庭应诉的有关合法的证明文件。"第 12 条第 3 项规定:"经审查,外国法院的离婚判决具有下列情形之一的,不予承认:……(三)判决是在被告缺席且未得到合法传唤情况下作出的。"本案中,由于申请人甘某某未能按上述规定提供作出第 06-FD-320275 号离婚判决的加拿大安大略省高等法院已合法传唤被告黄英泽出庭应诉的有关证明文件,南宁市中级人民法院不能确定该判决是在黄英泽已得到合法传唤的情形下作出的。《关于中国公民申请承认外国法院离婚判决程序问题的规定》第 13 条规定:"对外国法院的离婚判决的承认,以裁定方式作出。没有第 12 条规定的情形的,裁定承认其法律效力;具有第 12 条规定的情形之一的,裁定驳回申请人的申请。"参照该条的规定,裁定如下:驳回申请人甘某某请求承认加拿大安大略省高等法院作出的第 06-FD-320275 号离婚判决法律效力的申请①。

案例 2:山东省东营市中级人民法院仇易要求对美国伊利诺伊州库克县巡回法庭的离婚判决予以承认案,(2006)东民二初字第 76 号民事裁定书申请人仇易。申请人诉称:申请人仇易与张俊宁于 1990 年在山东省东营市登记结婚。1996 年 7 月,张俊宁到美国参加国际学术交流会滞留未归,于 2001 年在美国提起离婚诉讼,美国伊利诺伊州库克县巡回法庭于 2001 年 4 月作出解除申请人与张俊宁婚姻关系的判决。张俊宁已再婚,申请人仇易向本院提出申请,要求对美国伊利诺伊州库克县巡回法庭的离婚判决予以承认。本院受理后依法组成合议庭审查了本案,查明:申请人仇易与张俊宁(男)婚后于 1991 年 5 月 7 日生育一子张某某。1996 年 7 月张俊宁赴美国未归。张俊宁于 2001 年向美国伊利诺伊州库克县巡回法庭提起离婚诉讼。该法庭受理此

---

① 北大法宝. 甘某某申请承认外国法院判决纠纷案. (2012-2-13) [2017-3-21]. http://scslsxh.chinalawinfo.com/case/displaycontent.asp? Gid=1186247711&Keyword=北大法宝.

案后,向仇易公告送达了传票,并通知仇易应诉。2001年4月19日,该法庭作出了婚姻关系解除的判决。该法庭书记员Dorothy Brown于2006年6月20日证明该判决已在美国生效。其内容为:"A.此前呈请人张俊宁与答辩人仇易存在的婚姻关系解除。B.呈请人按照每月100美元的标准支付抚养费,直至其子年满18周岁。C.在对答辩人作出其出庭审理的判决以前,法庭保留对监护权、婚姻财产处置、债务分配、照料子女和探视以及其他有关费用进行裁决的权利。D.法庭保留强制执行的权利。"2006年9月20日,申请人仇易向本院提出申请,要求对美国伊利诺伊州库克县巡回法庭的离婚判决予以承认。以上事实有下列证据证明:(1)申请人仇易的中华人民共和国居民身份证。(2)申请人仇易与张俊宁在中华人民共和国山东省东营市婚姻登记机关登记结婚的结婚证。(3)美国伊利诺伊州库克县巡回法庭作出的解除申请人仇易与张俊宁婚姻关系的判决书。(4)美国伊利诺伊州库克县巡回法庭书记员Dorothy Brown于2006年6月20日证明该判决真实有效的证明。(5)美国伊利诺伊州州务卿Jesse White出具的证明美国伊利诺伊州库克县巡回法庭书记员Dorothy Brown合法任命的在职证明。(6)中华人民共和国驻芝加哥总领事馆证明美国伊利诺伊州州政府的印章和该州州务卿Jesse White的签字属实的认证书。(7)美国伊利诺伊州库克县巡回法庭公告复印件。经审查,本院认为,申请人仇易的住所地在山东省东营市,申请人向本院申请承认美国法院的离婚判决,符合法律规定,本院依法具有管辖权。根据美国关于离婚案件管辖的有关规定,该离婚案呈请人张俊宁自1996年开始在美国伊利诺伊州居住,依照美国法律规定,伊利诺伊州库克县巡回法庭对该离婚案有管辖权。该法庭书记员Dorothy Brown于2006年6月20日证明该判决真实有效,因而可以确认美国伊利诺伊州库克县巡回法庭所作出的离婚判决是在美国已生效的法院判决。该判决书载明,"通过公告应视为答辩人已收到传票",仇易也向本院提交了该法庭的公告复印件,可以认定该法庭是在经过合法传唤申请人仇易的情况下作出离婚判决的。2001年4月19日美国伊利诺伊州库克县巡回法庭作出离婚判决前,没有证据证明申请人仇易与张俊宁曾向我国或其他国家的法院提出过离婚诉讼。申请人要求我国人民法院对判决离婚的法律效力予以承认并不存在违反我国法律的基本原则或危害我国国家主权、安全和社会公共利益的问题。根据最高人民法院《关于中国公民申请承认外国法院离婚判决程序问题的规定》第12条的规定,经过对该条款规定不予承认的五项条款逐一审查,认为美国伊利诺伊州库克县巡回法庭作出的解除仇易与张俊宁婚姻关系的判决不存在不予承认的情形,同《中华人民共和国婚姻法》第32条的规定并不相抵触。依据《中华人民共和国民事诉讼法》第267条、第268条、最高人民法院《关于中国公民申请承认外国法院离婚判决程序问题的规定》第13条之规定，裁定如下：对美国伊利诺伊州库克县巡回法庭第01D02671号判决解除仇易与张俊宁婚姻关系的法律效力予以承认①。

通过上述两件人民法院裁定承认外国法院判决的诉讼案件的审理结果，可见，我国法院审理承认外国法院判决时，从实体上审理该外国法院判决有无违反我国法律基本原则；程序上审理该外国法院是否给予双方当事人公平的程序保障，被告有无进行陈述和辩论。

第二，对下落不明或者宣告失踪的人提起的有关身份关系的诉讼。自然人离开其住所，如果持续超过两年都杳无音信，那么这种事实状态将会对利害关系人产生法律上的影响。下落不明自然人的近亲属，或者债权人等利害关系人有权申请法院判决宣告该自然人失踪。法院通过特别程序，审理后可以判决宣告自然人失踪。在自然人下落不明或者宣告失踪的情况下，原告对其提起民事诉讼，会遇到障碍，因为法院对下落不明的当事人无法直接送达法律文书，该当事人也无法积极地行使诉讼权利。民事诉讼法规定，原告对这些人提起有关身份关系的诉讼，才由原告住所地法院管辖。所谓身份关系诉讼，相对于财产关系诉讼，包括离婚、确认婚姻无效、解除收养关系、抚育、扶养、追索赡养费等案件。这些案件中，双方当事人之间都存在血亲或者姻亲关系，被告下落不明或者被宣告失踪，原告无法核实被告的现在居所，被告户籍地点的法院又不能及时准确地传唤被告，由原告住所地法院管辖有利于法院对案件的顺利审理。

本书认为，民事诉讼法只是规定身份关系案件，当被告下落不明或者宣告失踪时由原告住所地法院管辖，这不利于公平保护当事人的合法的程序权利。其他民事案件中，被告下落不明或者被宣告失踪，法院也同样会面临无法传唤被告的困境。将来我国在修改《民事诉讼法》时，应当适度修正这一条，即凡是被告下落不明或者宣告失踪的民事案件，都应当由原告住所地法院管辖。

第三，对被采取强制性教育措施的人提起的诉讼。

自然人因为违法行为，受到行政处罚，被有关机关采取强制性教育措施

---

① 北大法宝.仇易申请承认离婚判决纠纷案.(2006-11-06)[2017-03-21]. http://scslsxh.chinalawinfo.com/case/displaycontent.asp?Gid=117512022&Keyword=北大法宝.

时,他也就失去了人身自由。原告对其提起民事诉讼,应当到自己所在地法院起诉。强制性教育措施作为一种行政处罚,是对违法的自然人限制人身自由的一种手段,一般是对那些严重违法行为,而又未达到刑事犯罪的人处以的强制性教育措施。例如自然人违反《治安管理处罚法》的规定,吸食毒品,侵害社会公共利益的行为,公安机关可以对行为人采取强制戒毒措施。行为人被带至强制戒毒所,参加劳动、接受教育。原告对行为人提起民事诉讼,应当到自己所在地法院起诉。如果原告向被告住所地法院起诉,那么这些法院将不堪重负,因为被限制人身自由的行为人人数众多,一旦涉及诉讼都由本地法院管辖,案件数量过大。因此,为了方便当事人提起诉讼,方便法院审理审理案件,由原告住所地法院起诉,符合诉讼经济的要求。

第四,对被监禁的人提起的诉讼。

自然人因为犯罪被处于刑事处罚,被判处有期徒刑、无期徒刑,其人身自由受到剥夺,这种自然人又被称为服刑犯。犯罪分子被羁押到监狱,接受劳动改造和教育,是国家对其进行监管和教育纠正的必要手段。这些犯罪分子难免会涉及民事诉讼,假如与他们有关的民事案件都由监狱所在地法院管辖,那么会极大加重监狱所在地法院的审判压力。因此,凡是对被监禁的人提起民事诉讼,应当到原告住所地法院起诉。司法实践中的比较通行的做法:原告住所地法院受理案件后,通过邮寄方式向被告监狱寄送相关诉讼文书,监狱收到诉讼文书后,依据《民事诉讼法》转交送达规定,转给服刑人员。服刑人员在法院送达回证上签字后,监狱再将送达回证寄回原告住所地法院。此规定属于一般地域管辖的例外,即民事诉讼中,原告向自己住所地法院提起民事诉讼的案件。笔者在实践中发现有这种案例,在一起道路交通事故侵权诉讼中,原告作为受害者,被告为肇事者和交强险与商业险的保险公司。本案中有两个被告,而此两被告的住所地不在同一个辖区。本书认为,本案属于管辖权竞合的情况,两被告,其中一个被告住所地在 Z 市 Y 区,现在在某监狱服刑;另外一个被告保险公司住所地在 Z 市 Z 区,原告住所地在 F 县。根据一般地域管辖的例外规定,原告应当向自己住所地基层人民法院提起民事诉讼;又根据共同管辖规定,原告可以选择另一被告住所地 Z 市 Z 区法院提起民事诉讼。关键在于,一般地域管辖的例外规定,是否属于排他性的管辖规范,即原告只能向自己所在地法院提起民事诉讼,不适用共同管辖和选择管辖。

我国《民事诉讼法》明确规定了上述一般地域管辖的例外,最高人民法院解释对一般地域管辖例外规定进行了补充。

《民事诉讼法司法解释》第 12 条规定,夫妻一方离开住所地超过一年,另一方起诉离婚的案件,可以由原告住所地人民法院管辖。夫妻双方离开住所地超过一年,一方起诉离婚的案件,由被告经常居住地人民法院管辖;没有经常居住地的,由原告起诉时被告居住地人民法院管辖。夫妻一方在住所地居住,另一方离开住所地超过一年,不论被告在外有没有经常居住地,另一方起诉离婚的,可以由原告住所地法院管辖。如果按照一般地域管辖的原则规定,离婚案件中被告离开住所地超过一年,那么就应当去被告现在的居住地法院起诉。又由于离婚案件属于身份关系案件,夫妻共同生活的事实以及感情破裂的事实都发生在共同的住所地,因此,由原告住所地法院管辖有利于法院查明案件事实,也有利于当事人进行诉讼。夫妻双方离开住所地超过一年,一方起诉离婚的案件,由被告经常居住地人民法院管辖;没有经常居住地的,由原告起诉时被告居住地人民法院管辖。夫妻双方离开住所地时,原被告的共同居住地就发生了变化,如果回原住所地法院起诉不方便,因此,由被告在被诉时经常居住地方的法院管辖。被告没有经常的居住地时,由原告起诉时被告实际的居住地法院管辖。

《民事诉讼法司法解释》第13条规定,在国内办理结婚登记,并且在国外定居的华侨,如果定居国的法院不予受理,理由为离婚诉讼须由婚姻缔结地法院管辖,婚姻案件当事人向人民法院提出离婚诉讼的,由婚姻管辖缔结地或者一方在国内的最后实际居住地法院进行管辖。第14条,在国外结婚并定居国外的华侨,如定居国法院以离婚诉讼须由国籍所属国法院管辖为由不予受理,当事人向人民法院提出离婚诉讼的,由一方原住所地或者在国内的最后实际居住地法院管辖。

《民事诉讼法司法解释》第15条,中国公民分别居住在国内和国外,居住在国内的一方当事人都可以向国内法院提起离婚诉讼,尽管另一方在国外已经提起了离婚诉讼。婚姻案件是典型的身份关系诉讼,身份关系关系到我国的基本民事制度,身份关系法律规范具有强制性,我国法院对其排他管辖体现了国家主权原则。即使国外法院受理了我国当事人的离婚诉讼,当事人又向我国法院提起诉讼时,我国法院有权管辖。因为外国法院对于我国当事人婚姻关系的判决,不能拘束我国法院。另外,外国婚姻实体法律制度,或多或少与我国婚姻家庭制度相矛盾,外国法院的判决内容将可能违反我国基本法律制度。外国法院判决对我国法院没有拘束力,当事人必须将外国法院申请我国法院通过特别程序予以确认,我国法院对外国法院判决将出具裁定书,确认其效力或者不予确认。

本书认为,司法实践中出现了一些特殊情况,矛盾焦点在于,法院是否可以同时适用一般地域管辖中原则规定与例外规定,选择对案件的管辖。即《民事诉讼法》中上述两个条文可以同时适用还是互相排斥。笔者在实践调研中,发现这种案件,原告作为一个住所地在Z市Z区的财产保险股份有限公司某市中心支公司,第一被告为正在L县级市监狱服刑的犯罪分子,第二被告住所地在Z市G区、第三被告住所地为Z市Y区。本案中,原告保险公司向几名被告提起保险追偿权纠纷案件,第三被告将自己的车子借给第二被告,第二被告又转借给第一被告。第一被告没有驾驶执照,在驾车途中发生交通事故,将第三人撞死。原告保险公司向事故受害人垫付了交强险保险赔偿金11万元后,向三被告提起了保险追偿权纠纷诉讼。原告选择管辖法院时发生了一些问题。本案属于保险追偿纠纷案件,确定管辖法院的诉讼标的,应当适用保险合同还是原法律关系呢?保险追偿案件是一种代位求偿案件,保险公司赔付第三受害人后,代第三人对侵害人具有实体请求权,那么案由就应当采纳原法律关系。本案原告起诉的案由,实质上是交通事故损害赔偿诉讼,原告起诉3名被告,依据我国《民事诉讼法》第21条规定,3名被告的住所地不在同一个辖区,那么原告就可以选择任何一个被告住所地法院提起民事诉讼。又依据我国《民事诉讼法》第21条规定,第一被告在起诉时正在L县级市监狱服刑,那么原告就可以在原告住所地Z市Z区法院起诉。如果原告不选择自己住所地Z市Z区法院起诉,而到第二被告Z市G区,符合法律规定吗?本书认为,我国《民事诉讼法》第21条和第22条不存在冲突和矛盾,第21条规定了民事诉讼共同管辖和选择管辖,第22条规定了原告对服刑犯罪分子提起民事诉讼还可以选择原告住所地法院提起诉讼。因此,本案中原告选择管辖法院的范围进一步加大。司法实践中,某些法院认为,我国《民事诉讼法》第22条是一种类似于专属法定之管辖,只要案件中被告是正在服刑的犯罪分子,那么原告必须到其住所地法院起诉,即便案件中还有多个被告,也不能够向其被告住所地法院起诉。本书认为,我国《民事诉讼法》第22条并不是专属管辖,也就是说第22条规定的管辖和其他法律规定不存在相互排斥,而是相互协调并列,这就更加保障了当事人的程序权利和管辖利益,有利于法院及时公正审理民事案件。

(二)特殊地域管辖

一般地域管辖是以当事人住所地与法院辖区的关系作为审判籍,当事人住所地就是户籍所在地,如果当事人离开住所地,连续在其他地方居住满一年时,另外地点就成了他的经常居住地,经常居住地法院就成了他的管辖法院。

为了因应民事纠纷案件的不同特点,《民事诉讼法》规定了特殊地域管辖。

有学者认为,"按照人民法院管辖区域与物的关系,即与诉讼标的物的关系而定的管辖,叫作特殊地域管辖,简称特别管辖,与普通管辖相对称"①。本书认为,特殊地域管辖的连接点,不限于法院管辖区域与物的管辖,还包括民事法律关系之前提民事法律事实的一切要素。特殊地域管辖不以当事人住所地、经常居住地作为管辖连接点,而以民事法律关系变动的要件事实,或者民事实体法律关系要素作为管辖连接点。民事法律关系发生变动,必定先产生民事法律关系发生、变更、消灭、妨碍四个要件事实,这四个要件事实的发生地点,就是确定地域管辖的连接地点。根据我国《民事诉讼法》和《民事诉讼法司法解释》,特殊地域管辖包括下列类型:

1. 合同纠纷地域管辖

合同是双方当事人之间设立民事权利义务关系的协议,也属于一种民事法律行为。当事人之间签订了合同,合同成立并发生法律效力后,对双方当事人都具有法律约束力。假如双方当事人在履行合同中发生争议,那么该纠纷的地域管辖法院,2013年修正的《民事诉讼法》和2008年旧《民事诉讼法》对于合同纠纷案件的法定管辖规定没有变化,只是法律条文发生了改变。旧《民事诉讼法》规定在24条,新《民事诉讼法》规定在第23条,双方当事人因为合同纠纷提起的民事诉讼,应当适用共同管辖,由被告住所地以及合同履行地法院管辖。但是,对于民事诉讼法中合同没有约定合同履行地时,如何界定合同纠纷法定管辖地,新法和旧法前后的变化很大。

1992年《最高人民法院关于适用〈中华人民共和国民事诉讼法〉若干问题的意见》第18条,因合同纠纷提起的诉讼,如果合同没有实际履行,当事人双方住所地又都不在合同约定的履行地的,应由被告住所地人民法院管辖。依据旧《民事诉讼法》,购销合同、加工承揽合同纠纷、财产租赁合同纠纷、补偿贸易合同纠纷、融资租赁合同纠纷、因保险合同纠纷等诉讼,民事诉讼法司法解释对每种合同纠纷规定了特定的履行地,并且以该履行地法院进行特殊地域管辖。

此外,旧《民事诉讼法》第25条规定的书面合同中的协议,是指合同中的协议管辖条款或者诉讼前达成的选择管辖的协议。合同的双方当事人选择管辖的协议不明确或者选择《民事诉讼法》第25条规定的人民法院中的两个以上人民法院管辖的,选择管辖的协议无效,依照《民事诉讼法》第24条的规定

---

① 王锡三.民事诉讼法研究[M].重庆:重庆出版社,1996:66.

确定管辖。《民事诉讼法》第27条规定的票据支付地,是指票据上载明的付款地。票据未载明付款地的,票据付款人(包括代理付款人)的住所地或主营业所所在地为票据付款地。可见,我国旧《民事诉讼法司法解释》对于合同中没有约定履行地时,采纳了"特征履行地规则"。

"特征履行地说认为,在双务合同中,当事人双方各须向对方履行义务,其中一方履行的义务通常是交付物品、提供劳务等,而另一方的义务则通常是支付金钱。通常认为,在这种履行中,交付物品、提供劳务等的非金钱履行为履行特征,因为它们体现了各种合同的特征"①。过去我国各级法院在受理合同纠纷案件时,遵循特征履行地规则,确定合同的履行地,当事人在诉前依据合同性质,比较容易确定合同性质,并选择合同的特征履行地法院起诉;法院也比较容易确定合同特征履行地,进而作出管辖决定。但是,适用特征履行地原则,逐渐出现了许多弊端,导致被告动不动就提出管辖权异议,主要针对案件的特征履行地有争议。另外,对合同纠纷案件的特征履行地,法院的认定经常与当事人的主张发生冲突。而且合同法律关系作为典型之民事法律债的一种,依据民法意思自治原则,只要合同主体没有违反国家法律禁止性规定,均可以约定债权和债务。民事经济社会中,社会持续向前发展,陆续有新的合同种类被引入进入到民事主体的经济交往中。旧《民事诉讼法司法解释》采纳穷尽原则,并不能对新产生的合同之债进行完整的规范,这就导致当事人在面对这些新合同争议时,有时无法准确确定管辖法院。

另外,依据特征履行地规则确定管辖法院,形式上造成原告起诉时应当评估合同案件的特征和性质,例如买卖合同、合伙合同、租赁合同等,法院在立案时,也应首先审查合同的法律性质。合同性质,在民事诉讼程序中,应当属于实体法律事项。原告提起民事诉讼,应当向有管辖权的人民法院提起,法院对案件管辖权的审查,应当限于程序性审查。理论上,法院对于民事案件程序性事项的审理可能较灵活,例如对原被告住所地的审核,立案庭在立案时就可以书面审查确定。然而,对于适用特殊地域管辖案件,法院立案庭必须确定民事法律关系的诉讼标,即合同性质,才能够准确把握合同的特征履行地。但是,民事案件中原告起诉的案件民事法律关系性质,属于实体事项,法院立案庭如果在立案审查时就对民事法律关系的性质进行书面审查,有违程序保障原则。

---

① 李新天.违约责任比较研究[M].武汉:武汉大学出版社,2005:259.见肖建国,刘东.管辖规范中的合同履行地规则研究[J].现代法学,2015(5):238.

民事诉讼学界认为,依据直接言词原则,本案审判法官才能对民事案件进行实体审理。本案审理的法官,在听取双方当事人充分的陈述、举证、辩论后,才能对案件的实体进行裁判。我国司法实践中,立案庭法官初步单方审核原告提交的书面诉讼材料,原告在民事起诉状中会将案件的当事人基本情况、诉讼标的、要件事实、诉讼请求等事项写清楚。立案庭法官审查原告的起诉资料,第一步先审查起诉状,诉状上当事人的基本情况中包含原被告的住所事实,这对于确定一般地域管辖具有决定性意义。如果原告起诉的民事案件属于特殊地域管辖,那么法官就会更重视诉讼请求,因为诉讼请求决定了原告提起诉讼的诉讼标的,如果为合同纠纷,那么原告在诉讼请求中就会表明合同性质,立案庭法官据此确定合同的特征履行地,进而判断本院是否属于本案的管辖法院。立案庭法官审查民事案件的诉讼标的,即判断合同纠纷案件中合同的性质,其实已经超越了其职权范围。民事纠纷或者合同性质,属于案件的实体法律问题,假如立案庭法官对于合同性质的认定,与案件进入审判后审判庭法官之认识发生冲突、矛盾,该如何解决。为了因应此棘手的实践难题,也为了统一合同纠纷案件的管辖法院,使合同纠纷案件的管辖变得简单易把握,大陆法系国家进行了有益的探索。

大陆法系德国率先在民事诉讼中,采纳了一种新的合同履行地规则,就是法定履行地规则。"法定履行地规则是德国《民事诉讼法典》用于确定合同履行地的一种规则,其在29条第1款规定,因契约关系而发生的争议以及关于契约关系存在与否的争议,由有争议的债务履行地法院管辖。根据学者的解释,这里的债务履行地为实体法规定的履行地,简称法定履行地"①。

2015年生效的《民事诉讼法司法解释》第18条规定,当合同约定了履行地点时,就以合同约定的履行地点作为合同的履行地。如果合同对履行地点没有约定或约定不明确,合同争议的标的是给付货币的,合同中接收货币一方当事人住所地视为为合同的履行地;合同约定的义务为交付不动产的,不动产所实际在地视为合同履行地;合同约定的其他标的,履行合同义务的一方当事人住所视为为合同的履行地。如果作为能够即时结清的合同,交易行为地点视为合同的履行地。如果合同根本没有实际履行的,双方当事人住所地均不在合同约定之履行地点的,就应当由被告现在住所地法院管辖。

我国《合同法》第62条规定,当事人就有关合同内容约定不明确,依照本

---

① 肖建国,刘东.管辖规范中的合同履行地规则研究[J].现代法学,2015(5):123.

法第61条的规定仍不能确定的,适用下列规定:(一)质量要求不明确的,按照国家标准、行业标准履行;没有国家标准、行业标准的,按照通常标准或者符合合同目的的特定标准履行。(二)价款或者报酬不明确的,按照订立合同时履行地的市场价格履行;依法应当执行政府定价或者政府指导价的,按照规定履行。(三)履行地点不明确,给付货币的,在接受货币一方所在地履行;交付不动产的,在不动产所在地履行;其他标的,在履行义务一方所在地履行。(四)履行期限不明确的,债务人可以随时履行,债权人也可以随时要求履行,但应当给对方必要的准备时间。(五)履行方式不明确的,按照有利于实现合同目的的方式履行。(六)履行费用的负担不明确的,由履行义务一方负担。

在合同纠纷诉讼中,《民事诉讼法司法解释》一改过去采纳合同特征履行地作为合同履行地规定。例如,1992年旧民事诉讼法解释第19条,购销合同的当事人双方在合同约定了交货地点的,应当以合同约定的交货地点作为合同履行地;如果合同没有约定时,应当依据交货的方式确定合同履行地;如果合同约定采用送货方式履行义务,以货物被送达地作为合同履行地;如果采用需方自提方式取货的,以自提货地点作为合同履行地;如果由供方代办托运或者按木材、煤炭等物资采取送货办法的,以货物实际发出地为合同的履行地。

《民事诉讼法司法解释》将合同履行地修改为,统一合同义务性质确定合同履行地。我国民事诉讼法解释将合同履行义务的性质进行了统一划分,如果争议标的物为货币的,接受货币一方为合同履行地,交付不动产的,不动产所在地为合同履行地。《民事诉讼法司法解释》对于合同纠纷案件管辖法院的修正,实质上维护了合同守约方的管辖程序利益。例如,买卖合同中卖方先履行交付合同标的物义务,而买方违约拒不履行支付货款的义务,那么卖方作为原告就可以选择在其住所地法院(合同履行地法院)或者被告住所地法院起诉,司法实践中,原告通常会选择在自己住所地法院起诉,以节约诉讼成本。《民事诉讼法司法解释》第19条规定,财产租赁合同、融资租赁合同以租赁物使用地,作为合同的履行地。如果合同对义务履行地有约定时,遵守其约定。第20条规定,双方当事人以互联网信息方式订立的买卖合同,通过信息网络方式履行义务并且交付标的的,以买受人当时的住所地作为合同履行地;如果通过其他方式交付合同标的的,实际的收货地为合同履行地。合同对义务履行地有特别约定的,从其约定。第21条规定,因财产保险合同纠纷提起的诉讼,如果保险标的物是运输工具或者运输中的货物,可以由运输工具登记注册地、运输目的地、保险事故发生地人民法院管辖。因人身保险合同纠纷提起的诉讼,可以由被保险人住所地人民法院管辖。对财产租赁合同纠纷、网络买卖合同纠纷、保险合同纠纷三种特殊类型的合同诉讼,《民事诉讼法司法解释》采纳了"特征履行地"规则确定案件的管辖法院。可见,为了确保法院对专业性案件的顺利审理,规定合同标的或者法律事实发生地为合同履行地。因此,我国民事诉讼法对于合同纠纷案件的特殊地域管辖,采纳法定管辖地规则为主、特征履行地规则为辅。

在合同纠纷案件中,原告选择管辖的权限较宽泛,可以选择被告住所地法院管辖、可以选择合同履行地法院管辖,合同履行地法院通常就是原告住所地法院。因为在买卖合同、加工承揽合同等纠纷诉讼中,当事人双方争议的焦点集中于合同履行与否,以及履行是否达到了合同约定。而在商业交往中,通常供货方、定做方等先积极履行自己的合同义务,然后再由相对方履行支付货款或者服务费的义务。先履行义务一方当事人履行完毕后,被动等待对方当事人履行支付货款义务。如果对方拒不支付货款,以权利人原告住所地法院作为选择管辖法院之一,就可以极大地方便原告诉讼,节约诉讼成本,还可以防止司法地方保护主义。

因此,当事人在民事诉讼中享有广泛的选择管辖权,这种选择管辖权也是一种程序处分权。

2.因保险合同纠纷提起的诉讼,由被告住所地或者保险标的物所在地人民法院管辖

"保险合同,就是指保险合同的当事人即投保人与保险人约定权利义务关系的协议。结合保险本身的商业行为特征,保险合同可描述为:投保人交付约定保险费,保险人对保险标的因保险事故所造成的损失,在保险金额范围内承担赔偿责任,或者在合同约定期限届满时,承担给付保险金义务的协议。"[①]我国《民事诉讼法》第 24 条规定,因保险合同纠纷提起的诉讼,由被告住所地或者保险标的物所在地人民法院管辖。结合我国《保险法》规定,依据保险合同法律关系客体性质之不同,保险合同可分为人身保险合同和财产保险合同。我国《保险法》第 12 条规定,人身保险合同是投保人为被保险人投的保险,投保人应当对被保险人具有保险利益,例如投保人为被保险人的近亲属、继承人等。财产保险合同为投保人为某项财产购买保险,当发生保险事故时,对保险标的具有保险利益。人身保险合同将被保险人的人身或者身体健康,以及被

---

① 最高人民法院保险法司法解释起草小组.中华人民共和国保险法保险合同章(条文理解与适用)[M].北京:中国法制出版社,2010:33.

保险人的寿命作为保险标的。保险合同是防范意外风险的一种法律制度,现今广泛被运用于民事社会各领域中。

人身保险合同是投保人与保险人约定,被保险人的身体发生合同约定的保险事故时,例如被保险人因为意外事故或者疾病,导致被保险人死亡、残疾的,保险人给付受益人保险金的一种合同。在保险合同法律关系中,保险合同的双方当事人对于保险合同权利义务关系和保险责任经常会产生争议。原告提起民事诉讼时,应该向哪个法院起诉,这种管辖属于特殊地域管辖。保险合同纠纷当属一种特殊合同纠纷,合同履行地法院和被告住所地法院享有共同的地域管辖权,这种管辖是一类特殊地域管辖。保险合同标的物所在地,被视为保险合同履行地,因为保险权利义务针对保险标的;财产保险合同的标的物,通常就是财产本身,例如不动产财产保险合同,不动产所在地就是合同履行地。《民事诉讼法司法解释》第21条规定,因财产保险合同纠纷提起的诉讼,如果保险标的物是运输工具或者运输中的货物,可以由运输工具登记注册地、运输目的地、保险事故发生地人民法院管辖。因人身保险合同纠纷提起的诉讼,可以由被保险人住所地人民法院管辖。保险标的是运输工具,那么准用不动产登记规定,以运输工具注册地、运输目的地或者保险事故发生地法院作为保险合同履行地,这些法院具有地域管辖权。典型的机动车第三者责任保险,就是机动车所有权人与保险公司签订的、以机动车行驶中发生交通事故致使车辆外第三者人身损害和财产损害,由保险公司代替机动车所有权人直接赔付第三者的一种财产保险合同。投保人与保险人因为保险合同产生纠纷提起诉讼时,就可以选择向机动车注册地法院、运输目的地法院、保险事故发生地法院提起民事诉讼。

《保险法》第31条规定,投保人对下列人员具有保险利益:(一)本人;(二)配偶、子女、父母;(三)前项以外与投保人有抚养、赡养或者扶养关系的家庭其他成员、近亲属;(四)与投保人有劳动关系的劳动者。除前款规定外,被保险人同意投保人为其订立合同的,视为投保人对被保险人具有保险利益。订立合同时,投保人对被保险人不具有保险利益的,合同无效。在人身保险合同中,投保人和保险公司约定,当被保险人发生意外伤害,或者死亡时,保险人依据保险合同的最高限额内赔付受益人的一种保险合同。《保险法》第39条规定,人身保险合同中,保险受益人应当由投保人或被保险人进行指定。如果投保人指定保险受益人的,应当经过被保险人同意。投保人和被保险人之间如果具有劳动关系,为劳动者投保保险法规定的人身保险,指定受益人的范围,不能超越被保险人和近亲属。如果被保险人在投保时是限制民事行为能力人或无民事行为能力人的,可以由他们的监护人指定保险受益人。

3. 财产租赁合同、融资租赁合同以租赁物使用地为合同履行地。合同对履行地有约定的,从其约定。

《民事诉讼法司法解释》第 19 条规定,财产租赁合同、融资租赁合同以租赁物使用地为合同履行地。合同对履行地有约定的,从其约定。财产租赁合同从狭义理解,就是充分利用租赁物的使用价值,约定承租人对动产进行租赁使用并支付相应租金的一种合同。财产租赁合同中权利义务针对的标的对象是租赁物,对于租赁物的使用,租赁物使用地就是合同履行地。依据《民事诉讼法》第 23 条规定,因合同纠纷提起的诉讼,由被告住所地或者合同履行地人民法院管辖。财产租赁合同纠纷,财产租赁物使用地法院和被告住所地法院均具有管辖权。

"融资租赁合同,是由出租人依据承租人对出卖人、租赁物之选择,并向出卖人购买租赁物,同时提供给选定的承租人使用,承租人支付租赁物使用租金的合同。融资租赁合同集租赁、借贷、买卖于一体,是将融资与融物结合在一起之交易方式。融资租赁合同,由出卖人和买受人(租赁合同的出租人)之间签订的买卖合同与出租人与承租人之间签订的租赁合同共同构成的,但其法律效力又不属于买卖与租赁两个合同效力上的简单叠加"①。融资租赁合同中,承租人对租赁物的使用构成合同履行方式,那么租赁物使用地法院对于租赁纠纷,具有地域管辖权。

4. 以信息网络方式订立的买卖合同,如果履行合同义务为通过信息网络交付合同标的,应当以买受人的住所地作为合同履行地;如果通过其他的方式履行义务交付标的,应当以收货地作为合同的履行地。如果合同对义务履行地有具体约定,遵守其约定。

《民事诉讼法司法解释》第 19 条规定,以信息网络方式订立的买卖合同,通过信息网络交付标的,以买受人住所地为合同履行地;通过其他方式交付标的,收货地为合同履行地。合同对履行地有约定的,从其约定。互联网已经融入我们的生活,人们之间的日常交往、联系已经越来越借助网络平台。一方面,在市场经济中,通过网络平台而发展起来的电子商务正迅猛发展,电子商务对普通门店经营产生巨大冲击。另一方面,电子商务作为一种交易平台,买卖双方通过网络签订合同,网上银行支付货款,这种交易手段给传统的合同

---

① 肖学治.融资租赁合同[M].北京:中国民主法制出版社,2003:22.

法、消费者权益保护法、产品质量法中强制性规定带来巨大挑战。买卖双方通过信息网络方式订立买卖合同,如果因为此合同发生纠纷,没有约定合同履行地时,通过网络交付标的的,买受人住所地为合同履行地。因为,双方当事人通过网络方式订立买卖合同,通过网络交付标的物,其实卖方就是以快递方式送货上门,标的物交接地点为买受人住所地,买受人住所地作为合同履行地,符合民事诉讼法规定。网络买卖合同,通过其他方式交付标的物时,交付标的物所在地就是合同履行地。

5. 因票据纠纷提起的诉讼,由票据支付地或者被告住所地人民法院管辖。

《民事诉讼法》第25条规定,因票据纠纷提起的诉讼,由票据支付地或者被告住所地人民法院管辖。在商业贸易领域,为了加快交易速度,使支付方式简便、快捷,银行会办理一些金融票据业务。"法国及德国的法律规定,所谓票据即指汇票和本票。日本早期立法规定,票据指汇票、本票及支票。现在,包括法、德在内的大多数欧陆国家及日本的法律所称票据,都指汇票和本票,而不包括支票"①。汇票和本票,可以快捷地进行背书转让,而支票的转让受到一定的限制,因此,理论上能够转让的票据就是汇票和本票。我国《票据法》第2条规定,在中华人民共和国境内的票据活动,适用本法。法律规定的票据种类,包含本票、汇票和支票。票据出票人,有时也是基础合同法律关系中的付款义务人,出票人制作票据,必须依据法律规定在票据上面签章,同时出票人应当按照票据上面记载的事项严格履行自己的票据义务。票据法所规定的票据权利,就是现在票据持有人向票据上记名的票据债务人,主张请求履行票据义务支付票据上金额的权利,具体包括票据付款请求权与追索权。票据法上的票据义务,就是票据的债务人向持有票据之日支付票据规定金额的义务。票据持票人和票据债务人之间发生争议时,票据的支付地或者被告住所地法院都有管辖权。

6. 因公司设立、确认股东资格、分配利润、解散等纠纷提起的诉讼,由公司住所地人民法院管辖。

《民事诉讼法》第26条规定,因公司设立、确认股东资格、分配利润、解散等纠纷提起的诉讼,由公司住所地人民法院管辖。"达到一定规模,具备法定条件,经过法定程序创立,实施商行为的,具有独立人格的集合商法主体。有些法律用语,是所有法律部门共同使用的概念,如权利、义务、责任、法律关系、

---

① 王书江. 中国商法[M]. 北京:中国经济出版社,1994:323.

法律行为、法人等。发达的市场交易,必然产生商法人的法律制度"①。

我国《公司法》规定,具备法人资格的商法人分别是有限责任公司和股份有限公司。法人独立于股东,作为一种法律拟制的民事主体,参与民事法律关系,享有权利履行义务。公司作为民事主体参与民事法律关系,与其他民事主体发生民事权利义务争议时,适用民事诉讼法规定的普通管辖制度确定管辖法院。然而,因为公司发起人在设立公司过程中发生了民事争议,或者其他民事主体对公司股东资格产生争议以及隐名股东争议、公司设立后股东之间分配利润、公司股东之间对公司的解散产生争议时,《民事诉讼法司法解释》第19条规定,因股东名册上记载事项、股东对公司事务的知情权、请求变更公司的工商登记、公司的合并、公司作出的决议、公司的分立、公司减少注册资本、公司增加注册资本等商事纠纷提起的诉讼,依照民事诉讼法中第26条规定,由公司的住所地法院管辖。这些属于公司股东或者内部发生的组织上的法律争议,不同于公司对外产生的合同等普通民事纠纷。这种纠纷围绕着公司组织体,因此,法律规定,这些公司内部的法律争议,统一由公司住所地法院管辖。由于公司必须向工商行政管理局注册登记,才能取得法人资格,而且公司设立、运行、解散、合并、分立等法律事实,均发生在公司内部,民事法律事实发生地就是公司住所地。这些争议由公司住所地法院受理,符合诉讼经济原则,方便法院调查取证、也方便当事人进行诉讼。

7.因侵权行为提起的诉讼,由侵权行为地或者被告住所地人民法院管辖。

我国台湾地区学者黄立认为侵权行为可以分为两大类,"第一,侵权行为法包含了许多在日常生活中常见的,因人之伤害或物之损坏之损害赔偿,如因交通事故、运动而受损害。小孩游戏有时也会发生侵权行为。水域的污染、医药的损害、在KTV唱歌因失火致死,原则上也可以属于侵权行为的范围。第二,活动空间与自由范围之界定问题法律就特定法益的保障与行动自由的认许,基本上是相互冲突的。例如个人隐私范围应不受任何方式的公开侵犯,他方面却须面对宪法所保障的言论自由及新闻自由。此外侵权行为法有时将加害人因加害行为所获利益,给予被害人作为损害之赔偿,但被侵害隐私的受害人,根本不欲将其隐私公开时,常常没有财产的损害存在(侵权行为法上之要件之一)。侵权行为法在此一领域是否为适当的法律政策工具,不无问题"②。《侵权责任法》规定,侵权行为分为一般侵权行为和特殊侵权行为,当发生民事

---

① 徐学鹿.商法学[M].北京:中国财政经济出版社,1998:70.
② 黄立.民法债编总论[M].台北:元照出版公司,1995:233-234.

争议时,当事人就享有诉权,有权向有管辖权的人民法院提起民事诉讼。

《民事诉讼法》第28条规定,因侵权行为提起的诉讼,由侵权行为地或者被告住所地人民法院管辖。民事侵权行为是债发生的根据之一,会产生侵权民事法律关系。民事侵权法律关系中,受害人是债权人,侵权行为人是债务人。双方当事人对于侵权法律关系的发生、变更、消灭以及权利义务责任范围存在争议的情况下,一方就可以向人民法院提起民事诉讼,请求法院依法审理并保护其合法民事权益。民事诉讼法规定,因为侵权行为提起的民事诉讼,由侵权行为地或者被告住所地人民法院管辖。原告可以选择两个法院,提起民事诉讼。《民事诉讼法司法解释》第24条规定,民事诉讼法第28条规定的侵权行为地,包括侵权行为实施地、侵权结果发生地。因此,原告可以向侵权行为实施地,侵权结果发生地和被告住所地法院提起民事诉讼,这三个法院共同管辖,原告可以选择一个法院提起起诉。例如,原告乘坐被告的汽车,在Y县发生交通事故,原告被护送到Z县治疗康复,被告汽车公司住所地在G县,本案中,侵权行为实施地在Y县、侵权结果发生地在Z县,被告住所地在G县,原告可以向Y县法院、G县法院、Z县法院提起民事诉讼,这几个法院都有管辖权。侵权纠纷案件,可以由请求行为地法院管辖,既有利于法院调查取证,也有利于案件事实的查清。

《民事诉讼法司法解释》第25条规定,信息网络侵权行为实施地包括实施被诉侵权行为的计算机等信息设备所在地,侵权结果发生地包括被侵权人住所地。一方面,计算机网络带给了人们便捷的联系方式和快捷的网络交易平台。另一方面,行为人利用计算机实施违法犯罪行为和民事侵权行为,侵害其他民事主体合法权益时,受害人的诉权保障面临新的挑战。因为网络是一个虚拟的空间,侵权行为主体的不确定性,取证面临的困难性,给当事人提起民事诉讼带来障碍。信息网络侵权行为主要表现在网络侵犯隐私权、侵犯肖像权、侵犯名誉权等人身权利的侵权行为。《民事诉讼法解释》规定,信息网络侵权行为实施地包括实施被诉侵权行为的计算机等信息设备终端所在地,侵权结果发生地包括被侵权人住所地。被诉侵权行为的计算机等信息设备所在地,就是侵权行为发生时,涉嫌侵权的计算机等信息设备所在地。网络侵权行为结果发生地,就是受害人即被侵权人住所地,因为受害人在自己的住所地发现了网络侵权行为,当然他的住所就是侵权行为结果发生地。

"商品具有瑕疵(或缺陷),致他人权益遭受损害,为现代大量消费社会的严重问题"①。《民事诉讼法司法解释》第26条规定,因产品、服务质量不合格造成他人财产、人身损害提起的诉讼,产品制造地、产品销售地、服务提供地、侵权行为地和被告住所地人民法院都有管辖权。因产品、服务质量不合格造成他人财产、人身损害所产生的法律事件,为一类特殊侵权行为。假如产品、服务质量不合格,如果仅限于这种不合格,还不构成侵权法律责任。当产品、服务质量不合格,并且这种产品缺陷造成了产品、服务以外的人身财产损害,就构成产品质量缺陷特殊侵权行为,侵权主体归责原则适用无过损害赔偿归责原则。这类型案件的地域管辖法院,包括产品制造地、产品销售地、服务提供地、侵权行为地和被告住所地人民法院,这些法院和产品、服务具有法律上的牵连性。

《民事诉讼法司法解释》第27条规定,利害关系人申请诉前保全后没有在法定期间提起诉讼、申请仲裁,造成被申请人、利害关系人财产损失产生的民事诉讼,应当直接由采取诉前保全措施之人民法院管辖。另外,利害关系人申请诉前财产保全后,如果在法定期间内提起诉讼或申请仲裁,因保全给被申请人、利害关系人造成财产损失,由受理民事诉讼的人民法院或采取财产保全措施的人民法院进行管辖。我国《民事诉讼法》100条规定,人民法院对于可能因当事人一方的行为或者其他原因,使判决难以执行或者造成当事人其他损害的案件,根据对方当事人的申请,可以裁定对其财产进行保全、责令其作出一定行为或者禁止其作出一定行为;当事人没有提出申请的,人民法院在必要时也可以裁定采取保全措施。人民法院采取保全措施,可以要求申请人提供保全担保,如果申请人不提供保全担保的,法院应当裁定驳回保全申请。人民法院接受当事人申请后,对情况紧急的,应当在48个小时以内作出保全裁定,如果裁定采取财产保全措施的,法院应当立即开始执行。诉讼保全分为财产保全和行为保全。财产保全是因当事人一方的逃避债务行为或者其他原因,可能致使案件以后难以得到顺利执行时,当事人在诉前或者诉讼中,申请法院对当事人的财产采取强制性的保全措施。法院对于不动产的保全措施,采取查封或者限制转移不动产所有权,或者禁止在不动产上设定抵押权等他物权。诉前财产保全,申请人必须对申请保全的行为提供担保,假如保全申请给当事

---

① 王泽鉴.商品制造者责任与纯粹经济上损失(之一)[M]//王译鉴.民法学说与判例研究(8).北京:中国政法大学出版社,1998:213.

人的财产造成损害时,担保财产就被用来赔偿损失。

另外一种保全措施,就是行为保全。一方当事人的行为,可能会给另一方造成难以弥补的损害时,人民法院就可以依据申请对一方当事人的行为进行保全。即法院命令一方当事人不得为某种行为,或者必须为一定的行为。知识产权侵权案件和婚姻家庭案件中,行为保全程序经常被采用。例如,假冒商标侵权案件,原告起诉请求法院判决被告停止侵权,旧民事诉讼法仅仅规定财产保全,而不能对被告的行为进行保全。众所周知,普通程序案件的审理期限为6个月,二审上诉审理期限为3个月,就是一件民事案件要耗费双方当事人近一年的时间。在这一年内,如果被告继续侵权,持续印制假冒侵权的商标标识,那么等到法院终审判决并强制执行,权利人会遭受到难以弥补的损害。行为保全制度,赋予了受害人一种及时的救济,法院会依据权利人的申请,采取临时命令,责令被申请人不得再为某种行为。这种保全制度,及时地保护了申请人的合法权益。另外,保全行为必定会给受到保全的当事人带来损失,如果申请人或者原告的保全申请错误,给对方造成实质的损害,这就属于一种新型的错误保全侵权行为。最高人民法院解释规定,如果利害关系人申请诉前财产保全后,没有在法律规定的期间提起诉讼或申请仲裁,造成被申请人或者利害关系人财产损失引起的民事诉讼,由采取财产保全措施的法院管辖。当事人申请诉前财产保全后,在法律规定的期间内提起诉讼或申请仲裁,给被申请人、利害关系人造成财产损失时,由受理该起诉的法院或者采取财产保全措施的法院管辖。

三、专属管辖

"专属管辖是指法律规定某些类型的案件只能由特定的法院管辖,其他法院无权管辖,当事人也不得以协议改变法律确定的管辖"①。大陆法系各国均规定了专属管辖制度,专属管辖是法院管辖中最为固定的一部分,因为其涉及社会公共利益,故被称之为专属管辖。"专属管辖者,指某诉讼事件专属于某法院管辖也。法律就某诉讼事件如定为专属管辖,原告仅限于向某唯一之法院起诉,该唯一之法院就某事件始有管辖权,当事人不得以合意变更,自更无选择之。法律定专属管辖之理由,或系基于公益,或系为调查证据之便捷,或系为当事人自己之便利"②。

---

① 李浩.民事诉讼专属管辖制度研究[J].法商研究,2009,130(2):94.
② 王甲乙,杨建华,郑健才.民事诉讼法新论[M].台北:广益印书局,1983:32.

（一）专属管辖概述

德国著名诉讼法学者罗森贝克认为，职能管辖、非财产案件管辖和法律明确称某审判籍为专属管辖时，管辖才具有排他性。尧厄尼希教授定义专属管辖为，这种管辖不能通过当事人协议或者无责问地对主诉辩论而变更，并且应当在权利争议的任何状态依职权注意之。日本继受了德国民事诉讼法，学者中村英郎认为，日本职能管辖（审级管辖）属于专属管辖，法律特别规定事务管辖和地域管辖为专属管辖时，这些管辖才被纳入到专属管辖范畴。我国学界对管辖的研究主要集中在级别管辖、协议管辖、管辖权异议方面，少有学者研究涉及专属管辖制度。

（二）我国民事诉讼专属管辖立法及解释

我国地域专属管辖分别是不动产纠纷诉讼案件专属于不动产所在地法院管辖、港口作业纠纷诉讼案件专属于港口所在地管辖、继承遗产纠纷诉讼专属于被继承人死亡时住所地或者主要遗产所在地法院专属管辖；中外合资诉讼、中外合作诉讼、中外合作勘探开发自然资源合同纠纷诉讼专属于我国法院管辖。

（三）民事诉讼视野下公共利益的准确界定

民事诉讼法被归类为公法，是规范法院民事审判权和当事人诉讼行为的基本程序规范。在民事诉讼中，法院、当事人以及其他诉讼参与人必须严格遵守诉讼程序。当事人起诉的诉讼要件之一为法院对案件具备管辖权，大陆法系民事诉讼管辖分为普通管辖和专属管辖。普通管辖和专属管辖划分的依据为，专属管辖关涉国家公共利益以及国家主权属于强制性的程序规范，禁止法院、当事人违反。我国民事诉讼管辖划分为级别管辖和地域管辖，级别管辖是各级法院受理第一审民事案件的分工和权限。大陆法系国家民事诉讼中没有级别管辖制度，类似制度是职能管辖。级别专属管辖制度建构的前提，在于重构我国级别管辖程序结构，这将是面临的另一重点难点。

我国《民事诉讼法》将专属管辖归类为地域管辖的一种特殊类别，相对于一般地域管辖和特殊地域管辖，当事人对民事案件不能协议违反专属管辖的规定。与此同时，不涉及公共利益的遗产继承诉讼案件是否应当被取消专属管辖。违反专属管辖的诉讼法后果，违反专属管辖规定，是否应当等同于违反了回避制度、法官不具备资格等严重程序违法情况，法院立即启动再审程序，将该判决撤销，裁定将案件被移送至专属管辖法院。专属管辖的立法基础在于维护国家主权和社会公共利益。方便当事人诉讼、方便法院调查取证、方便生效民事判决的强制执行，防止地方保护主义，也应当作为专属管辖之立法基础。改革级别管辖,将基层法院、中级法院作为民事一审案件的级别管辖法院,中级法院、基层法院专属管辖各自的一审民事案件。完善地域专属管辖,将地域专属管辖加以扩展,结合我国司法改革实践,将大规模现代型诉讼、公益诉讼、身份关系诉讼、公司诉讼、知识产权诉讼等案件并入到专属管辖案件范围之内。增强专属管辖的效力,强化专属管辖的强制性效力,变专属管辖为绝对程序要件,不能违反。专属管辖的强制性效力应当从积极、消极方面进行完善,一旦法院违反专属管辖,将被审理诉讼案件的二审法院、再审法院课以否定性评价。

(四)我国专属管辖的规定

《民事诉讼法》第33条规定了我国的专属管辖制度,①因为不动产而产生的纠纷所提起之诉讼,由不动产所在地的法院进行管辖;②因港口范围内作业所发生民事纠纷而提起的诉讼,由港口所在地,即港口所在的海事法院管辖;③因遗产继承纠纷从而提起的民事诉讼,由被继承人在死亡时的住所地以及主要遗产所在地的法院管辖。

1. 因为不动产纠纷所提起之诉讼,由不动产所在地法院进行管辖

不动产为物权法中最重要的财产,也是民事主体最为在意的民事权利,物权为绝对权。"物权具有绝对排他之效力,其得丧变更须有足由外部可以辨认之表征,始可透明其法律关系,避免第三人遭受损害,保护交易安全。此种可由外部辨认之表征,即为物权变动之公示方法。不动产物权变动系以登记为其公示方法,即一方面以登记作为依法律行为而生物权变动之'生效要件',他方面以登记作为依法律规定取得物权之处分要件。不动产物权变动既以登记为公示方法,则信赖此项表征者,纵令其表征与实质之权利不符,对于信赖之人,亦应予以保护"①。民事法律关系中,为了生产和生活目的,当事人在经常交易不动产,例如房屋买卖、房屋租赁等。民事诉讼法规定的不动产民事纠纷案件专属管辖,这种案件专属管辖的立法源头在于:当事人双方争执的焦点为案件中不动产本身,法律关系的标的就是不动产物权,而不是单纯的不动产买卖、抵押等债权债务争议。《民事诉讼法司法解释》第28条规定,不动产民事纠纷,就是是指因不动产本身性质价值等特点所产生的纠纷,例如不动产物权确认、不动产物权的分割、不动产之间相邻关系等引发的限于物权本身纠纷。另外,司法解释规定房屋租赁合同纠纷、农村土地上的承包经营性合同纠纷、

---

① 王泽鉴.民法物权(第一册)[M].北京:中国政法大学出版社,2002:75.

建设工程上的施工合同纠纷、政策性的房屋买卖合同纠纷,依据不动产纠纷专属管辖。如果不动产已完成登记的,就以不动产行政管理部门的登记簿记载所在地作为不动产所在地;如果不动产没有进行登记的,就以不动产实际的所在地作为为不动产所在地。不动产权利确认、分割、相邻关系就是物权争议,双方当事人对于不动产物权的占有、使用、收益、使用、担保等法律问题产生的争议,就是不动产物权纠纷,适用民事诉讼专属管辖规定。农村土地属于集体所有,产生的农村土地为标的的承包经营合同纠纷、房屋租赁合同纠纷、建设工程上产生施工合同纠纷、政策性的房屋买卖合同纠纷,依据不动产纠纷确定管辖。上述纠纷,本属于合同纠纷,因为合同标的为不动产,包括城市土地和房屋,以及农村集体土地。民事诉讼法解释规定,对于这些标的为不动产的合同争议,适用专属管辖,以不动产所在地法院专属管辖。不动产已登记的,以不动产登记簿记载的所在地为不动产所在地;不动产未登记的,以不动产实际所在地为不动产所在地。不动产登记地,是房地产行政管理部门登记所在地的法院。如果不动产没有登记,那么不动产实际所在地就是法院管辖地。

我国台湾地区"民事诉讼法"第 10 条规定,因不动产上之物权或者其分割或经界涉及诉讼者,专属于不动产所在地之法院管辖。其他因为不动产涉诉讼者,得由不动产所在地之法院专属管辖。可见,我国台湾地区民事诉讼法将不动产纠纷,限定于不动产物权确认、分割,或者土地经界画线纠纷,较我国大陆地区不动产纠纷范围更狭窄。我国台湾地区"民事诉讼法"第 11 条规定,对于同一被告因债权及担保该债权之不动产物权涉讼者,得由不动产所在地的法院进行合并管辖。对于原告起诉被告债权和担保物权共同诉讼时,统一由不动产所在地法院管辖。

专属管辖适用不动产纠纷所在地管辖规则,要求案件争议事实标的为不动产本身,而不动产买卖合同法律关系中,因为债权债务纠纷,不属于动产纠纷。

案例:最高人民法院(2013)民一终字第 87 号民事裁定,新华信托与火炬置业公司、山东火炬公司、陈岭管辖异议案。新华信托向一审法院起诉称:其与火炬置业签订了《信托贷款合同》与《财产抵押合同》《还款协议》,并按照合同履行了发放贷款的义务,为担保债权,与山东火炬、陈岭分别签订了《股权质押合同》以及《保证合同》。火炬置业在第二次还款日期届满时,未能按约定支付贷款本金及信托预计收益、信托费用等,且经多次催促,至今仍未偿还,已经构成严重违约。同时,火炬置业未按照协议约定将项目销售收入全部划入监管预储账户。在 2012 年 12 月 16 日前未向信托贷款监管账户存入不低于

15000万元现金,违反了《信托贷款合同》第七条第五项的约定,构成严重违约。山东火炬、陈岭作为连带责任保证人,应当对火炬置业的合同项下债务承担连带责任。因此要求火炬置业偿还贷款本金及利息合计金额29728.38万元人民币,给付逾期本金及利息合计金额6703.56万元人民币的罚息,山东火炬及陈岭对上述债务承担连带责任。

火炬置业在一审答辩期间内提出管辖权异议,认为根据合同相对性原则,按照法律规定,本案应由被告住所地或不动产所在地人民法院管辖。本案中火炬置业、山东火炬、陈岭的住所地均在山东省境内,并且被查封的土地、房屋等不动产均在山东省济南市,故山东省高级人民法院为本案的管辖法院,请求将本案移送该院审理。

一审法院认为:本案系双方当事人因合同履行问题发生的纠纷。双方当事人在《信托贷款合同》《财产抵押合同》《股权质押合同》《保证合同》《还款协议》中均约定发生争议协商不成的,任何一方有权向新华信托住所地或所在地或主营业场所所在地有管辖权的人民法院提起诉讼,该管辖约定符合《中华人民共和国民事诉讼法》第34条规定,应为有效。新华信托住所地在重庆市渝中区,且本案标的额超过3亿元人民币,根据《重庆市高级人民法院关于调整全市各级人民法院管辖第一审民商事案件标准的规定》第一条之规定,重庆市高级人民法院依法对本案具有管辖权。因此火炬置业提出的管辖权异议不成立,应予驳回。遂裁定:驳回火炬置业对本案管辖权提出的异议。

火炬置业不服上诉民事裁定,向本院提出上诉,认为原裁定适用法律错误,理由如下:根据合同相对性原则,按照《中华人民共和国民事诉讼法》相关规定,本案应由被告住所地或不动产所在地人民法院管辖。本案中火炬置业、山东火炬、陈岭的住所地均在山东省境内,并且被查封的土地、房屋等不动产均在山东省济南市,故山东省高级人民法院为本案的管辖法院,重庆市高级人民法院对本案无管辖权,为利于本案协商解决,请求将本案移送山东省高级人民法院审理。被上诉人新华信托未提交书面答辩状。

本院认为:本案系双方当事人因履行合同而不是因不动产发生的纠纷,不适用《中华人民共和国民事诉讼法》第33条第1款关于由不动产所在地人民法院专属管辖的规定。因此,火炬置业提出的"被查封的土地、房屋等不动产均在济南市,山东省高级人民法院为本案的管辖法院"缺乏法律依据,不予支持。合同中,均约定双方发生争议,任何一方有权向乙方即新华信托所在地有管辖权的人民法院提起诉讼,根据《中华人民共和国民事诉讼法》第34条规定,双方当事人已经对管辖法院作出约定,并且不违反级别管辖和专属管辖的规定,应当认定其约定对双方当事人具有法律约束力,重庆市高级人民法院受理本案并无不当。综上,最高人民法院裁定如下:驳回上诉,维持原裁定①。最高法院在本案中裁判要旨,不动产纠纷诉讼应当专指诉讼标的为不动产的物权纠纷,而不是不动产买卖合同纠纷。如果在共同诉讼案件中,存在主从合同时,应当以主合同性质确定合同纠纷的管辖规定,不能以从合同性质判断案件的管辖。

案例:最高人民法院(2013)民一终字第96号民事裁书,东北农业生产资料公司诉广发银行沈阳分行、博翔公司、杨文斌、生晓东管辖案。东北公司起诉至辽宁省高级人民法院称:2012年4月19日,东北公司与沈阳分行签订了《人民币委托贷款委托合同》,沈阳分行与来禾公司签订了《人民币委托贷款借款合同》(《借款合同》),东北公司与来禾公司签订了《委托贷款补充协议》。根据上述合同及协议的约定,东北公司委托沈阳分行向来禾公司发放委托贷款一亿五千万(人民币,下同)元整,贷款期限为一年,贷款年利率15%,按季结息,每季度末月的20日为结息日,21日为付息日。博翔公司与东北公司签订《抵押担保合同》,以自有房地产为该笔委托贷款提供全额抵押担保,并办理了抵押房产的抵押登记手续。同时,杨文斌、生晓东二人分别与东北公司签订了《保证合同》,为该笔贷款提供连带责任保证担保。

上述合同签订后,东北公司按约定委托沈阳分行向来禾公司发放了全部贷款。但抵押人博翔公司仅为东北公司办理了约定抵押房产的抵押登记手续,至今未办理完约定土地使用权的抵押登记手续。来禾公司自2012年9月份至今一直未向东北公司支付贷款利息,经东北公司和沈阳分行多次催要,来禾公司均表示无法支付。故东北公司根据上述合同及协议条款的约定,请求辽宁省高级人民法院判令:1、来禾公司偿还东北公司委托贷款全部本金及利息;2、判令来禾公司、博翔公司向东北公司支付违约金15777157.36元;3、判令来禾公司、博翔公司、生晓东、杨文斌承担本案律师代理费2951231.00元;4、判令东北公司就本案诉请的全部债权对博翔公司提供的抵押物享有优先受偿权;5、判令博翔公司、生晓东、杨文斌对本案诉请的全部债权承担连带保证责任。

---

① 中国裁判文书网.最高人民法院(2013)民一终字第87号民事裁定书.(2013-09-10)[2017-04-29]. http://wenshu.court.gov.cn/list/list/? sorttype=1&conditions=searchWord+QWJS+++全文检索.

辽宁省高级人民法院受理本案后,博翔公司在答辩期内提出管辖权异议,认为:本案涉及的几份合同均为东北农业公司提供的格式合同,合同中"协议管辖"条款不是双方真实意思表示应为无效;依民诉法关于不动产专属管辖的规定,案涉抵押合同纠纷案件应由不动产抵押物所在地法院,即吉林省高级人民法院管辖。

一审法院认为:一、案涉合同中约定的"协议管辖"内容,不属于《中华人民共和国合同法》规定的免除或限制格式条款提供方责任的情形,在被告博翔公司未主张签订协议时存在胁迫、欺诈、乘人之危的情况下,不能认定"协议管辖"意思表示不真实。二、本案是借款合同纠纷,所涉不动产抵押合同系借款合同的从合同,故本案不适用专属管辖的规定。根据《中华人民共和国民事诉讼法》第34条的规定,当事人在签订合同时选择发生纠纷由原告所在地的法院管辖符合法律规定。故原告依据双方的约定,向该院提起诉讼并无不当。综上,裁定:驳回被告博翔公司对本案管辖权提出的异议。博翔公司不服一审裁定,上诉至本院认为:本案抵押合同纠纷属因不动产纠纷提起的诉讼,应由抵押物所在地的吉林省高级人民法院管辖,一审裁定缺乏法律依据。被上诉人东北公司、一审被告来禾公司、杨文斌、生晓东及一审第三人沈阳分行未提供答辩意见。

最高人民法院认为:本案属因主合同及担保合同纠纷一并提起诉讼的情形,依《最高人民法院关于适用〈中华人民共和国担保法〉若干问题的解释》(下称《担保法解释》)第129条的规定,应根据主合同确定案件管辖。案涉《借款合同》为本案借款合同纠纷的主合同,《抵押担保合同》及两份《保证合同》为从合同。上述合同均载明签订地为沈阳市,且均约定发生纠纷经协商不能解决的,由沈阳分行或东北公司所在地人民法院管辖。沈阳分行及东北公司住所地均在沈阳市辖区,一审裁定认为辽宁省高级人民法院对本案有管辖权,符合《担保法解释》第129条的规定。

依《最高人民法院关于调整高级人民法院和中级人民法院管辖第一审民商事案件标准的通知》(法发[2008]10号)的规定,辽宁省高级人民法院管辖1亿元以上及诉讼标的额在5000万元以上且当事人一方住所地不在本辖区或者涉外、涉港澳台的第一审民商事案件。本案诉讼标的额超过一亿元,辽宁省高级人民法院管辖本案亦不违反级别管辖的标准。综上,一审法院适用法律正确,应予维持。上诉人博翔公司的上诉理由不能成立,应予驳回。最高人民法院依照《中华人民共和国民事诉讼法》第170条第1款第(1)项、第171条的规定,裁定如下:驳回上诉,维持原裁定①。

上述案例表明,我国不动产专属管辖案件,限于标的为不动产物权确认、分割、相邻关系等纠纷。而且依据《民事诉讼法司法解释》第28条规定专属管辖规范的不动产纠纷,是指因不动产本身性质价值权属等所产生的纠纷。《最高人民法院关于适用〈中华人民共和国担保法〉若干问题的解释》第129条规定,主合同和担保合同发生纠纷提起诉讼的,应当根据主合同确定案件管辖。担保人承担连带责任的担保合同发生纠纷,债权人向担保人主张权利的,应当由担保人住所地的法院管辖。主合同和担保合同选择管辖的法院不一致的,应当根据主合同确定案件管辖。当事人之间买卖合同、担保合同纠纷,虽然内容涉及不动产,但是仍然被作为债权债务纠纷,不适用专属管辖规定。另外,司法解释将房屋租赁合同纠纷、农村土地承包经营性合同纠纷、建设工程施工合同纠纷、政策性的房屋买卖合同纠纷,依据不动产纠纷诉讼确定管辖。如果不动产已完成登记的,就以不动产行政管理部门的登记簿记载所在地作为不动产所在地;如果不动产没有进行登记的,就以不动产实际的所在地作为为不动产所在地。本书认为,不动产抵押担保权确认纠纷,应当属于不动产纠纷,该类案件的诉讼管辖属于专属管辖。不动产抵押担保权,就是一种物权,即担保物权,符合民事诉讼法和司法解释规定,因为"不动产的权利确认"而产生的纠纷。

案例:河北省沧州市中级人民法院(2015)沧立民终字第590号民事裁定,上诉人屈文勇、张云凤管辖案。上诉人屈文勇、张云凤因其对河北省任丘市人民法院(2015)任民初字第3210号不予受理民事裁定书不服,向本院提起上诉。原审裁定认为,二起诉人于2015年8月7日与石家庄基泰房地产开发有限公司任丘分公司签订了《任丘国际城内部认购协议书》,并于当日支付购房款470001元。该协议书第7条第5款规定:"本协议在履行过程中,如果发生争议,由双方当事人协商解决;协商不成时,可向石家庄基泰房地产开发有限公司住所地人民法院提起诉讼。"本院认为,依照最高人民法院关于适用《中华人民共和国民事诉讼法》的解释第30条之规定:"根据管辖协议,起诉时能够确定管辖法院的,从其约定。"二起诉人与石家庄基泰房地产开发有限公司任

---

① 中国裁判文书网.最高人民法院(2013)民一终字第96号民事裁定书.(2013-09-10)[2017-04-29] http://wenshu.court.gov.cn/list/list/? sorttype=1&conditions=searchWord+QWJS+++全文检索.

丘分公司已在协议中明确约定了管辖法院,起诉人可向双方约定的人民法院提起诉讼,不属于本院管辖。依据《中华人民共和国民事诉讼法》第119条第4款、第124条第4款的规定,裁定如下:对屈文勇、张云凤的起诉,本院不予受理。

上诉人屈文勇、张云凤的主要上诉理由为:涉案协议书中第7条第5项管辖协议系格式条款,且未采取合理方式提请上诉人注意,应依法认定为无效条款。管辖协议按约、依法均未生效,上诉人有权向任丘市人民法院起诉,任丘市人民法院不予受理,没有法律依据是错误的,特请求沧州市中级人民法院支持上诉人的诉讼请求。

本院经审查认为,《中华人民共和国民事诉讼法》第33条规定:"下列案件,由本条规定的人民法院专属管辖:(一)因不动产纠纷提起的诉讼,由不动产所在地人民法院管辖;(二)因港口作业中发生纠纷提起的诉讼,由港口所在地人民法院管辖;(三)因继承遗产纠纷提起的诉讼,由被继承人死亡时住所地或者主要遗产所在地人民法院管辖。"本案争议标的为商品房,系不动产,应适用不动产的专属管辖,因此任丘市人民法院作为不动产所地人民法院对本案具有管辖权。涉案《任丘国际城内部认购协议书》中关于管辖协议的约定因违背专属管辖的规定而无效。依照《中华人民共和国民事诉讼法》第170条第1款第(2)项之规定,裁定如下:一、撤销河北省任丘市人民法院(2015)任民初字第3210号民事裁定;二、本案指令河北省任丘市人民法院立案受理。本案中,沧州中级法院认定"涉案《任丘国际城内部认购协议书》中关于管辖协议的约定因违背专属管辖的规定而无效",适用法律错误,依据《民事诉讼法》和民事诉讼法解释,商品房买卖合同纠纷,不属于专属管辖确定的不动产纠纷①。本书认为,本案不应当适用专属管辖规定确定法院管辖,一审法院裁定正确,二审法院裁定错误。商品房买卖合同纠纷,买卖双方有权协议管辖法院,不是物权纠纷,所以不适用专属管辖规定。

2. 因港口作业中发生纠纷提起的诉讼,由港口所在地人民法院管辖

港口作业中发生的纠纷,例如船舶在港口卸货时将港口设施损害,或者造成其他船舶受损,双方当事人协商不成产生的纠纷。其实这种纠纷,属于特殊

---

① 最高人民法院裁判文书沧州市中级人民法院.(2015)沧立民终一第590号民事裁定书.(2016-01-07)[2017-04-29]. gov.cn/list/list/? sorttype=1&conditions=searchWord+QWJS+++全文检索.

类型的侵权纠纷,只是侵权行为的发生地在港口区域。港口所在地法院对于这类纠纷,较容易调查取证,也利于及时送达,而且更便于强制执行。因为港口作业产生纠纷所在地法院就是港口位置的海事法院,海事法院对此类案件进行专属管辖。

3.因继承遗产纠纷提起的诉讼,由被继承人死亡时住所地或者主要遗产所在地人民法院管辖

继承纠纷案件,属于与身份有关的民事案件。当事人之间对于被继承人死亡后留下的遗产,如何进行分割产生争执,或者对继承财产的范围产生争议等,就产生遗产继承纠纷。继承纠纷存在几个前提:被继承人已经死亡,被继承人留下了遗产,继承人之间对于如何继承遗产产生争议。被继承人如果在生前立了遗嘱,而遗嘱合法有效,那么就按照遗嘱分配遗产,假如遗嘱无效,那么就适用法定继承。

被继承人死亡时住所地,是被继承人死亡时的户籍所在地。然而实践中,被继承人死亡时已经外出离开住所地,在另一个地方居住超过一年,那么他的经常居住地就在现在的住所。而民事诉讼法规定的是住所地,并没有规定对于被继承人也适用经常居住地的管辖地。本书认为,为了保持法律的一贯性和稳定性,对于遗产继承纠纷,也应当适用被继承人经常居住地法院的专属管辖。设立继承纠纷案件的专属管辖之立法目的,不外乎有利于当事人进行诉讼、有利于法院调查取证、有利于法院生效裁判的强制执行。另外,被继承人生前长期在医院住院治疗,已经超过一年,医院所在地不能作为被继承人死亡时的住所地,就医地点法院不能被采纳为专属管辖法院。

被继承人死亡时,如果他有若干遗产,既包括不动产、也有动产,那么也可以由主要遗产所在地法院专属管辖。民事诉讼专属管辖的立法目的,在于利于法院调查取证、法院强制执行。本书认为,这一条立法本意比较模糊,什么为"主要遗产",针对同一案件,不同的法院和不同的法官,可能就会产生不同的结果。假如被继承人死亡时留下了不动产房屋,又有上市公司股份,价值都很大,那么不动产所在地法院和股份有限公司所在地法院都有管辖权。这也符合民事诉讼专属管辖的立法目的。

总之,当事人、法院进行诉讼都不能违反专属管辖的规定,如果原告起诉后,法院发现本案属于其他法院专属管辖时,不待被告提出管辖权异议,法院可以直接裁定将案件移送到有管辖权的法院。

四、协议管辖

各国民事诉讼法均规定对于特殊类型的案件,当事人双方有权在诉前协

议,约定管辖法院,协议管辖是当事人之间签订的一种诉讼契约。民事诉讼法属于公法,民事诉讼法律规定原则上不允许当事人签订协议进行变更。然而,因为民事诉讼解决私权争议,民事主体对于私权享有处分权,此种处分权能可以延展至民事诉讼中。例如,民事诉讼中,当事人可以决定是否提起民事诉讼、可以决定诉讼请求的范围。诉讼程序开始后,当事人可以向法院申请撤回起诉和撤回上诉。在诉讼程序中,当事人可以变更和放弃诉讼请求、进行和解、提起反诉、提起上诉、可以申请强制执行生效判决。

双方当事人共同协商一致,作出的诉讼行为是诉讼契约,也称之为诉讼协议。"诉讼协议是指私人之间对正在系属中的或将来要系属的民事诉讼,以导致直接或间接地产生一定法律效力为目的的进行的协议。其中有以直接产生诉讼法上效果为目的的诉讼法上的协议和以变更诉讼标的的权利义务关系或以发生当事人之间的债权债务为目的的私法上的协议。诉讼法上的协议是由于禁止任意诉讼,对于诉讼程序的进行和形态的协议,仅限于在法律特别允许的情况下才承认"①。大陆法系德国、日本民事诉讼法规定有不起诉协议、飞跃上告协议、管辖协议等。《德意志联邦共和国民事诉讼法》第566条之1[飞跃上告]规定,①当事人对于州法院所作的第一审民事终局判决,可以依据本条规定,越过控诉审直接提起上告。②如果需要越过控诉审,应当经对方当事人同意。表明对方同意的书面陈述,上告人应当附于上告状中,此外,这种陈述也可以委托第一审之委托诉讼代理人为之②。德国民事诉讼法规定,只有商人之间才能协议管辖,禁止商人一方通过优势地位,制定协议管辖格式合同条款侵犯非商人的程序利益。诉讼协议也称之为诉讼契约,"民事诉讼法并无如同民法就契约行为之成立或生效要件有一般之规定,惟若当事人间之合意行为,其主要目的之效果系为发生诉讼法上之法律效果者,此项合意行为即属诉讼行为,学者之间称为诉讼契约(Prozessvertrag)。当事人之诉讼契约,若不违反诉讼法之强行规定之禁止者,则为合法之行为"③。

我国《民事诉讼法》第13条规定了诚实信用原则,以及当事人享有处分权,对于合同或者其他财产纠纷,当事人双方就可以依据处分权,选择特定的管辖法院。《民事诉讼法》第34条规定,在合同以及其他财产权益纠纷中,双

---

① 兼子一,竹下守夫.民事诉讼法[M].白绿铉,译.北京:中国政法大学出版社,1995:16.

② 谢怀栻.德意志联邦共和国民事诉讼法[M].北京:中国法制出版社,2000:132.

③ 陈荣宗,林庆苗.民事诉讼法[M].台北:三民书局,1996:459.

方当事人可以书面协议,共同选择合同履行地、被告住所地、原告住所地、标的物所在地、合同签订地等与合同争议有实际联系地点的人民法院进行管辖,但不得违反本法对级别管辖和专属管辖的规定。相较于旧法,新法将当事人双方可以协议管辖的案件范围、协议约定的法院范围均进一步地扩大了。民事诉讼法规定合同纠纷案件,双方当事人可以选择原告住所地、被告住所地、合同签订地、合同履行地、标的物所在地和其他与本案有实际联系地点的法院作为管辖法院。其他联系地点,本书认为,合同纠纷是财产权利义务争议,与合同权利义务发生的民事法律事实所在地,都和案件有实际联系。例如,合同标的物为运输中的货物,那么运输起点和终点就是与合同有实际联系,当事人双方可以约定运输地点作为合同纠纷的管辖法院地;如果当事人对合同标的投了财产保险,那么就可以约定财产保险公司所在地为合同履行地。另外,双方当事人可以协议约定其他财产权益争议案件的管辖法院。民事实体法规定,民事法律关系分为人身权利义务关系和财产权利义务关系。人身权利义务关系就是和身份有关的民事法律关系,例如,离婚纠纷、宣告婚姻无效纠纷、解除收养关系纠纷、确认亲子关系和否认亲子关系纠纷、抚养纠纷、抚育纠纷、追索赡养费纠纷等。这些身份关系纠纷同人们的私生活关系密切,如果不能被公平公正解决,将影响社会公共利益或者第三人的合法权益。因此,各国民事诉讼法都禁止当事人双方对身份关系诉讼协议管辖。"但值得注意的是,本次修法对协议管辖的适用范围只做了适当的调整,并没有将其延伸适用于所有民事纠纷,这样有节制的划定适用的边界,是处于保护双方当事人有其被告管辖利益。如果不加限制地将婚姻家庭、继承纠纷及权属、侵权等纠纷统统适用协议管辖,则既不利于案件事实的查明,也会给当事人带来不必要的诉讼负担"①。《民事诉讼法司法解释》第 34 条规定,当事人因同居或者在解除婚姻、收养关系后发生财产争议,约定管辖的,可以适用民事诉讼法第 34 条规定确定管辖。依据此条解释,当事人双方的法律争议是解除婚姻、解除收养民事法律关系,在法律关系解除后,再对亲属关系存续期间发生财产争议,然后约定管辖的,这种约定管辖是对财产权利义务关系争议的协议管辖,符合《民事诉讼法》规定,应当受到法律的保护。

我国民事诉讼法规定,协议管辖可以分为明示协议管辖和默示协议管辖。

---

① 王福华.协议管辖制度的进步与局限[J].法律科学(西北政法大学学报),2012(6):163。

依据《民事诉讼法》第 127 条规定,以及民事诉讼当事人平等原则,在原告提起民事诉讼,法院受理案件以后,被告可以对本案提出管辖权异议。被告提出管辖权异议期为被告提交答辩状期间,即被告应当在收到起诉状副本和应诉通知书以及诉讼权利义务告知书之日起 15 日内提起管辖权异议。法院审理后认为,被告提出的管辖权异议成立时,应当作出裁定将案件移送至有管辖权的法院审理;如果法院审理后认为被告提出的管辖权异议不成立时,应当裁定驳回被告提出的管辖权异议。被告在答辩期内未提出书面的管辖异议,并且应诉进行实体答辩的,视为受理本案的人民法院享有有管辖权,但是本案法院不能违反级别管辖与专属管辖。

依据民事诉讼法,合同或者其他财产权益纠纷当事人,可以在合同签订时以及诉讼开始前,以书面方式选择案件的管辖法院。新民事诉讼法增加了新的协议管辖制度,即默示协议管辖,被告当事人可以通过消极不作为,接受原告起诉的法院管辖本案。与此同时,原告将案件向不具备法定管辖权的法院提起诉讼,被告当事人未提出管辖异议,并且应诉答辩时,视为受诉人民法院有管辖权。这一条文,就是默示协议管辖。我国民事诉讼法规定,默示协议管辖的成立条件有二:第一,被告收到了本案的诉讼资料,并且在法定 15 天之内没有提出管辖权异议申请;第二,被告积极应诉答辩。虽然法律没有规定被告到法院应诉答辩的内容,但是,依据程序优先的诉讼法理,被告应当对案件的实体权利义务进行了答辩。"如果被告的答辩仅针对诉讼程序问题,如提出一个不适格或自己并非适格的被告,还不能认为被告同意由受诉法院管辖,只有当被告在答辩中针对本案的实体问题提出了答辩,才能够认为被告作出了应诉答辩行为。"①《民事诉讼法司法解释》第 223 条规定,如果被告在提交答辩状 15 日期间既提出管辖权异议,又同时针对起诉状的实体争议内容进行答辩时,人民法院应当首先依据民事诉讼法第 127 条第 1 款之规定,对诉讼要件的管辖异议进行审查。被告未提出管辖权异议,并就案件争议的实体内容进行陈述、答辩、提起反诉的,法院可以认定被告为民事诉讼法第 127 条第 2 款规定的应诉答辩。因此,被告应诉答辩,包含法院向被告送达了起诉状副本、诉讼权利义务告知书等诉讼资料,并且,被告向法院进行实体答辩或者提起反诉。《民事诉讼法司法解释》第 35 条规定,被告在本案答辩期间 15 日届满后

---

① 李浩.民事诉讼管辖制度的新发展——对管辖修订的评析与研究[J].法学家,2012(4):165.

没有应诉答辩,法院在一审开庭以前发现民事案件不应当属于本院管辖的,应当依据职权将案件裁定移送至有管辖权之人民法院。依据本条,法院在开庭审理之前,被告没有在答辩期间应诉答辩,依职权发现本院对本案没有法定管辖权时,应当直接裁定将案件移送到有管辖权的法院审理。这就充分表明,我国立法和司法实务部门对于应诉管辖采纳严格审核标准。另外,民事诉讼案件的管辖属于诉讼要件,为当事人不能自由处分的程序事项,法院应当依职权适时地对管辖要件事实进行调查和认定,不受当事人主张和举证的约束。

有学者认为:"《民事诉讼法》中规定的属于当事人利益的事项,当事人主动提出异议,否则当事人丧失责问权。但法院应释明,应告知受诉法院没有管辖权,告知后当事人仍未提出管辖异议且参加法庭审理的,才可视为受诉法院确定管辖权,但违反专属管辖和基本管辖规定的除外"①。本书认为,受诉法院不宜将本院没有管辖权的事实向被告进行释明。"法院的阐明义务,又称为释明义务,其是指在当事人主张不明确、不完全或不充分的情况下,通过提示、发问等方式促使当事人完善主张。在民事诉讼中,因处分原则、辩论原则所使然,法院不能主动介入当事人'控制的领域替代当事人'作为'。"②首先,法院已经受理了本案,是否有法定管辖权还没有最终确定,如果在被告答辩之前告知他本院无管辖权,就形成"本末倒置";其次,被告已经收到法院送达的一系列法律诉讼文书,其中就包含诉讼权利义务告知书,上面明确列明了被告享有提出管辖异议的权利,如果法院再次进行释明,有重复累赘之感;最后,当事人进行诉讼,多数人在律师的帮助下,完全能够知悉受诉法院的管辖权限。

另外,管辖协议约定的法院应当是具体且明确的,双方当事人协议约定一个或者多个法院管辖民事案件,不能产生混淆。实践中,笔者调查到有这样一个案件,一起典型的买卖合同纠纷,甲乙双方在合同中约定了发生纠纷后的管辖法院,因为合同双方当事人与重庆市和武汉市均有联系,所以约定,本合同发生争议后,可以由重庆市法院和武汉市法院管辖。合同在履行过程中发生了争议,原告就向被告住所地 S 省 Z 市 D 区法院提起民事诉讼,D 区法院以合同约定了管辖法院,本院无管辖权为由,裁定不予受理,因为原告起诉标的金额为 30 万元,是基层法院的级别管辖。原告就向 Z 市中级法院提起管辖权

---

① 李浩.民事诉讼管辖制度的新发展——对管辖修订的评析与研究[J].法学家,2012(4):168.
② 唐力.司法公正实现之程序机制——以当事人诉讼权保障为侧重[J].现代法学,2015(7):52.

上诉,中级法院很快就和一审法院观点一致,裁定驳回上诉,维持原裁定。本书认为,D区法院和Z市中级法院的裁定值得商榷。首先,本案原告起诉的标的金额为30万元,依据《民事诉讼法》最高人民法院解释,本案级别管辖应当是基层区法院。其次,双方当事人约定了重庆市和武汉市的法院管辖,那么就应当为这两个市的基层法院。最后,重庆市和武汉市各自都有若干的基层法院,原被告约定的具体是哪个基层法院,无法从合同中显示出来。因此,本书认为,本案原被告之间的协议管辖约定不明确,无效,本案应当适用法定管辖,即合同履行地或者被告住所地法院管辖。

《民事诉讼法司法解释》第30条规定,根据当事人之间签订管辖协议,原告起诉时就能够确定案件的管辖法院时,法院应当遵从该约定;如若不能确定法院时,应当依据民事诉讼法确定案件管辖。如果管辖协议约定了两个以上同案件争议有实际联系地点的人民法院进行管辖时,原告可以选择向其中一个法院提起起诉。依据本条,当事人签订的管辖协议,应当约定与合同有实际联系地点法院,原告可以向任何一个法院提起诉讼。司法实践中,经常出现这种管辖协议,"因为本次合同的履行产生纠纷后,合同签订双方的法院对本案都有管辖权",或者"因为本次合同产生的履行发生纠纷后,守约方可以向自己住所地法院提起民事诉讼"。根据《民事诉讼法解释》,当事人之间的约定应当具体明确,才可以确定和本合同有联系的多个法院管辖。这充分体现了民事诉讼法加强了对当事人程序权利的尊重,上述管辖约定不具体不明确,应当被判定无效。

《民事诉讼法司法解释》第31条规定,消费者与经营者形成的消费合同法律关系中,经营者如果使用格式条款同消费者签订书面管辖协议,并且没有采取合理的方式提请该消费者加以注意,消费者如果主张此管辖协议无效时,人民法院应当予以支持。本条解释因应了格式合同条款保护合同相对方原则。经营者在大规模商业经营活动中,为了快捷地签订合同,节约交易成本,往往预先制定能够重复和反复使用的合同范本。消费者在签订合同时,没有修改合同条款的权利,只能被动接受,经营者此侵犯了合同相对方的消费者的合法程序利益。《合同法》第39条规定,采用格式条款订立合同的,提供格式条款的一方应当遵循公平原则确定当事人之间的权利和义务,并采取合理的方式提请对方注意免除或者限制其责任的条款,按照对方的要求,对该条款予以说明。格式条款是当事人为了重复使用而预先拟定,并在订立合同时未与对方协商的条款。第40条规定,格式条款具有本法第52条和第53条规定情形的,或者提供格式条款一方免除其责任、加重对方责任、排除对方主要权利的,该条款无效。第41条,对格式条款的理解发生争议的,应当按照通常理解予以解释。对格式条款有两种以上解释的,法院应当作出对供格式条款一方的不利的解释。如果同一合同文书中,格式条款与非格式条款不相一致时,法院应当采纳非格式合同条款。依据合同法规定,经营者制定的格式合同条款,应当提示对方当事人,并采取合理的方式提请对方当事人在签订合同时,加以注意免除、或限制其责任的条款,按照对方当事人的要求,积极地对该特殊条款予以说明。《合同法》规定的格式条款,不仅免除提供格式条款方责任、加重对方责任、排除对方主要权利的,还包括侵犯对方程序利益,即约定管辖法院条款的,这些免责条款如果没有提请对方当事人同意,都会被法院认定为无效。

《民事诉讼法司法解释》第32条规定,双方当事人签订管辖协议,共同约定如果发生纠纷后由一方当事人的住所地法院管辖的,而管辖协议签订后该方当事人住所地发生变更的,本案仍然应当由签订管辖协议时该当事人的住所地法院管辖,但双方当事人另外有约定的除外。本条规定,协议管辖中也应当适用"管辖恒定原则"。双方当事人协议管辖时,约定由一方当事人住所地法院管辖本案,一方当事人住所地法院是确定和具体的。如果在协议后,当事人住所地发生变化,管辖法院已经恒定,当事人就不能向协议约定的法院以外法院提起民事诉讼。《民事诉讼法司法解释》第33条规定,合同转让的,合同纠纷的管辖协议对合同受让人有效,但转让时受让人不知道有管辖协议,或者转让协议另有约定且原合同相对人同意的除外。合同转让,合同全部内容都一并转让,受让方应当受到管辖协议条款的约束。

《民事诉讼法司法解释》第29条规定,民事诉讼法第34条规定的书面协议,包括书面合同中的协议管辖条款或者诉讼前以书面形式达成的选择管辖的协议。我国《民事诉讼法》规定,协议管辖包括明示协议管辖和默示协议管辖,双方当事人在合同书中约定的协议管辖条款就称为明示协议管辖。原告起诉后,被告应诉答辩,并没有提出管辖权异议时,只要受诉法院不违反级别管辖和专属管辖的规定,受诉法院就获得了管辖权,即使受诉法院不属于法定的管辖法院。

当事人之间协议管辖约定,不得违反法律的强制性规定。原被告之间对于普通合同纠纷案件协议约定,管辖法院为一方所在地县级人民法院,如果双方争议标的达到1亿,这种约定无效。

案例:上诉人泉州美旗物流管理有限公司(以下简称美旗公司)与被上诉人中建海峡建设发展有限公司(以下简称中建公司)建设工程施工合同纠纷管辖权异议一案。一审原告中建公司向福建高级人民法院起诉称:2009年5月

31日,中建公司与美旗公司签订《建设工程施工合同》,约定美旗公司将"晋江·海峡西岸国际采购与区域物流中心(一期)C2地块东段"发包给中建公司,合同签订后中建公司按约定支付了保证金,而美旗公司不能按约定支付进度款,并且不按时提供施工图纸,致使工程不能按时进行,给中建公司造成巨大的损失。故此,中建公司请求解除合同,并要求美旗公司按约定支付工程款,并赔偿因违约给中建公司造成的损失,同时要求返还保证金。美旗公司在一审提交答辩状期间提出管辖权异议,称:根据双方于2009年5月31日签订的《建设工程施工合同》第三部分专用条款第10条第37.1款"本合同在履行过程中发生争议时,由双方当事人协商解决,协商不成的,依法向晋江市人民法院起诉"的约定,福建省高级人民法院对本案不具有管辖权,请求将本案移送福建省晋江市人民法院审理。

福建省高级人民法院经审理认为:一审原告中建公司诉讼请求为判令一审被告美旗公司支付拖欠工程款125872288.14元及逾期支付的利息,返还履约保证金500万元及利息,逾期支付工程进度款利息22886210.09元,赔偿因违约造成损失20919790.95元等,本案诉讼标的额超过1亿元。根据最高人民法院关于级别管辖司法解释的规定,福建省高级人民法院属于经济较发达地区,应当管辖诉讼标的额在1亿元以上的第一审民商事案件。另外,根据《中华人民共和国民事诉讼法》第34条的规定,"合同或者其他财产权益纠纷的当事人可以书面协议选择被告住所地、合同履行地、合同签订地、原告住所地、标的物所在地等与争议有实际联系的地点的人民法院管辖,但不得违反本法对级别管辖和专属管辖的规定",本案双方当事人约定由福建省晋江市人民法院管辖,违反了级别管辖的法律规定,本案依法应由本院管辖,美旗公司的管辖权异议理由不能成立

美旗公司不服上述民事裁定,向本院提出上诉称:上诉人与被上诉人于2009年5月31日签订的《建设工程施工合同》第三部分专用条款第10条第37.1款约定:"本合同在履行过程中发生争议时,由双方当事人协商解决,协商不成的,依法向晋江市人民法院起诉。"故本案应当由福建省晋江市人民法院管辖,福建省高级人民法院对本案不具有管辖权。

本院认为:首先,本案当事人起诉和受理时间为2014年9月,应当适用最高人民法院2008年4月1日起施行的关于《全国各省、自治区、直辖市高级人民法院和中级人民法院管辖第一审民商事案件标准》的规定,福建省高级人民法院管辖诉讼标的额在1亿元以上且双方当事人都在本辖区内的第一审民商事案件,本案一审原告的诉讼请求包括要求一审被告按约定支付已完成工程

的工程款以及损害赔偿金、返还保证金等,其诉讼标的额已经超过了1亿元人民币,因此,福建省高级人民法院对本案具有管辖权;其次,双方当事人在合同中约定合同履行发生争议时,由双方协商解决,协商不成的,向福建省晋江市人民人民法院起诉,该约定违反了《中华人民共和国民事诉讼法》第34条关于协议管辖不得违反级别管辖的规定,应属无效。因此,本案应当由福建省高级人民法院管辖,最终,最高人民法院裁定驳回上诉,维持原裁定①。本案表明,当事人双方协议管辖约定,不能违反级别管辖规定。

案例:最高人民法院(2013)民四终字第31号民事裁定书,上诉人沿海地产投资(中国)有限公司(以下简称沿海公司)因与被上诉人孙学金股权转让合同纠纷管辖权异议一案。孙学金以沿海公司为被告向辽宁省高级人民法院提起诉讼,请求判令沿海公司向其支付股权收购款项290676716.18元人民币(以下币种同)以及相应的利息,并由沿海公司承担本案的全部诉讼费用。沿海公司在提交答辩状期间对管辖权提出异议称,辽宁省高级人民法院对本案无管辖权,请求将本案移送辽宁省大连市中级人民法院或者广东省深圳市中级人民法院审理。

辽宁省高级人民法院认为:本案系因孙学金转让其拥有的大连金日君健乐园100%股权给沿海公司引起的纠纷,依照《中华人民共和国民事诉讼法》第23条之规定,被告住所地和合同履行地法院对本案均具有管辖权。因案涉合同履行地为辽宁省大连市,涉诉标的为29067.671618万元,根据最高人民法院关于级别管辖的规定,辽宁省高级人民法院管辖诉讼标的额在1亿元以上第一审民商事案件,故本案应由辽宁省高级人民法院管辖。该院根据《中华人民共和国民事诉讼法》第154条之规定,裁定驳回沿海公司对本案管辖权提出的异议。

沿海公司不服一审裁定,向本院提起上诉称:本案属于合同纠纷,按照法律规定应由被告住所地或合同履行地人民法院管辖。本案被告住所地在广东省深圳市,合同履行地在辽宁省大连市,本案应由广东省深圳市中级人民法院或者辽宁省大连市中级人民法院管辖。辽宁省高级人民法院对本案纠纷没有管辖权。请求撤销一审裁定,将本案移送广东省深圳市中级人民法院管辖。

---

① 中国裁判文书网.最高人民法院(2015)民一终字第120号民事裁定书.(2015-11-06)[2017-03-14]. http://wenshu.court.gov.cn/content/content?DocID=f69250b5-7e67-42c1-bb72-66146b374f62&KeyWord=管辖|裁定.

孙学金答辩称:沿海公司对本案股权转让合同的履行地为辽宁省大连市不持异议,本案诉讼标的额已达2.9亿余元,根据相关规定,本案应当由辽宁省高级人民法院管辖,辽宁省高级人民法院所作一审裁定正确,应予维持。

本院认为:本案系股权转让合同纠纷。根据《中华人民共和国民事诉讼法》第23条的规定,因合同纠纷提起的诉讼,由被告住所地或者合同履行地人民法院管辖。案涉股权转让合同的履行地在辽宁省大连市,双方当事人对此均无异议。本案诉讼标的额已达2.9亿余元,根据最高人民法院《关于调整高级人民法院和中级人民法院管辖第一审民商事案件标准的通知》和《全国各省、自治区、直辖市高级人民法院和中级人民法院管辖第一审民商事案件标准》的相关规定,本案应由辽宁省高级人民法院进行一审。沿海公司关于辽宁省高级人民法院没有管辖权的上诉理由,没有事实和法律依据。辽宁省高级人民法院关于其具有管辖权的裁定正确,沿海公司的上诉理由不能成立。本院依照《中华人民共和国民事诉讼法》第170条第1款第(1)项之规定,裁定如下:驳回上诉,维持原裁定①。本案表明,协议管辖的约定也必须明确,否则当事人无法准确确定案件的管辖法院。

五、共同管辖、选择管辖

《民事诉讼法》第35条规定,两个以上人民法院都有管辖权的诉讼,原告可以向其中一个人民法院起诉;原告向两个以上有管辖权的人民法院起诉的,由最先立案的人民法院管辖。民事案件由两个以上的人民法院共同管辖,例如侵权纠纷案件中的侵权行为地法院和被告住所地法院、合同纠纷案件中合同履行地法院和被告住所地法院共同管辖。必要共同诉讼和普通共同诉讼中,原告可以选择向任一被告住所地法院提起诉讼。依据民事诉讼法一般地域管辖规定,在共同管辖案件中,原告享有选择权,选择案件的管辖法院。"根据共同管辖和选择管辖的规定,可以看出,共同管辖和选择管辖是一个问题的两个方面,即共同管辖是从法院行使管辖权角度出发的,选择管辖是从当事人行使起诉权角度出发的"②。民事诉讼中,民事案件先构成共同管辖,尔后原告才能进行选择管辖。

案例:最高人民法院(2014)民四终字第16号民事裁定。上诉人鄂托克旗

---

① 中国裁判文书网.最高人民法院(2013)民四终字第31号民事裁定书.(2013-09-06)[2017-04-29]. http://wenshu.court.gov.cn/list/list/? sorttype＝1&conditions＝searchWord＋QWJS＋＋＋全文检索.

② 常怡.民事诉讼法学.[M].3版.北京:中国政法大学出版社,1999:257.

常洪口中山煤业有限公司(以下简称中山公司)因与被上诉人香港源宏集团实业发展有限公司(以下简称宏源公司)股权转让纠纷管辖权异议案。2013年8月19日,宏源公司以中山公司、神泰矿业投资有限公司(以下简称神泰公司)为被告向甘肃高院提起本案股权转让纠纷诉讼,请求判令中山公司偿还合同定金及赔偿款共计1亿元人民币,神泰公司承担连带清偿责任。同年12月23日,甘肃高院以(2013)甘民二初字第16-2号民事裁定准许宏源公司撤回对神泰公司的起诉。

中山公司在答辩期内提出管辖异议,认为《股权转让合同》中关于管辖的约定即"由守约方指定人民法院解决"属约定不明,选择管辖的协议无效,本案争议应依据《中华人民共和国民事诉讼法》第23条"因合同纠纷提起的诉讼,由被告住所或者合同履行地人民法院管辖"的规定确定管辖,而被告住所地为内蒙古自治区鄂托克旗阿尔巴斯苏木,合同履行地为内蒙古自治区呼和浩特市,故甘肃高院对本案无管辖权,请求将本案移送至有管辖权的人民法院审理。

本案双方当事人之间于2011年11月7日签订的《股权转让合同》和11月18日签订的《股份转让合同》均约定"如双方发生争议,应友好协商解决,若协商不成,由守约方指定人民法院解决",2012年9月16日由中山公司出具的《还款承诺及保证书》确认"贵公司随时可以按照《股权转让合同》约定的纠纷解决方式提请争议解决部门处理"。

甘肃高院审查认为:关于本案管辖权问题,中山公司、神泰公司与宏源公司2011年11月7日签订的《股权转让合同》、2011年11月18日签订的《股份转让合同》均约定"如双方发生争议,应友好协商解决,若协商不成,由守约方指定人民法院解决"。2012年9月16日,中山公司、神泰公司向宏源公司出具的《还款承诺及保证书》确认"贵公司随时可以按照《股权转让合同》约定的纠纷解决方式提请争议部门处理"。因此,宏源公司可以选择被告住所地、合同履行地、合同签订地、原告住所地、标的物所在地人民法院管辖本案纠纷。兰州市为前述《股权转让合同》《股份转让合同》的签订地,现宏源公司选择到该院起诉,不违反当事人管辖协议约定;本案当事人争议标的额1亿元人民币,符合最高人民法院规定的该院管辖第一审民商事案件标准,该院对本案具有管辖权。中山公司对本案管辖权提出的异议不能成立。依照《中华人民共和国民事诉讼法》第34条、第127条第1款的规定,裁定:驳回中山公司对本案管辖权提出的异议。中山公司不服原审裁定,向本院提起上诉称:一、《股权转让合同》中所载"由守约方指定人民法院解决"属管辖约定不明,《还款承诺及保证书》有关管辖内容仅仅是对前述无效管辖约定的确认,仍然未明确约定纠纷的管辖法院;二、在合同双方选择管辖无效的情况下,本案应由被告住所地或合同履行地人民法院管辖。故本案应移送内蒙古自治区有管辖权的人民法院审理。宏源公司未作书面答辩。本案为涉港民商事纠纷,程序问题应适用《中华人民共和国民事诉讼法》涉外民事诉讼程序的特别规定,本案涉及当事人之间约定管辖条款的效力认定。涉外民事诉讼程序的特别规定对约定管辖未作规定,根据《中华人民共和国民事诉讼法》第259条的规定,该编没有规定的,适用该法其他有关规定。《民事诉讼法》第34条规定,在合同以及其他财产权益纠纷中,双方当事人可以书面协议,共同选择合同履行地、被告住所地、原告住所地、标的物所在地、合同签订地等与合同争议有实际联系地点的人民法院进行管辖,但不得违反本法对级别管辖和专属管辖的规定。本案双方当事人仅仅约定争议"由守约方指定人民法院解决",既未明确管辖法院亦无法确定谁为守约方,约定并不明确,《民事诉讼法司法解释》第24条规定:"合同的当事人选择管辖的协议不明确……的,选择管辖的协议无效,依照民事诉讼法第24条(旧法,新法应为第23条)的规定确定管辖。"因此,本案所涉选择管辖条款因约定不明确而应认定无效,本案应根据民事诉讼法第23条的规定确定管辖,即被告住所地或者合同履行地人民法院有权管辖本案纠纷。由于本案被告住所地和合同履行地均在内蒙古自治区辖区,且本案争议标的额为1亿元人民币,根据最高人民法院《关于调整高级人民法院和中级人民法院管辖第一审民商事案件标准的通知》[法发(2008)10号]的相关规定,本案应由内蒙古自治区高级人民法院管辖。上诉人中山公司上诉有理,本院予以支持。本院根据《中华人民共和国民事诉讼法》第23条、第127第1款,最高人民法院《关于适用〈中华人民共和国民事诉讼法〉若干问题的意见》第24条之规定,裁定如下:一、撤销甘肃省高级人民法院(2013)甘民二初字第16-1号民事裁定;二、本案移送内蒙古自治区高级人民法院审理①。

  最高人民法院对本案的裁定结果,表明协议管辖约定条款必须明确具体,不能掺杂实体未决事项。"守约方法院管辖",这种约定也违反了人民法院审判原则,法院审理管辖事项,限于程序性形式审查原则,合同法律关系中"守约

---

① 中国裁判文书网. 最高人民法院(2014)民四终字第16号民事裁定书. (2014-09-16)[2017-04-29]. http://wenshu.court.gov.cn/list/list/? sorttype=1&conditions=searchWord＋QWJS＋＋＋全文检索.

方"的认定,必定要求立案法官对合同违约情况进行审查,而立案庭法官对于案件受理的审查采纳单方、书面、形式审查原则。

依据民事诉讼处分权原则,人民法院最大限度尊重当事人的程序主体权。双方当事人协议管辖法院时,可以选择多个和案件有直接关联的人民法院。

六、指定管辖

指定管辖,是指在民事诉讼中出现特殊情况后,上级法院通过裁定,指定某个民事纠纷案件由下级法院管辖,我国《民事诉讼法》规定了三种指定管辖的情况。

《民事诉讼法》第36条规定,管辖属于诉讼要件,法院应当适时依据职权进行审查,若法院发现其已经受理的民事案件依法不具有管辖权时,应当自行裁定移送到有管辖权的法院,受到移送的人民法院应当依法受理。如果受移送的法院认为此受移送的案件依据法律规定也不属于本院管辖的,应当报请双方法院的共同上级人民法院裁定指定管辖,不得再自行裁定移送。法院受理民事案件后,如果被告提出管辖权异议,法院审理后认为被告提出的管辖权异议合法正当的情况下,应当裁定将案件移送给有管辖权的法院审理。

《民事诉讼法》第37条规定,有管辖权的人民法院由于特殊原因,不能行使管辖权的,由上级人民法院指定管辖。人民法院之间因管辖权发生争议,先由争议双方协商解决;协商解决不了的,报请它们的共同上级人民法院指定管辖。最高人民法院对两个法院互相推诿的案件,适用裁定指定管辖。

案例:最高人民法院(2016)最高法民辖29号民事裁定书,原告王敏诉被告黑龙江龙桂制药有限公司劳动争议管辖案。2014年6月3日,湖北省武汉市武昌区人民法院立案的(2014)鄂武昌民初字第02918号王敏诉黑龙江龙桂制药有限公司(以下简称龙桂制药)劳动争议纠纷一案,与2014年6月3日黑龙江省绥化市北林区人民法院立案的(2014)绥北宝民初字第120号龙桂制药诉王敏劳动争议纠纷一案,两地人民法院之间因管辖权产生争议,协商未果。2016年7月6日,湖北省高级人民法院报请本院指定管辖。

本院经审查认为,根据《最高人民法院关于审理劳动争议案件适用法律若干问题的解释》的规定,劳动争议案件由用人单位所在地或者劳动合同履行地的基层人民法院管辖。湖北省武汉市武昌区人民法院作为劳动合同履行地的基层人民法院,黑龙江省绥化市北林区人民法院作为用人单位所在地的基层人民法院,对案件均享有管辖权。在当事人双方就同一仲裁裁决分别向有管辖权的人民法院起诉的,为了便于查清案件事实,保证裁判的统一性,宜由同一法院并案审理。考虑到两地法院同日立案,劳动合同履行地和劳动者一方住所地均在武汉市,双方亦是先由湖北省劳动人事争议仲裁委员会进行仲裁,为方便劳动者诉讼,便于法院查明案件事实,由湖北省武汉市武昌区人民法院并案审理为宜。综上,依照《中华人民共和国民事诉讼法》第 37 条第 2 款、《民事诉讼法司法解释》第 40 条、第 41 条的规定,裁定如下:一、撤销黑龙江省绥化市北林区人民法院(2014)绥北宝民初字第 120 号民事裁定和黑龙江省绥化市中级人民法院(2014)绥中法民立终字第 21 号民事裁定;二、黑龙江龙桂制药有限公司诉王敏劳动争议纠纷一案由湖北省武汉市武昌区人民法院审理;三、黑龙江省绥化市北林区人民法院自接到本裁定之日起 15 日内将(2014)绥北宝民初字第 120 号黑龙江龙桂制药有限公司诉王敏劳动争议纠纷一案全部卷宗材料及诉讼费移送湖北省武汉市武昌区人民法院①。本案表明,当某件诉讼两个人民法院均有管辖权的情况下,而且两个法院均已经立案受理时,为了维护司法权统一性,防止不同法院对同一案件裁判矛盾,应由共同上级法院指定其中一个方便当事人诉讼的法院审理。

另外,法院受理民事案件后,如果被告没有提出答辩,也没有积极应诉,民事诉讼虽然超过了答辩期,但是法院审查后认为本院无管辖权时,仍然能够裁定将案件移送给有管辖权的法院审理。第三种情形,下级法院由于某种特殊情况,不方便审理某个案件,例如该法院全体法官都须回避时,上级法院可以裁定将移送给其他没有法定管辖权的法院审理。

《民事诉讼法》第 38 条规定,上级法院在必要时,可以决定审理应当属于下级法院管辖的第一审民事案件,这样提级审理增强了对当事人的审级程序保障。另外,上级法院如果认为自己管辖的第一审民事案件,交由下级法院审理更为适当,就应当报请自己的上级法院裁定,获得批准后,才能够将自己审理的第一审民事案件交由下级法院审理。下级法院要想审理上级法院管辖的第一审民事案件,应当报请上级法院,上级法院审查后认为可以,还须再次报请上级法院的上级法院决定。

级别管辖制度,是保障当事人审级利益的重要机制,从理论上分析,越高级别的法院对民事案件进行审理,当事人受到的程序保障越强。民事管辖遵循原则性与灵活性相结合,因此,民事诉讼法规定,上级法院有权审理下级法

---

① 中国裁判文书网.最高人民法院(2016)最高法民辖 29 号民事裁定书.(2016-12-30)[2017-04-29]. http://wenshu.court.gov.cn/list/list/? sorttype=1&conditions=searchWord＋QWJS＋＋＋全文检索.

院管辖的第一审民事案件,这种案件往往案情复杂,或者案件影响已经超越了原审法院辖区。上级法院直接裁定将此案移送给本院作为第一审案件,有利于对当事人的程序保障。与此同时,民事诉讼法也规定,上级法院认为有必要,必须经过其上一级法院同意,才能够将由自己管辖的第一审民事案件交由下级法院审理。民事诉讼法的上述规定,严格把控了上下级法院之间转移第一审民事案件的程序和要件。上级法院有权直接提审下级法院的第一审民事案件,增强了当事人的程序保障;而上级法院将由自己管辖的第一审案件裁定由下级法院管辖,这就从形式上侵犯了当事人的审级利益。当事人本可以得到高级别法院审理第一审民事案件的程序利益,而法定的高级别法院裁定将该案移送给下级法院审判。本书认为,除了法律规定须经上级法院的再上级法院批准以外,还应当取得双方当事人的同意,否则上级法院就不能向下级法院转移案件。

上级人民法院将自己审理案件交由下级法院,应当符合方便法院办案、方便当事人诉讼,不能剥夺当事人审级利益。

案例:最高人民法院(2013)民一终字第 31 号民事裁定书,上诉人乌兰察布市源恒小额贷款有限公司因与被上诉人乌兰察布市佳宇房地产开发有限责任公司、一审被告内蒙古中桥焊材有限责任公司合作开发房地产合同纠纷管辖权异议一案。

一审法院受理本案后认为:经审查,该案符合《中华人民共和国民事诉讼法》(修改前)第 108 条及该院管辖第一审民商事案件标准的相关规定。根据该案的实际情况,为便于案件审理及当事人诉讼,依照《中华人民共和国民事诉讼法》(修改前)第 39 条第 1 款及《最高人民法院关于审理民事级别管辖异议案件若干问题的规定》第 4 条之规定,裁定该案交由乌兰察布市中级人民法院审理。

乌兰察布市源恒小额贷款有限公司不服一审裁定,向本院提出上诉,认为:本案事实复杂,争议标的额较大,为防止人为干扰,应该由内蒙古自治区高级人民法院审理;三方当事人住所地与内蒙古自治区高级人民法院所在地距离很近,不存在不便于审理的情况,原审法院以便于案件审理的理由裁定本案由乌兰察布市中级人民法院审理不符合法律规定。请求撤销一审裁定,案件由内蒙古自治区高级人民法院审理。被上诉人乌兰察布市佳宇房地产开发有限责任公司书面表示同意上诉人的上诉请求及理由。

一审被告内蒙古中桥焊材有限责任公司未提交书面答辩意见。本院认为:人民法院在适用修改前的《中华人民共和国民事诉讼法》第 39 条的规定,将属于本院管辖的第一审民事案件交由下级人民法院审理时,应当综合考虑当事人的意愿、诉讼的公平便利、是否有利于解决纠纷等因素,只有案件更适合下级人民法院审理时,方可移交。本案诉讼标的额为 59881070 元,根据最高人民法院关于级别管辖的司法解释第 1 条的规定,属于内蒙古自治区高级人民法院法定管辖的第一审民事案件。本案双方当事人均不同意将案件交乌兰察布市中级人民法院审理,且本案系合作开发房地产合同纠纷,三方当事人均系法人,不存在其他应交由下级法院审理的情况。内蒙古自治区高级人民法院以"便于案件审理及当事人诉讼"为由,将此案交由乌兰察布市中级人民法院审理不当。

综上,一审裁定处理结果不当。乌兰察布市源恒小额贷款有限公司的上诉理由成立,应予以支持。本院依照《中华人民共和国民事诉讼法》第 170 条第 1 款第(2)项、第 171 条的规定,裁定如下:一、撤销内蒙古自治区高级人民法院(2012)内立一初字第 2 号民事裁定;二、本案由内蒙古自治区高级人民法院审理①。

最高人民法院通过终审裁定,否定了内蒙古高级法院的裁定,充分地保障了各方当事人的程序权利,更有利于维护法律统一。

七、管辖权异议

在民事诉讼起诉程序中,原告属于攻击方,能够主动选择管辖法院提起诉讼,法院依法受理后,被告被法院传唤被动参加诉讼。依据民事诉讼当事人平等原则,被告应当对原告的起诉有权提起管辖权异议。因此,各国均规定被告在法定期限内,可以向审理案件的法院提出管辖权异议。此外,我国民事诉讼中,存在多种法定管辖和共同管辖。司法实践中,部分原告滥用诉权,向没有法定管辖权法院提起诉讼侵犯被告合法权益。

《民事诉讼法》第 127 条规定,人民法院受理民事案件后,当事人如果对管辖权有异议的,应当在提交答辩状期间 15 日内提出。人民法院对当事人提出的异议,应当审查。异议成立的,法院裁定将案件移送有管辖权的人民法院;异议不成立的,裁定驳回。提出管辖权异议的主体,应当限于被告。原告提起民事诉讼,那么他首先认为受诉法院对该案有管辖权,才行使诉权提起诉讼,

---

① 中国裁判文书网.最高人民法院(2013)民一终字第 31 号民事裁定书.(2013-09-10)[2017-04-29]. http://wenshu.court.gov.cn/list/list/? sorttype = 1&conditions = searchWord＋QWJS＋＋＋全文检索.

依据诚实信用原则和诉讼行为统一性原则,原告无权提出管辖权异议。

民事诉讼当事人还包括第三人,第三人分为有独立请求权第三人和无独立请求权第三人。有独立请求权第三人,认为原被告之间争议的诉讼标的侵犯到他的合法权益,对诉讼标的有独立的请求权,将本案原告和被告作为共同被告,提起了一个独立的参加之诉。可见,有独立请求权第三人的地位属于原告,向原被告进行诉讼的法院提起了一个独立的参加之诉,参加之诉的诉讼标的就是本案原被告和有独立请求权第三人之间的民事实体法律关系。因为,有独立请求权第三人作为参加之诉的原告,当然无权提起参加之诉和本诉的管辖权异议。无独立请求权第三人,对原被告之间的本诉无独立的请求权,而是原被告的本诉之审理的诉讼标的与无独立请求权第三人之有法律上的利害关系,自己申请参加进来或者被法院通知参加进入诉讼的人。无独立请求权第三人,不具有原告身份,往往是被动参加诉讼,也无权提出管辖权异议。

我国民事诉讼中,当事人必须在提交答辩状期间提出管辖权异议,答辩期间为被告收到起诉状副本和应诉通知书、诉讼权利义务告知书后15日内提出。新《民事诉讼法》规定,当事人未提出管辖异议并应诉答辩的,视为受诉人民法院有管辖权,但违反级别管辖和专属管辖规定的除外。被告如果收到上述诉讼文书后,没有首先提出管辖权异议,而对案件进行了应诉,并实体答辩的,视为受诉法院获得管辖权,这就是民事诉讼管辖理论上的"应诉管辖"制度。这也被称为默示协议管辖,原告向法院提起民事诉讼,不论该法院有无管辖权,只要被告没有提出管辖权异议,直接应诉答辩时,该法院就取得管辖权。《民事诉讼法司法解释》第35条规定,当事人在答辩期间15日届满后未应诉实体答辩,并且人民法院在一审开庭前,发现此案件依法不属于本院管辖的,应当依职权裁定将案件移送至有管辖权的人民法院。依据上述司法解释,原告起诉法院受理案件后,被告没有应诉,假如答辩期满,法院依职权发现本院没有管辖权时,应当裁定将案件移交给有管辖权的法院。因为被告没有进行实体答辩,受诉法院就无法获得应诉管辖。依据大陆法系民事诉权理论,法院拥有管辖权是当事人提起诉讼的一种诉讼要件,脱离于民事实体案件的判决结果。法院对于诉讼要件有权随时进行审查,并对其作出裁定,而且当事人对这种裁定不能提起第二审上诉。关于应诉管辖,民事诉讼理论界又称之为"默示协议管辖"。"应诉管辖典型地体现了'程序保障下的自我归责'的程序正义精髓,立法赋予了被告积极地提出管辖权异议的权利,也赋予他们以不应诉答辩的消极地不同意赋予管辖的权利,因此,受诉法院做出的判决当事人就要接受,而不得以法院没有管辖权而否定程序的正当性"①。

  本书认为,被告如果在答辩期内进行了实体答辩,那么就丧失提出管辖权异议的诉讼权利,受诉法院就获得了案件的管辖权。如果被告在作出实体答辩后,答辩期间届满前反悔并提出管辖权异议申请。依据民事诉讼诚实信用原则,受诉法院不应当审查被告提出的管辖权异议,直接裁定驳回其管辖权申请。因为受诉法院已经于被告进行实体答辩时取得了案件的管辖,即应诉管辖发生。

  被告提出管辖权异议时,受诉法院应当立即停止案件的实体审理,集中对管辖权进行程序审理。受诉法院应当专门审理管辖权异议,民事诉讼法规定其审理方式为书面审理,不公开开庭。为了保障当事人的辩论权,受诉法院也可以接受双方当事人的书状,或者召开听证会。受诉法院审理管辖权异议期间,不计算在民事诉讼案件的审理期限内。法院审理管辖权异议终结后,认为被告提出的管辖权异议申请符合法律规定,即裁定将案件移送给有管辖权的法院;如果认为被告提出的管辖权异议申请不符合法律规定,则应当裁定驳回被告的管辖权异议。当事人双方对裁定不服的,都可以向上级法院提起上诉,二审法院也应当进行书面的不开庭审理,但是也可以听取双方当事人口头或者书面意见再裁定。二审法院在审理终结后,要么裁定撤销原裁定,移送有管辖权法院审理;或者裁定驳回上诉、维持原裁定。当事人对管辖权异议的终审裁定,民事诉讼法没有规定不能提起再审,司法实践中,当事人可以对管辖权异议终审裁定申请再审。

  司法实践中曾经出现这种案件,原告起诉法院受理案件后,被告在答辩期内立即提起管辖权异议。Z区法院受理案件,被告提出管辖权异议,理由为合同法律事实发生在D区,因此,请求法院裁定将案件移送至D区法院。法院对管辖权异议进行审查后,发现D区法院对本案无管辖权,F县法院才具有法定管辖权。被告在管辖权异议申请中没有请求Z区法院将案件移送至F县法院,法院对于此处理有不同意见。本书认为,管辖权异议是被告享有的一种程序权,而管辖权又是法院依据职权调查处理的诉讼要件,被告提出移送的法院不具有管辖权时,法院可以依职权将案件移送到F县法院。理由有二:第一,依据《民事诉讼法司法解释》第35条规定,当事人在答辩期间15日届满

---

① 王福华.协议管辖制度的进步与局限[J].法律科学(西北政法大学学报),2012(6):165.

后未应诉实体答辩,人民法院却在一审开庭前,发现案件依法不属于本院管辖的,应当裁定将案件移送至有管辖权的人民法院。法院可以在审理案件过程中随时移送案件至有管辖权法院。第二,民事案件的管辖权属于法院依职权处理的程序事项,不受当事人主张的约束。Z区法院应当将案件移送到F县法院,如果F县法院认为自己也不应当受理此案,那么就报请Z区法院和F县法院的共同上级法院指定管辖。

第四节 我国管辖制度的缺陷与重构建议

一、级别管辖制度之缺陷与重构

我国《宪法》《人民法院组织法》《民事诉讼法》《刑事诉讼法》《行政诉讼法》等根本法和基本法均规定,我国司法诉讼实行两审终审的审级制度,即一件诉讼案件,最多可以经过两级法院审判,才完成终审判决的司法制度。众所周知,新中国建立后,直到20世纪70年代末80年代初,我国才制定了法典意义上之《刑事诉讼法》《民事诉讼法》和《行政诉讼法》,而且都大量借鉴苏联诉讼制度。自然而然,我国司法诉讼审级采纳两审终审制,我国司法体制建构了四级法院,分别是基层法院、中级法院、高级法院和最高法院。因此,一件民事纠纷案件,经过连续两级法院的审理,即告终结。

我国民事审级制度采纳两审终审制的缘由,首先在于方便当事人进行诉讼。我国幅员辽阔,当事人分别较广,基层地方离省级政府路途遥远。民事诉讼采纳两审终审制,可以节约当事人的诉讼成本,方便当事人起诉和应诉。其次,有利于维护社会稳定。民事诉讼作为解决民事主体之间发生的财产权利义务争议或者人身权利义务争议的一种司法制度。依据现代司法制度之不告不理原则,原告起诉、被告应诉,法院受理进行审判。原告起诉被告应诉后,双方当事人就始终处于对立争议的状态。我国《民事诉讼法》规定一审法院审判民事案件,适用普通程序应当在六个月内审结;二审法院审判二审上诉案件,应当在3个月内审结。如果民事案件存在鉴定程序、公告程序、管辖权异议争议程序,这些程序占用的期间不计算在审限以内,那么普通程序案件的审结期限有时达到或者超过一年。当事人在这漫长的诉讼期间里,精神上处于一种焦虑状态,随之生活、工作会受到一定的影响。民事诉讼审级制度采纳两审终审制,可以缩短诉讼周期,节约当事人的诉讼耗费,有利于维护社会的稳定,平息当事人之间的矛盾纠纷,促进和谐社会之建构。

随着经济社会的飞速发展,人民生活水平得到显著提高,交通工具更新换代,高铁、动车、飞机已经走进寻常百姓家。我国采纳三审终审制的客观物质条件已成熟,当事人从基层地方到省城、北京已经非常快捷。最高人民法院已经在深圳、沈阳、南京、郑州、重庆、西安分别设立了最高人民法院分院,这就促进了当事人提起上诉的意愿,节约当事人的上诉成本。我国民事诉讼采纳两审终审制,已经大大地限制了当事人的程序利益和实体利益的救济渠道,二审中级法院级别过低,作为终审法院有点不相称。总之,我国民事诉讼已经具备采纳三审终审制的经济社会条件,学界普遍认为,我国民事诉讼可以采纳有限三审终审制,对于部分民事纠纷案件,当事人可以提起第三审。第三审法院审理案件的方式,仅限于民事案件的法律适用,不审理案件事实,二审法院对事实的认定约束第三审法院。

如果我国建立有限三审终审制,民事诉讼中的级别管辖制度将进行重大改革。民事诉讼法可以修订后,可以取消高级法院和最高法院管辖一审民事案件的基本管辖,第一审民事案件只能够在基层法院和中级法院之间分配,类似于德国民事诉讼中的事务管辖制度。第一审当事人对特定案件,当事人还可以协议飞跃上诉,越过第二审,直接请求最高人民法院进行第三审。

二、地域管辖之缺陷与重构

我国民事诉讼中地域管辖范围较广,分类复杂,有一般地域管辖原则规定、一般地域管辖例外规定、特殊地域管辖、协议管辖、专属管辖、共同管辖、选择管辖、指定管辖。本书认为,地域管辖制度的规定总体比较公正,但是有的方面还是值得商榷。

《民事诉讼法》第33条规定了我国的专属管辖制度,①因为不动产而产生的纠纷所提起之诉讼,不动产所在地的法院进行管辖;②因港口范围内作业所发生民事纠纷而提起的诉讼,由港口所在地,即港口所在的海事法院管辖;③因遗产继承纠纷从而提起的民事诉讼,由被继承人在死亡时的住所地以及主要遗产所在地的法院管辖。本书认为,我国民事诉讼中,专属管辖的规定范围较窄。众所周知,身份关系案件关系社会的基本伦理道德,会直接影响当事人的身份和民事权利义务关系,也会影响案外与当事人有亲属关系的人的权利义务。因此,民事诉讼法应当将身份关系案件的管辖划为专属管辖。

第三章

管辖制度比较法研究

大陆法系民事诉讼随着纠纷解决的需要而不断发展变化。社会政治、经济发展变化,导致上层建筑随之变革。反映自由经济体制下的民法、商法相继被制定,民事诉讼法开始从民事实体法中分离并独立,大陆法系各国先后制定了《民事诉讼法》。西方资本主义国家率先由法国发生资产阶级革命,法国系统制定了反映资本主义自由经济规律的民法、商法、诉讼法。然而,德国制定的民法、商法、民事诉讼法、刑事诉讼法等,对于大陆法系国家的立法影响巨大。日本继明治维新后,大量引进德国民事诉讼法,建立了现代化的民事司法制度。在清朝末戊戌变法中,清政府废弃了沿用了几千年的中华法系,全面而系统制定了具有资产阶级性质的民法、民事诉讼法等法典。英国和美国是典型的英美法系国家,美国继承英国法律,但是又自成体系。

因此,本书将重点介绍德国民事诉讼法的民事管辖、日本的管辖制度、美国的民事管辖制度。

第一节　德国的管辖制度

德国作为大陆法系各国民事诉讼法的起源国,德国法院分为宪法法院、普通法院、劳工法院、行政法院、社会法院和财政法院,各成系统。因为在20世纪纳粹党执政时期,德国法律被践踏,公民权受到剥夺和限制,并发展为种族大屠杀。因此,二战后,德国立法机关特别重视对于民众人权保障,以及权利救济途径。德国宪法被称为《基本法》,《基本法》设立宪法法院,是国家最高审判机关,权力凌驾于其他法院之上。宪法法院受理当事人不服侵犯宪法权利的事件,以及下级法院违反宪法侵犯当事人基本权利的案件。普通法院主管一般的民事纠纷案件和刑事诉讼案件,在民事诉讼中,德国普通法院系统分为四级,分别是初级法院、州法院、州高等法院、联邦最高法院。劳工法院分为三级,主管和受理劳动争议、工会和成员之间的纠纷,以及其他企业组织制度下的纠纷。行政法院也分为三级,审理普通行政诉讼案件。社会法院分为三级,是社会保险纠纷的主管法院。财政法院分为两级,主管和审理涉及财政税务征收方面的纠纷。在德国,民事纠纷由普通法院主管,民事案件的管辖依据性质的不同,分为事物管辖、地域管辖、职能管辖、专属管辖。

一、事务管辖

德国普通法院为四级,分别是初级法院、州法院、州高级法院、联邦最高法院。事务管辖与我国的级别管辖不同,我国《民事诉讼法》规定四级法院均可以管辖第一审普通民事纠纷案件,而德国《民事诉讼法》中的事务管辖不同于我国的级别管辖,德国事务管辖将第一审民事案件,划分为初级法院和州法院管辖。事务管辖在初级法院和州法院之间的分配标准为多个:第一,依据《德国法院组织法》第23条规定,对于财产纠纷案件,5000欧元以下专属初级法院管辖,从5000.01欧元开始由州法院管辖①。《德意志联邦共和国民事诉讼法》第3条[自由裁量确定价额]规定,价额由法院依自由裁量确定之;法院也可以依申请命令调查证据,或者依职权命令勘验或鉴定②。如果当事人起诉的案件标的不直接显现出价值,是要求交付标的物,法院依据本条可以自由裁量确定价额。依据德国《法院组织法》第23条第2a项规定,初级法院对于房屋出租争议进行管辖,还对基于婚姻和亲属关系发生的法定抚养请求权进行管辖。州法院对违反职务义务的请求权进行管辖。初级法院内部又分为普通诉讼部和婚姻家事诉讼部③。第二,初级法院对于房屋出租争议进行专属管辖,对于婚姻家庭管辖发生的抚养权纠纷进行法定管辖,对于职务义务发生的法律纠纷进行管辖。

二、地域管辖

在德国民事诉讼中,地域管辖又被称为"审判籍"。审判籍又可以分为普通审判籍和特别审判籍,自然人的普通审判籍在当事人的住所地。"在德国和

---

① 奥特马·尧厄尼希.民事诉讼法.[M].27版.周翠,译.北京:法律出版社,2003:50-51.

② 谢怀栻.德意志联邦共和国民事诉讼法[M].北京:中国法制出版社,2000:1.

③ 奥特马·尧厄尼希.民事诉讼法.[M].27版.周翠,译.北京:法律出版社,2003:51.

日本的民事诉讼法上称为特别审判籍。在诉讼理论上,德日诉讼法学者把土地与人的关系或者诉讼案件与法院管辖区域的关系,称为审判籍。并把审判分为:普通审判籍与特别审判籍或人的审判籍与物的审判籍。人的审判籍,即普通审判籍,与普通地域管辖相当,物的审判籍,即特别审判籍,与特殊地域管辖相当"①。《德意志联邦共和国民事诉讼法》第12条规定[普通审判籍:定义]某人的普通审判籍所在地的法院,是管辖对他提起的一切诉讼的法院,但以未定专属审判籍的诉讼为限。第13条规定[依住所定的普通审判籍]人的普通审判籍,依其住所定之。对于普通人的审判籍,他的固定住所就是管辖法院地,原告必须到被告住所地法院提起民事诉讼。第16条规定[无住所人的普通审判籍]无住所人的普通审判籍,依其在国内的限制居留地定之,如限制居留地不明时,依其最后住所地定之。当某人在德国没有固定住所时,他的普通审判籍就在他现在的居所或者最后住所地定之。对于法人或者基金会当事人,他的住所地就是他的普通审判籍。合同纠纷或者侵权纠纷,适用特别审判籍,即以合同履行地或者侵权行为发生地作为管辖法院地。如果被告在德国国内没有住所,则以被告在德国的财产所在地位列为普通审判籍②。物权法上的地产之诉,由地产所在地作为法院的普通审判籍。总之,德国民事诉讼地域管辖,原则上以当事人住所地作为普通审判籍,特殊类型的合同纠纷、侵权纠纷,以合同履行地或者侵权行为发生地作为管辖法院。

三、职能管辖和专属管辖

德国民事诉讼法和法院组织法将某一个特定案件不同的审判任务,分配给履行不同职责的法院。德国普通民事系统分为四级法院,即初级法院、州法院、州高级法院、联邦最高法院。由于案件性质的不同,德国民事诉讼中,职能管辖分为以下几大类:第一,初级法院第一审法院—州法院第二审法院—联邦最高法院第三审法院;第二,州法院第一审法院—州高级法院第二审法院;第三,家事法院第一审法院—州高级法院—联邦最高法院第三审法院。德国民事诉讼法和法院组织法规定,德国民事诉讼法采四级三审终审制,普通民事案件,当事人原则上可以获得三级法院的审判,这最大限度地保护了当事人的程序审级利益。

四、命令管辖和约定管辖

当民事诉讼中发生特别情况,某个法院无法或者不方便行使审判权时,例

---

① 王锡三.民事诉讼法研究[M].重庆:重庆大学出版社,1996:357.
② 谢怀栻.德意志联邦共和国民事诉讼法[M].北京:中国法制出版社,2000:3.

如整个法院法官均被申请回避、发生不可抗力事件。这时,上级法院就可以通过命令的方式,将案件移送给其他法院审理。通常情况下,当事人对管辖的约定不受法律保护,如果案件当事人均是商人,在商事合同纠纷中,双方就可以约定管辖法院。若一方是商人,另一方是自然人,那么双方不能签定管辖权协议,因为民事诉讼法为了防止商人利用自己的有利地位,迫使对方签署管辖协议,侵犯对方当事人的管辖利益。双方当事人可以签订飞跃上告协议,即初级法院受理的民事案件,双方当事人约定如果一方对该法院的判决不服,可以直接向联邦最高法院提起飞跃上告。飞跃上告制度之设立是为了减少诉讼耗费,节约司法资源,尊重当事人诉讼主体地位,保障当事人行使程序处分权的一种方式。劳动法院的职能管辖途径为劳动法院一审法院—州劳动法院二审法院—联邦劳动法院三审法院。

"虽然法官只有在有管辖权时才应当并且允许裁判,但如果他在不具备这些前提条件的情况下进行了裁判,他做所作出的扣押发生既判力的判决在任何情况下都是有效的,即使他没有事物管辖权、地域管辖权和职能管辖权,甚至在应当由另一法院专属管辖也是如此。这一点可以从管辖错误仅能够被声明不服、而不能对其提起无效之诉得到证明(参见第 579 条与第 545 条第 2款)。"①由于法院审判权在国家民事社会生活中具有权威性、终局性和强制性,法院作出的生效裁判,在被新裁判推翻之前,被推定为合法有效的。换句话说,即使法院违反各种管辖制度作出了生效裁判,当事人也必须尊重这个裁判结果。

第二节 日本的管辖制度

日本继受德国法律制度,属于大陆法系国家,在明治维新时期,日本大量不加修改地引进了德国的法律制度,其中就包括民事诉讼法。历经了 100 多年的发展,特别是二次世界大战后美国法律的引进,日本根据本国国情对其法律进行了较大的修订。1996 年 6 月 26 日,日本制定了新《民事诉讼法》,并于 1998 年 1 月 1 日生效,沿用至今。日本民事诉讼法中的管辖包括职分管辖、

---

① 罗森贝克,施瓦布,戈特瓦尔德.德国民事诉讼法.[M].16 版.李大雪,译.北京:中国法制出版社,2007:178.

事务管辖、土地管辖。

一、职分管辖

"关于如何让不同种类法院分担裁判权各种作用之规定,被称为职分管辖。职分管辖,确定了各种法院对案件的基本职责,并基于此确立了运营民事诉讼制度法院一方的职权架构,就这一点而言,职分管辖属于专属管辖。"①民事诉讼程序被划分为不同的阶段,审判法院和执行法院的管辖划分,属于职分管辖。审判法院的职责是审理并裁判民事案件;执行法院的职责是强制执行生效的民事裁判,以实现裁判文书所确定的民事责任。因为民事诉讼审判法院以及法官审理案件,作出判决所行使的是民事审判权。民事审判权的行使者必须是法定法官,法官应当依据程序审理案件并作出裁判。执行法院及法官的职责不是裁判案件,原则上他们无司法权,他们享有的是一种行政权性质的司法执行权。民事案件的裁判管辖和执行管辖,分属不同性质的法院。

日本民事诉讼中审级管辖也属于一种职分管辖,职分管辖将审级性质不同的民事案件,分配给不同的法院。日本民事诉讼审级制度,也采四级三审终审制。日本法院系统为四级法院,分别是简易裁判所、地方裁判所或者家事裁判所、高等裁判所、最高裁判所。日本民事诉讼法规定第一审为初审、第二审为控诉审、第三审为上告审。第一审案件是简易裁判所—第二审为地方裁判所—第三审为高等裁判所;第一审是地方裁判所或者家事裁判所—第二审为高等裁判所—第三审为最高裁判所。如果第三审是高等裁判所,当事人对高等裁判所的第三审裁判不服,认为高等裁判所的裁判违反宪法或者其他法令,高等裁判所应当向最高裁判所移送案件,由最高裁判所作出全国统一的裁判,以维护宪法和法律的权威。

二、事务管辖

日本民事诉讼法将第一审案件在简易裁判所和地方裁判所之间的划分,称之为事务管辖。"事务管辖之名称来源于,以案件(事务)的性质为基准来确定管辖之意。就现行法规而已,诉讼标的价额也即诉额不超过140万日元的请求,由简易裁判所管辖,而除此之外的请求,则由地方裁判所管辖(裁判所构成法第二四条第一款、第三三条第一项第一款)。事务管辖不属于专属管辖,因此可以通过合意管辖(民事诉讼法第一一条)或应诉管辖(民事诉讼法第一二条)进行变更,如果地方裁判所受理了简易裁判所的案件是,也可以依据职

---

① 新堂幸司.新民事诉讼法[M].林剑锋,译.北京:法律出版社,2008:69.

权将案件移送给简易裁判所审理。简易裁判所如果受理了地方裁判所管辖的案件时,也可以将案件移送给地方裁判所"[1]。可见,在日本民事诉讼法中,简易裁判所和地方裁判所之间对于案件的划分,有原则性规定与例外规定。相较德国民事诉讼法中的事务管辖,日本民事诉讼法中的事务管辖较为灵活。《日本新民事诉讼法》第8条规定[诉讼标的额的价额计算]第1款,根据《法院法》(1947年第59号法律)的规定,按照诉讼标的的价额确定管辖时,其价额按提起诉讼时所主张的利益计算。第2款,如果不能计算前款的价额或计算极其困难,视为价额超过140万日元[2]。对于诉讼标的金额难以计算的非财产争议案件,日本民事诉讼法与德国民事诉讼法具有相似性,法院都将这些纠纷视为诉讼标的金额超过140万日元的案件,统一由地方法院管辖。日本的民事诉讼法继受德国民事诉讼法,德国的相关制度极大地影响日本民事诉讼法,日本也在明治维新时几乎照搬德国的法律体系。不过近年来,日本已经对当年的民事诉讼法进行了本土化的修改。

德国和日本民事诉讼法规定了事务管辖,事务管辖就是将民事一审案件在初级法院或者简易法院与州法院或者地方法院之间进行分配。上述两国的事务管辖制度,不同于我国的级别管辖制度,事务管辖是将民事案件依据性质,在初级法院和州法院之间进行划分,初级法院和州法院在他们国家司法系统中都处于基层地方,属于较低级的法院。事务管辖仅仅将第一审案件再次细分,属于地方上的法院之间进行划分。事务管辖制度与大陆法系国家民事诉讼中三审终审的审级制度之间没有冲突,不论是初级法院一审的民事案件,还是州法院一审的民事案件,当事人对判决不服的,逐级上诉后,都可以将案件上诉到联邦最高法院或者最高裁判所。德国和日本民事诉讼没有我们国家这种垂直的级别管辖制度,他们将不同级别法院的审判职责权限进行了明确划分。

三、土地管辖

《日本新民事诉讼法》第4条[普通审判籍]规定:第1款,诉讼属于被告普通审判籍所在地的法院管辖。第2款,人的普通审判籍,依据其住所确定;如果自然人在日本国内无住所或者不知道其住所的,依据其现居所确定;如果在日本国内无居所或者不知道其居所的,依其最后住所而定。第3款,大使、公使

---

[1] 新堂幸司.新民事诉讼法[M].林剑锋,译.北京:法律出版社,2008:71.
[2] 白绿铉.日本新民事诉讼法[M].北京:中国法制出版社,2000年:36.

及其他在外国享有豁免权的日本人,如果没有本条前款所规定的普通审判籍,该人的普通审判籍为最高法院规则所规定之地。第4款,法人或者其他的社团或者财团的普通审判籍,依其主要事务所或者营业所确定;若没有事务所或营业所,依其代表人或主要业务担任者的住所而定。第5款,外国的社团或财团的普通审判籍,不拘泥于本条前款的规定,依其在日本的事务所或营业所而定;如果在日本国内没有事务所或营业所,依其在日本的代表人或主要业务担任者的住所而定。第6款,国家的普通审判籍,依代表国家进行诉讼的官厅的所在地而定①。日本民事诉讼法对于普通审判籍的规定,遵循方便法院审理案件原则与方便当事人进行诉讼原则。当事人提起民事诉讼,首先以被告住所地法院作为管辖法院,对法人或者其他社团、财团的民事诉讼,以该组织的主要事务所或营业所而定。只是在没有上述住所时,日本民事诉讼法的规定不同于其他大陆法系国家,此时民事案件就由法人或其他社团财团的法定代表人、主要业务担任者的住所地法院管辖。

日本民事诉讼法中,土地管辖除了普通审判籍管辖,还有对案件标的或者财产权诉讼的管辖。《日本民事诉讼法》第5条规定,如下各项所列的诉讼,可以向管辖各项所规定地的法院提起:(一)财产权上的诉讼,义务履行地;(二)以票据或支票请求支付金钱为标的的诉讼,票据或支票的支付地;(三)对船员的财产权上的诉讼,船舶船籍的所在地;(四)对在日本国内没有住所(法人是指事务所或营业所,以下各项亦同)的人或不知其住所的人财产权上的诉讼,财产所在地;(五)对于有事务所或营业所的人提起的与其事务所或营业所的业务有关的诉讼,该事务所或营业所的所在地;(六)对于船舶所有人或船舶使用人提起关于船舶或航海的诉讼,船舶船籍所有人或船舶使用人提起关于船舶或航海的诉讼,船舶船籍的住所地;(七)基于船舶债权或担保船舶债权的诉讼,船舶的所在地;(八)下列与公司及其他社团或财团有关的诉讼,社团或财团的普通审判籍所在地。1.基于股东的资格,由公司或社团对股东或曾经是股东的人的诉讼,由股东对于股东或曾经的股东的人的诉讼,或者由曾经是股东人对于股东的诉讼;2.基于公司负责人资格,由社团或财团对于公司负责人或曾经是公司负责人的诉讼;3.基于发起人或监事的资格,由公司对发起人或曾经是发起人或者监事或曾经是监事的人的诉讼;基于股东的自贡,由公司或其他社团的债权人对于股东或曾经是股东的人的诉讼;(九)关于侵权行为的

---

① 白绿铉.日本新民事诉讼法[M].北京:中国法制出版社,2000:33.

诉讼:侵权行为发生地;(十)基于船舶碰撞或海上事故的损害赔偿诉讼:受损船舶最初到达地;(十一)关于海难救助的诉讼:海难救助发生地或者被救助的船舶最初到达地;(十二)关于不动产的诉讼:不动产所在地;(十三)关于登录或登记的诉讼:应进行登录或登记之地;(十四)关于继承权或遗留份额的诉讼或者,有关遗赠或者因自然人死亡而生效的行为之民事诉讼:在继承开始时,被继承的人之普通审判籍所在地;(十五)关于继承债权或者继承范围内财产负担的民事诉讼,而且不属于本款前项所罗列的民事诉讼(嫌疑继承范围内财产之全部或者部分都在前项管辖法院之所辖区域内):前项所规定之所在地。

第六条[关于专利权诉讼的管辖]:对于专利权、实用新型设计权、电路配置利用权或程序设计作品作者的权利的诉讼,依照本法前两条的规定,下列各项所列的法院拥有管辖权,但也可以分别向下两项所规定的法院提起诉讼:①东京高等法院、仙台高等法院、名古屋高等法院及札幌高等法院所辖区域范围内的地方法院(东京地方法院除外);东京地方法院;②广岛高等法院、大阪高等法院、福冈高等法院及高松高等法院所辖区域内的地方法院(大阪地方法院除外):大阪地方法院①。

四、合并管辖、指定管辖

《日本民事诉讼法》第7条[请求合并的管辖]规定,在一个诉讼中提出几个请求时,依据本法前三条的规定,可以向对于其中一个请求拥有管辖权的法院提起诉讼。但是,由数人或对数人提起的诉讼,以本法第38条前段规定的情况为限。日本民事诉讼法第38条[共同诉讼的要件]规定,如果诉讼标的项的民事权利义务为多人共同的,或基于同一事实上以及法律上之原因时,此数人可作为共同诉讼人提起民事诉讼或者被起诉。如果诉讼标的项下的民事权利或者义务为同一种,或者基于同一种事实上及法律上原因的,亦同②。

日本民事诉讼法中的合并管辖制度,与我国的合并管辖、选择管辖不同。我国民事诉讼法规定,在民事诉讼中,多数人诉讼分为必要共同诉讼和普通共同诉讼。必要共同诉讼,就是当事人一方人数众多,诉讼标的同一,当事人必须共同起诉或者共同被诉,法院必须合并审理并合一判决的共同诉讼制度。普通共同诉讼是指在民事诉讼中,一方当事人有多数,诉讼标的属于同一种类,双方当事人申请法院合并审理,法院同意合并审理的共同诉讼。我国民事

---

① 白绿铉.日本新民事诉讼法[M].北京:中国法制出版社,2000:34.
② 白绿铉.日本新民事诉讼法[M].北京:中国法制出版社,2000:43.

诉讼法规定,对于必要共同诉讼或者普通共同诉讼,原告向任何一个被告住所地法院起诉,都符合合并管辖和选择管辖的规定。日本民事诉讼法第 38 条前段规定,诉讼标的的权利义务为数人的共同的,或者基于同一的事实上及法律上的原因时,该数人可以作为共同诉讼人提起诉讼或被起诉。那么日本民事诉讼中的合并管辖和选择管辖与我国不同,日本民事诉讼中选择管辖的前提,是当事人起诉的民事案件必须是必要共同诉讼,并且有多个被告当事人。日本民事诉讼法第 38 条规定了必要共同诉讼,具体又分为两种,即固有必要共同诉讼和类似必要共同诉讼。"必要共同诉讼分为固有的必要共同诉讼和类似的必要共同诉讼两类,1、固有必要共同诉讼,是指只有当所有共同诉讼人共同提起诉讼或者共同被起诉时才适法的情形,换言之,就只有所有的共同诉讼人共同行为才具有诉讼实施权的诉讼。例如,对于分割前的继承财产,以数个遗产继承人为当事人的诉讼(民法 898 条)、第三人以夫妇为共同被告提起的婚姻无效或撤销婚姻之诉。2、类似必要共同诉讼,是指以部分共同诉讼人为当事人的诉讼并不会造成诉的不适法,但当该诉讼作为共同诉讼系属于法院时,关于该诉讼的诉讼对象的裁判,必须就各共同诉讼人合一时才做出的情形。例如,数个公司社员提起的公司合并无效之诉"①。固有必要共同诉讼中,原告起诉的诉讼标的只有一个即单一的民事法律关系,假如被告有数人,那么原告就可以选择任一被告的普通审判籍法院起诉。类似必要共同诉讼中,被告为数人,有多个诉讼标的即数个民事法律关系,并且这些诉讼标的可能不是同一种类,但是这些诉讼标的之间必须具有法律上或者事实上的牵连性。例如,原告向第一被告提起借款返还之诉,同时向第二被告提起保证责任之诉,本案有两个诉讼标的,主法律关系为借款合同,从法律关系为保证合同,这两个法律关系具有法律上的牵连性。借款合同法律关系的成立与法律效力,约束保证合同法律关系的成立与法律效力。原告如果一并起诉二被告,那么法院应当将此种案件确定为类似必要共同诉讼,合一审理并统一判决。

五、协议管辖

《日本新民事诉讼法》第 11 条[协议管辖]规定,第 1 款,当事人以第一审为限,可以协议决定管辖法院。第 2 款,本条前款的协议,如果不是基于一定

---

① 中村英郎.新民事诉讼法讲义[M].陈刚,林剑峰,郭美松,译.常怡,审校.北京:法律出版社,2001:77-79.

的法律关系而发生的诉讼,并且不是以书面形式进行协议,则不产生法律效力[1]。日本民事诉讼法规定了协议管辖制度,与德国民事诉讼协议管辖制度不同,日本民事诉讼当事人之间可以协议第一审的管辖法院,协议的法院范围没有限制。当事人对基于一定的法律关系而生的诉讼,才能够协议管辖法院。"只能是针对基于一定法律关系之诉的合意。若允许(当事人双方)笼统地就将来所有的诉讼达成管辖合意,将侵害被告的管辖利益,故而不允许的。但若基于特定的保险合同或租赁管辖产生的所有纠纷,则允许双方达成合意"[2]。当事人之间的合意管辖,限于法律行为关系之诉,例如合同法律关系,排除侵权行为等事实行为产生的民事纠纷。民事法律行为是以当事人之间意思表示为要素,互相设立民事权利义务关系的具有法律意义的行为,目的在于设立民事实体法律关系。德国民事诉讼法严格限制了协议管辖的主体和范围,只有商人之间才可以进行协议管辖,商人属于商法上的法人。自然人之间、商人与自然人之间不能进行协议管辖,目的就是为了防止处于优势地位的商人利用自己的强势,迫使消费者接受管辖协议,侵害消费者的程序利益。

第三节 美国的管辖制度

美国作为典型的三权分立资本主义国家,国会、政府、法院分别享有立法权、行政权与司法权,三种权力互相监督与制衡。另外,美国又属于联邦制国家,各个州让渡部分权力给联邦中央政府。美国有50个州,每个州都有自己的州政府。与此同时,每一个州都设立了完整且独立司法系统,包括州初级法院、州上诉法院与州最高法院。

一、美国的诉讼模式

美国司法属于典型的英美法系诉讼体制,原则上美国国会不会制定完善系统的民法典、商法典等实体法,而遵循先例和法官造法规则。先前最高法院的判决要旨,对于下级法院审理后续类似案件具有法律拘束力。在民事诉讼中,如果不能寻找到先例,法官必须从自己内心去寻找公平和正义原则。"大陆法是从规范出发来对待诉讼,而英美法是从事实出发来把握诉讼,正是两者

---

[1] 白绿铉.日本新民事诉讼法[M].北京:中国法制出版社,2000:36.
[2] 新堂幸司.新民事诉讼法[M].林剑锋,译.北京:法律出版社,2008:79.

思维出发点的不同,导致了两者在制度层面上的众多差异"①。大陆法系诉讼制度奉行"规范出发型诉讼模式",英美法系诉讼制度采纳"事实出发型诉讼"。所谓规范出发型诉讼模式,是指立法机关预先制定了完备的各种实体法,包括民法典、商法典等。法官审判案件查清事实,在此基础上,运用自己早已学习并掌握了的实体法,适用于案件事实上,通过三段论逻辑函慑原理,作出判决。这种诉讼模式遵循立法机关的立法约束法官的司法活动,法官审理案件必须严格依据民事实体法和民事诉讼法,如果案件无法寻求民事实体法加以解决,那么说明原告的诉讼请求在诉讼期间没有实体法依据,就没有实体权利。"规范出发型诉讼"模式将司法活动限制成了机械的"数学运算"过程,法官只能够依法判决,不能超越实体法进行裁判。众所周知,在法治国家中,立法机关一经制定实体法,由于社会生活的不断发展,该实体法就落后于社会生活的需要。为了达到公平正义,民事诉讼法就应当赋予审判案件的主观能动性,法官通过判决弥补法律漏洞以及发展实体法。法官通过不断的创造性司法,令立法机关在"被动"推动下,不得不重新修改民事实体法。

我国20世纪80年代制定了《民法通则》,尔后,经济社会生活飞速发展,《民法通则》规定的权利范围已经落后于社会生活实践的需要。例如《民法通则》并没有规定民事主体享有隐私权,但是实践中,民事主体隐受到侵犯的事件经常发生。受害人在其他社会纠纷解决途径不能得到救济的情况下,不得已通过起诉以期获得保护。当时,各地法院突破"藩篱",法院受理案件后,法官积极地审理,适用法理,创造性地将隐私利益的侵犯等同于侵犯当事人的名誉权。全国各地法院通过不断地对隐私侵权案件进行审理和裁判,促使全国人大常委会制定的《侵权责任法》将隐私权加以规定。《侵权责任法》第2条规定,侵害民事权益,应当依照本法承担侵权责任。法所称民事权益,包括生命权、健康权、姓名权、名誉权、荣誉权、肖像权、隐私权、婚姻自主权、监护权、所有权、用益物权、担保物权、著作权、专利权、商标专用权、发现权、股权、继承权等人身、财产权益。通过类似的司法模式,法官发挥主观能动性,能够极大地弥补实体法漏洞并创设新的权利类型。现如今,我国最高人民法院正通过规范化和系统化完成这一任务,专门针对那些有影响力的、各地法院裁判不一的、具有理论原则性意义的典型案例。最高人民法院通过指导性案例裁判要旨,以弥补实体法的不足,对下级法院审判同类案件具有指导作用。时至今

---

① 中村英郎.新民事诉讼法讲义[M].陈刚,林剑峰,郭美松,译.常怡,审校.北京:法律出版社,2001:20.

日,最高人民法院已经发布了14批指导性案例,对下级法院的审判工作发挥了重要的指导作用。

二、美国法院系统

美国司法系统遵循联邦制宪法体制,联邦层级设立联邦法院系统,分为联邦地方法院、联邦上诉法院、联邦最高法院。美国全国被分为91个联邦区,因为有50个州,所以有的州被细分为几个区。每个区都设立了一个联邦地方法院,管辖涉及联邦的案件。与此同时,美国在全国设立了11个联邦巡回法院,分别管辖下辖的数个联邦地方法院的上诉案件。联邦中央设立了联邦最高法院,是联邦最高司法机关。美国有50个州,每个州分别设立了自己的独立司法系统,有州初审法院、州上诉法院、州最高法院,有的州只设立了两级法院,即初审法院和州最高法院。州辖区范围内的民事案件,由州法院逐级审理,并作出终审裁判。

三、美国的管辖制度

美国联邦法院系统管辖联邦事务,"联邦法院行使诉讼标的的管辖权主要是联邦问题案件和不同州籍的当事人之间的纠纷。此外,联邦法院还有权管辖以美国为一方当事人的案件,海事海商诉讼,两个或更多州之间的纠纷,和有限的另外几种案件"①。联邦问题通常是涉及联邦事务,或者依据联邦法律产生的民事纠纷。不同州之间的国民发生的纠纷,由联邦法院管辖,立法依据在于从形式上消除本州法院对其他州国民进行民事诉讼的歧视。

当事人不论是向联邦法院还是州法院提起民事诉讼,均应以当事人住所地法院作为管辖法院,原则上向被告住所地法院提起民事诉讼。

---

① 杰克·H.佛兰德泰尔,玛丽·凯·凯恩,阿瑟·R.米勒.民事诉讼法.[M].3版.夏登峻,黄娟,唐前宏,王衡,译.夏登峻,校.北京:中国政法大学出版社,2003:11.

第四章

民事诉讼中诚实信用原则之正当性

民事诉讼是法院、当事人、其他诉讼参与人共同参加下,解决民事纠纷,保障当事人实体权益和程序利益而进行的诉讼活动和形成的法律关系。与此同时,"民事诉讼,就是人民法院根据当事人的请求,确定其权利的存否,以保护当事人的权利或利益的法定程序"①。因此,民事诉讼包含两层意思,当事人起诉保护其合法权益与法院审判解决纠纷所产生的程序。当事人、法院以及其他诉讼参与人进行民事诉讼,都有各自的利益和目的。"民事诉讼制度的目的应是利益的提出、寻求、确认和实现,即利益保障"②。当事人进行民事诉讼,其追求的利益呈现多重性,总地说来有两个方面,即实体利益和程序利益。当事人进行民事诉讼首先追求案件的实体利益,即原告起诉,请求法院判决保护民事权利,判令被告履行义务或者承担民事责任。被告参加诉讼,请求法院判决驳回原告实体诉讼请求。另外,双方当事人参加民事诉讼,都会追求与民事实体利益无关的另一种目的,即程序利益的最大化。由于民事诉讼之专业性,当事人必须委托律师代为诉讼,才能够充分行使诉讼权利,维护自己的合法权利。民事程序利益是当事人在诉讼中所耗费的时间、精力和费用。民事程序利益既包括当事人进行诉讼支出的金钱和时间,又包含为诉讼所产生的精神负担,有时甚至会超过实体利益。

当事人、人民法院、其他诉讼参与人进行民事诉讼,会进行一系列的诉讼行为。民事诉讼行为是一种法律行为,也是当事人内心意思的外在表现。当事人、其他诉讼参与人在民事诉讼中实施各种诉讼行为,保护其合法权益合法;法院行使民事审判权,为了查清案件事实,正确适用法律作出公正判决。

---

① 王锡三.民事诉讼法研究[M].重庆:重庆大学出版社,1996:218.
② 李祖军.民事诉讼目的论[M].北京:法律出版社,2000:156.

各个诉讼法律关系主体进行诉讼行为,行使诉讼权利、履行诉讼义务,必须遵循特定的法律规范,这种法律规范就是民事诉讼法。民事诉讼法属公法,规定民事诉讼法律关系主体行为的强制性规范,行为人在民事诉讼中应当严格遵守民事诉讼法律规范。然而,相对于社会发展的流动性、矛盾纠纷的复杂性,民事诉讼法律规范也具有"先天性"缺陷,不能适时适应社会生活的发展。立法者早已将体现民事诉讼基本精神的基本原则,制定在民事诉讼法总则里。民事诉讼辩论原则、平等原则、公平原则等,作为民事诉讼基本原则,当事人及其他诉讼参与人也必须遵守这些基本原则。《民事诉讼法》第13条规定,民事诉讼应当遵循诚实信用原则。当事人有权在法律规定的范围内处分自己的民事权利和诉讼权利。因此,我国民事诉讼中,各个诉讼法律关系主体应当遵守诚实信用原则。

第一节　民事诉讼中诚实信用原则的起源

　　诚实信用原则应否被制定在民事诉讼法中,大陆法系民事诉讼理论界曾经出现过巨大的分歧。反对者认为,民事诉讼是当事人在法院主持下,各自进行诉讼攻击和防御的平台,行使诉讼权利、履行诉讼义务,进行主张和举证。法官处于消极中立地位,类似于足球场上的裁判,居中裁判原被告的诉讼胜败就可以了。但司法实践表明,如果放任当事人在民事诉讼中进行攻击和防御,这将使民事诉讼案件的审理发生"扭曲",使原本能够胜诉的当事人,因为其法律知识欠缺或者经济基础差,或者没有委托律师进行诉讼而败诉。

一、诚实信用原则实为道德规范法律化转型

　　人类社会历史长河中,人与自然之斗争中、人与人之交往中取得各自的物质利益和精神需求。在社会生活中,民事主体间不管是生活领域交往、还是民事法律关系下的交往,都须遵循相应的规范或者准则。诚实信用原则首先是作为一种道德准则,约束人们之间的日常交往行为。道德规范要求人们在交往中需保持善良、友爱、互助,随着法律的现代化,道德规范逐渐渗透到了法律领域中。民事实体法最先设定了若干民事法律基本原则,这些基本原则是民事立法、民事行为等民事活动之基本准则。民法基本原则主要包含自愿原则、诚实信用原则、平等原则、公平原则、禁止权利滥用原则、公序良俗原则。《民法通则》第4条规定,民事活动应当遵循自愿、公平、等价有偿、诚实信用的原则。《中华人民共和国民法总则》第7条规定,民事主体从事民事活动,应当遵循诚信原则,秉持诚实,恪守承诺。第 10 条规定:处理民事纠纷,应当依照法律;法律没有规定的,可以适用习惯,但是不得违背公序良俗。可见,法官审理民事案件,除了依据明确的法律规定,还要在法律没有规定的情况下,适用习惯。

基本原则作为立法机关立法指导思想,民事主体的最高行为准则,具有重要的制度价值与司法裁判指引功能。由于民事实体法具有滞后性,当民事案件出现新情况,实体法对其缺乏具体规定时,法官就可以适用诚实信用原则进行裁判。在当今社会生活中,民事主体违反诚实信用原则,侵犯他人合法权益的情况比比皆是,比较典型的案例为民事合同法律关系中。(1)房屋买卖合同中,买卖双方签订房屋买卖合同后,买方已经支付了全部购房款,卖方也将房屋交给了买方。由于卖方的原因迟迟不能办理房屋产权过户手续。5 年后,现在买卖标的的房屋面临拆迁补偿,开发商会对房屋所有权人支付巨额的补偿费。此时,卖方出现,并持有此房屋的房屋产权证,主张其为买卖合同涉案房屋的所有权人,要求分割房屋拆迁补偿款。本案中,房屋买卖合同中的卖方当事人,应当严格依据合同约定协助买方办理房屋过户手续,但是其无正当理由拒不履行此义务。买方已经支付了全部房款,并已经搬入房屋持续居住了 5 年,对自己为房屋产权人有完全的期待。卖方拒不办理房屋过户手续,现在又来主张房产权利人,主张权利,违反了诚实信用原则。虽然物权法规定,不动产物权以登记作为确认房屋产权的法律依据,但依据《物权法》若干问题的解释(一)》第 2 条规定,当事人有证据证明不动产登记簿的记载与真实权利状态不符,其为该不动产物权的真实权利人,请求确认其享有物权的,应予支持。可见,我国最高人民法院通过解释,已经间接地确认了在物权法定原则下,也应当适用诚实信用原则,规范当事人双方的行为。(2)劳动争议案件,用人单位拒不签订书面劳动合同,违法解聘劳动者,致使劳动者的合法权益得不到保护,违反诚实信用原则。

二、民事诉讼法中应当适用诚实信用原则

民事诉讼是法院、当事人以及其他诉讼参与人,为了解决民事纠纷,保护合法权益,进行的民事诉讼行为与建立的民事诉讼法律关系。原告提起民事诉讼、法院受理民事案件,被告应诉答辩,民事诉讼程序即被启动。原告起诉、法院受理、被告应诉的诉讼行为,产生民事诉讼法律关系。能够引起民事诉讼法律关系发生、变更、消灭的诉讼法要件,被称之为民事法律事实,起诉、受理、应诉行为均属于民事法律事实。民事法律事实,学理上进一步分为民事诉讼事件与民事诉讼行为。民事诉讼事件,是不以当事人主观意志为要素的突发事件和偶然情况，与民事实体法律中的民事事件类似。例如，在民事诉讼中，当事人突发疾病死亡、遭遇意外成了限制行为能力人。当诉讼主体发生意外事件无法继续亲自进行诉讼时，民事诉讼程序将发生一定的变化。当事人在民事诉讼中死亡时，法院应当立即裁定中止诉讼，等待死亡当事人的继承人表明是否承继诉讼，如果继承人不愿意参加诉讼，死亡的被告又没有遗产可供执行时，法院就应当裁定终结诉讼。总之，民事诉讼中发生民事诉讼事件，民事诉讼程序将发生变化。民事诉讼事件不以当事人的意志为转移，当事人的意思不能左右民事诉讼事件。与此同时，诚实信用原则也不能约束民事诉讼事件。

民事诉讼行为是引起民事诉讼法律关系发生、发展、变化的最重要的民事诉讼法律事实。民事诉讼行为首先是一种法律行为，是当事人内心意思的外在表现，不同的民事诉讼行为将产生不同的诉讼法律后果。当事人的民事诉讼行为，分为与效性诉讼行为和取效性诉讼行为。与效性诉讼行为不需要法院的审核，就产生相应的民事诉讼法律效果。例如，法院作出一审判决后，当事人有权利在收到民事判决书的第二天开始起算，15天内向上一级法院提起上诉。只要当事人在上诉期内提起了上诉，二审程序就立即启动。如果当事人在上诉期内不提起上诉，一审民事判决立即生效，当事人提起上诉就是一种与效性诉讼行为。另外，取效性诉讼行为正相反，当事人提起的取效性诉讼行为，须得到法院同意后才能产生法律效力。原告提起民事诉讼，属于典型的取效性诉讼行为，原告起诉行为经过法院审核立案后，才产生案件系属的诉讼法效果。民事主体在民事纠纷发生后，或者认为对方当事人侵犯了其合法权益，就享有了诉权。原告依据民事诉讼法向法院提起民事诉讼，属于一种取效性诉讼行为。因为当事人提起民事诉讼，具备起诉条件才会被法院受理。因此，原告起诉不必然就会启动民事诉讼程序。

三、社会型民事诉讼模式需要诚实信用原则

"民事诉讼基本模式与民事诉讼体制的关系是，民事诉讼基本模式揭示了某一特定的民事诉讼体制，运用民事诉讼基本模式对民事诉讼体制加以划分，则可以把各国民事诉讼体制予以分类"①。大陆法系民事诉讼模式，依据不同的标准可以被分为不同的种类。在民事诉讼审理程序机制方面，民事诉讼模

---

① 张卫平.诉讼构架与程式：民事诉讼的法理分析[M].北京：清华大学出版社，2000：78-85.

式分为当事人主义诉讼模式和职权进行主义诉讼模式:当事人主义诉讼模式,就是诉讼程序的推进、程序进行、终结等控制权被授予当事人;职权进行主义诉讼模式,是指诉讼程序的进行、终结等由法院控制。在审判对象确定方面,诉讼资料的主张责任分为辩论主义诉讼模式与职权探知主义诉讼模式:辩论主义诉讼模式下,民事案件的主要事实和证据由当事人主张并提供,当事人没有主张的事实和证据,法院不能够采纳为裁判的基础,并且当事人之间没有争议的事实约束法院;职权探知主义诉讼模式,是指民事案件事实资料的主张和举证由法院掌控,当事人之间无争议的事实不能约束法院,法院可以超越当事人的主张和举证去调查证据和认定事实。

另外,大陆法系各国经济政治制度都经历了巨变,民事诉讼模式所依存的自由经济模式转向了垄断型社会经济模式。因此,在民事诉讼中,自由经济模式下的当事人主义和辩论主义诉讼模式,逐渐不适应程序公正和实体公正的需要,所谓社会型民事诉讼模式应运而生。大陆法系各国民事诉讼模式均转向为协同型民事诉讼。协同型民事诉讼模式下,法院、当事人之间进行民事诉讼的目的在于查明案件的案件实体,作出公正判决。当事人在民事诉讼中的诉讼行为主要分为两大类,一类为推进程序进行的诉讼行为,例如起诉前双方当事人签订的民事案件管辖协议、原告提起诉讼的起诉行为、法院受理民事案件后,双方当事人实施的各种推进或者阻碍程序进行的各项诉讼行为,例如申请合议庭成员回避提起反诉等、双方当事人实施的终结诉讼程序的诉讼行为;另一类诉讼行为是当事人提供诉讼资料的行为,例如当事人起诉后进行事实主张并提供证据。这两类诉讼行为,在现代协同型民事诉讼模式下,大陆法系各国民事诉讼法都依据诚实信用原则对当事人以上诉讼行为进行约束。

在民事诉讼中,法院的审判行为大致也分为三大类:第一类,诉讼程序进行上的控制权,例如指挥诉讼、召开审前会议、组织证据交换、案件争议焦点整理、合议庭组成等;第二类,收集诉讼资料,进行证据调查和发现案件实体真实;第三类,作出公正裁判。法院的上述审判行为,大陆法系理论和实践均认为,法院的上述审判行为也应当遵循诚实信用原则[①]。

四、公法性民事诉讼法下应当遵循诚实信用原则

依据法律调整的社会关系性质之不同,大陆法系各部门法可以分为公法

---

① 蔡章麟.民事诉讼法上诚实信用原则[C]//杨建华.民事诉讼法论文选辑(上).台北:五南图书出版公司,1984:14.

和私法。私法即民商法律,是调整平等主体之间财产权利义务关系与人身权利义务关系的法律规范。公法调整法律地位不平等主体之间权力义务以及职权职责的法律规范,例如刑法、行政法、税法等。民事诉讼法属于公法,是调整民事诉讼中审判法律关系和争诉法律关系之程序法,因此,其大部分法律规范都属强制性的法律规范。

民事诉讼法规范民事诉讼法律关系主体之间诉讼权利义务关系,是保护当事人合法权益的一种程序法。民事诉讼法的主要目的在于解决民事纠纷,保护当事人合法权益。法院、当事人以及其他诉讼参与人在民事诉讼中,行使民事审判权、诉讼权利和履行诉讼义务,应当遵守民事实体法和民事诉讼法。诉讼法律关系主体参加民事诉讼,不仅要遵守具体法律规范,而且不得违反民法与民事诉讼法基本原则的精神。民法基本原则包含平等原则、权利不得滥用原则、意思自治原则、公序良俗原则、诚实信用原则,其中诚实信用原则被视为"帝王法则",一切民事主体都应当遵守。"德国著名民事诉讼学者巴姆巴哈在1933年民诉修改以后,说到诚实信用原则,不但可以适用于民事诉讼法,且得适用于一切法域,对于不正的人或无良心的人,必不给予作弊工具"①。当事人启动利用民事诉讼程序,解决纠纷和保护合法民事权益。民事实体法将诚实信用原则确定为"帝王法则",民事主体必须严格遵守,与此同时,具有公法性质的民事诉讼法也应当采纳诚实信用原则。法官、当事人、证人、司法鉴定人、勘验人员等进行民事诉讼行为,必须遵守诚实信用原则。总之,当事人不能将民事诉讼作为达到非法目的的手段,民事诉讼程序应当彰显公平正义。"反之,如果民事诉讼不适用诚实信用原则,如允许当事人故意作虚伪陈述、迟延提出证据资料等,一方面增加法院负担,另一方面引起诉讼程序的复杂化和诉讼的延迟乃至增加诉讼费用支出等,这明显与诉讼程序的公正、效率、效益价值目标相违背。这种考虑为民事诉讼确立诚实信用原则提供了反面的论证"②。

---

① 蔡章麟.民事诉讼法上诚实信用原则[C]//杨建华.民事诉讼法论文选辑(上).台北:五南图书出版公司,1984:11.

② 聂明根.民事诉讼法上诚实信用原则[C]//陈光中,江伟.诉讼法论丛(第4卷).北京:法律出版社,2000:327.

第二节 民事诉讼中诚实信用原则之本论

大陆法系民事诉讼理论界对于民事诉讼诚实信用原则的内涵已经达成一致,诚实信用原则被界定为民事诉讼基本原则,有别于民事诉讼具体制度。民事诉讼基本原则具有立法指导作用,民事诉讼的各项具体制度、具体程序规范不能同基本原则相抵触。只有在民事诉讼具体制度没有规定时,法院才可以适用诚实信用原则进行裁判。关于民事诉讼诚实信用原则,学界通说认为其内涵包括两方面,第一,诚实信用原则要求民事诉讼中,法官、当事人、其他诉讼参与人在进行民事诉讼行为时,应当遵循诚实、善意,不侵害他人合法权益,这也被称为行为意义上的诚实信用原则;第二,诚实信用原则要求民事诉讼中,法院裁判应当达到当事人之间的利益、当事人利益和社会公共利益之间保持平衡状态,这也被称为结果意义上的诚实信用原则。

一、诚实信用原则之内涵

民事诉讼中诚实信用原则,要求参与民事诉讼的各种诉讼法律关系主体,行使民事诉讼权利、履行民事诉讼义务时,应当秉承诚实、善意的行为动机,内心不能有侵犯他人合法权益、规避法律的意识。民事诉讼立法采纳诚实信用原则,大陆法系各国立法机关已经对民事诉讼的目的、模式、运行机制进行了重大变革。传统观点认为,依据私权自治原则,民事主体有权在法律规定的范围内处分自己的实体权利和诉讼权利,在不违反法律的禁止性规定的前提下,这些法律行为均具有法律效力。随着经济社会的发展变化,私权争议个体之间的经济实力、法律知识水平参差不齐。在民事实体法中,立法机关明确通过民事立法确定了诚实信用原则,平衡交易双方的实体法律利益。我国《民法总则》和《合同法》等重要的民事基本法和特别法,均规定了诚实信用原则。诚实信用原则产生法律效力的领域,主要限于民事主体之间的交往中,即民事法律交易行为中。

《合同法》第6条规定,当事人行使权利、履行义务应当遵循诚实信用原则。当事人之间签订合同,行使权利履行义务,经济地位具有优势一方,往往会利用格式合同条款,将自己的意志强加给对方,造成对自己有利的实体法地位。"在现代商业生活中,存在着无数的'标准化的'合同格式,例如在保险、运输、货物买卖和销售代理等领域十分常见的,一方当事人为了在多次交易中反复使用而拟订的合同格式。他可能在这些通常是印制精致格式合同中,包含许多这样的条款,即它们的目的在于限制他自己的义务和避免非如此规定就要承担的风险。"①我国《合同法》严格限制的格式合同的生效条件,规定了格式合同条款的生效要件。《合同法》第 39 条规定,采用格式条款订立合同的,提供格式条款的一方应当遵循公平原则确定当事人之间的权利和义务,并采取合理的方式提请对方注意免除或者限制其责任的条款,按照对方的要求,对该条款予以说明。格式条款是当事人为了重复使用而预先拟定,并在订立合同时未与对方协商的条款。第 40 条规定,格式条款具有本法第 52 条和第 53 条规定情形的,或者提供格式条款一方免除其责任、加重对方责任、排除对方主要权利的,该条款无效。第 41 条规定,对格式条款的理解发生争议的,应当按照通常理解予以解释。对格式条款有两种以上解释的,应当作出不利于提供格式条款一方的解释。格式条款和非格式条款不一致的,应当采用非格式条款。大型跨国企业或者垄断企业,为了减少合同订立的成本,预先制定好能够反复使用的固定合同文本。提供格式合同一方,往往会减轻、免责其责任,加重对方责任、排除对方主要权利等条款;合同相对方处于弱势地位,要么选择签订合同、要么不签订,不能够对格式合同进行修改。格式合同有时涉及人们的基本生产和生活需要,例如供水供电合同、电信通讯服务合同,以及保险合同。为了保护弱势群体,规范垄断型或者公用的大型国有企业,《合同法》规定合同格式条款必须经相对方明确清楚的理解并同意签署后,才发生法律效力。可见,民事实体法严格恪守诚实信用原则,规范民事主体的民事法律行为。那么作为公法的民事诉讼法,更应当采纳诚实信用原则。

(一)民事诉讼诚实信用原则的适用主体

民事诉讼是法官、当事人、其他诉讼参与人在民事诉讼程序中,行使诉讼权利、履行诉讼义务,进行的诉讼行为和所形成的诉讼法律关系。可见,参与民事诉讼的主体众多,既有法官、又有当事人,还有证人、诉讼代理人、司法鉴定人、书记员、翻译人员和勘验人员。当事人应当遵守诚实信用原则,这一点学界均不持异议。理论界争议点在于,法官与其他诉讼参与人是否应当遵守诚实信用原则。有学者认为,"民事诉讼中的诚实信用原则,应当对当事人行使民事诉讼权利、履行民事诉讼义务起到相应规制作用,以便防止当事人滥用诉权;至于法官在行使审判权时的自由裁量行为,即自由裁量权的行使问题,

---

① A.L.科宾.科宾论合同.1 卷版.上册[M].王卫国,徐国栋,夏登峻,译.北京:中国大百科全书出版社,1997:204.

无论从其根源,还是其行使的依据来看,均不是诚实信用原则项下功能所及的范围,而恰恰相反,如果法官或者法院依据诚实信用原则行使自由裁量权,则意味着允许'感情',这与民事审判权的内容及行使原则格格不入"①。本书认为,诚实信用原则,作为民事实体法中的帝王法则,适用于一切参与民事法律关系的诉讼法律关系主体。民事诉讼中,当事人、法官、其他诉讼参与人,进行民事诉讼必须遵守民事诉讼法。法官作为民事纠纷的裁判者,对诉讼程序享有主导权,行使民事审判权认定事实依法裁判,是民事诉讼程序的主导力量。法官在民事诉讼中的职权分为程序控制权、认定事实权、适用法律权、民事案件裁判权。法官代表国家司法机关行使民事审判权,依法审理,裁判结果对双方当事人和其他法院都有约束力。"诚实信用原则,一如其在私法领域那样,可以支配公法领域,若无 bona fides(诚实、善意之意),立宪制度似乎不能实行,bona fides 为行使一切行政权(权、立法权亦同)之准则,同时亦为其限界,自由裁量权自由心证之行使,需要一个准则,此外不外诚实信用原则"②。

依据大陆法系民事诉讼学界观点,诚实信用原则不仅适用于民事实体法律关系,也约束民事诉讼法律关系,以及一切立法权、行政权、司法权的行使都应当遵守诚实信用原则。相对人或者国家机关及其工作人员,行使权利、履行职责,均是具体的自然人通过意思表示作出法律行为,行使权利、履行义务,或者履行职务。行政机关在行政活动中,履行行政职责行使行政权,是典型的公法行为。行政机关在行政执法过程中,除了严格遵守法律规定以外,还需遵守合理性原则。行政行为遵守的合理性原则,实质上就是诚实信用原则在行政法中的体现。在民事诉讼中,法官行使审判权,解决民事纠纷作出裁判。民事诉讼制度隶属于制度,法院属于机关,"中国的机关即审判机关和检察机关;中国的权即审判权和检察权;即机关依照法定职权和程序,运用法律处理案件的专门活动"③。因此,在我国不管是行政机关行使行政管理权、还是司法机关行审判权使权,都应当遵守诚实信用原则。本书认为,诚实信用原则可以被奉为一切法律制度的"帝王法则"。民事诉讼参加者,除了法官、当事人诉讼主体外,还包括其他诉讼参与人,即书记员、证人、司法鉴定人、勘验人员和翻译人

---

① 杨秀清.解读民事诉讼中的诚实信用原则[J].河北法学,2006(3):12.
② 蔡章麟.民事诉讼法上诚实信用原则[C].//杨建华.民事诉讼法论文选辑(上).台北:五南图书出版社,1984:36.
③ 卢云.法学基础理论[M].北京:中国政法大学出版社,1994:366.

员。这些诉讼参与人参加民事诉讼,行使相应的诉讼权利和履行诉讼义务,有时这些诉讼参与人对于民事案件的实体判决结果将起到决定性作用。因此,民事诉讼中所有的诉讼法律参与者,都应当遵守诚实信用原则。

第三节 民事诉讼中诚实信用原则比较法考察

大陆法系国家,先在民事实体法中规定了诚实信用原则,随后陆续在民事诉讼法中增加了诚实信用原则。大陆法系国家民事诉讼理论,在抛弃民事诉讼程序"角斗场"观念后,引入了法官释明权或释明义务与当事人的诚实信用原则。法官的释明义务与当事人的诚实信用原则,共同构成民事诉讼协同主义诉讼模式的架构。协同主义诉讼模式,以实体公平正义为理念,适度修正了辩论主义和处分权主义,使民事诉讼成了各个诉讼法律关系主体互相协作共同解决纠纷的平台。民事诉讼诚实信用原则最初出现在大陆法系国家民事诉讼法中,但是各国的民事诉讼法典均没有直接规定诚实信用原则,而是制定了反映诚实信用原则的诉讼义务。

一、奥地利民事诉讼法

奥地利率先在民事诉讼法中,规定了当事人的真实和完整义务,体现了诚实信用原则理念。1895年《奥地利民事诉讼法》第178条规定,当事人据以声明所必要之一切情事,须完全真实且正确陈述之,如果当事人故意或过失没有履行真实义务时,应当承担损害赔偿之责。第182条规定,法官应调查案件的真实事实。当事人经过宣誓后所为之故意的虚伪陈述,依据《奥地利刑法》第199条规定,构成犯罪。又对债务人不真实的陈述,法院可以对其进行诉讼罚款①。可见,奥地利民事诉讼法规定,当事人应当在民事诉讼中应当承担真实陈述事实的义务,并且还必须完整陈述,不得故意隐藏对自己不利的陈述。奥地利刑法规定,当事人故意违反真实进行虚假陈述的,就构成犯罪。另外,奥地利民事诉讼法将法官的民事审判行为也纳入了诚实信用原则规范之范围,法官在民事诉讼中应当调查案件实质真实,换言之,当事人之间的虚伪合意陈

---

① 蔡章麟.民事诉讼法上诚实信用原则[C]//杨建华.民事诉讼法论文选辑(上).台北:五南图书出版公司,1984:36.

述,如果被法官查明,就不能拘束法庭。因此可知,奥地利于 1895 年就在民事诉讼法中规定了诚实信用原则,采纳协同型民事诉讼模式①。

二、匈牙利民事诉讼法

1910 年《匈牙利民事诉讼法》第 222 条第 2 项规定,当事人或代理人显系故意陈述虚伪之事实,对(他造)事实之陈述明显的毫无理由之争执或其所提出的证据毫无必要者,法院得处以 600 克鲁念以下罚款②。匈牙利民事诉讼法规定,诚实信用原则表现为:当事人应当在民事诉讼中陈述真实的事实,对于对方当事人提出的事实,不能做出毫无法律依据的争执,也不能提出和案件无关联的证据,如果违反此规定,当事人将被处于罚款。匈牙利民事诉讼法对诚实信用原则的规定更加具体化,较奥地利民事诉讼诚实信用原则更加宽泛。当事人在民事诉讼中除了必须陈述真实的事实以外,还要提交与案件有关联的证据,如果当事人故意违反上述规定,将被法院处以罚款。

三、德国民事诉讼法

众所周知,德国民事诉讼法深远地影响了大陆法系诸国的民事诉讼立法与司法实践,也指引了对大陆法系民事诉讼理论研究的方向。德国民事诉讼法最初于 1933 年,规定了当事人的真实和完整义务。《德意志联邦共和国民事诉讼法》第 138 条[对于事实的说明义务]:(1)当事人应就事实的状况作完全且真实的陈述。(2)当事人对对方当事人所主张之事实,应为陈述。(3)没有明显争执之事实,如果从当事人的其他陈述中不能看出有所争执时,应当视为已经进行自认的事实。(4)对于某种案件事实,当事人自己没有亲自感知之对象时,才准许其说"不知"③。与奥地利、匈牙利民事诉讼法类似,德国民事诉讼法也没有直接规定诚实信用原则,而是将其具体化为当事人的真实陈述和完整陈述义务。当事人主观上必须诚实进行事实陈述,而且须完整陈述,对于对方当事人主张的事实,应当积极阐述自己的观点,只有自己客观上没有亲身感知此事实时,才能够表达不清楚。如果当事人故意违反真实义务,法官可以在认定事实时,对违反真实义务当事人作出不利的事实认定,并同时对其进

---

① 蔡章麟.民事诉讼法上诚实信用原则[C]//杨建华.民事诉讼法论文选辑(上).台北:五南图书出版公司,1984:21.

② 蔡章麟.民事诉讼法上诚实信用原则[C]//杨建华.民事诉讼法论文选辑(上).台北:五南图书出版公司,1984:21.

③ 谢怀栻.德意志联邦共和国民事诉讼法[M].北京:中国法制出版社,2000:36.

行诉讼费处罚,判决其承担违反真实义务所产生的诉讼费用。可见,德国民事诉讼法对当事人在民事诉讼中的事实陈述行为,课以较重的真实义务,这充分体现了德国民事诉讼的协同主义诉讼模式。

第五章

诚实信用原则之规范化、具体化

民事诉讼法律关系主体进行民事诉讼,应当遵守诚实信用原则,早已经被大陆法系各国民事诉讼立法和司法实践认同。但是,诚实信用原则作为基本原则太过抽象,不具有可操作性,而且对于当事人来说,诚实信用原则还不具有可预见性。大陆法系各国民事诉讼法均没有直接规定诚实信用原则法条,只是间接规定了当事人、法官等诉讼参与者具体的民事诉讼义务和审判职责。诚实信用原则是民事诉讼法基本原则,抽象地规范各诉讼参与人的诉讼行为,大陆法系法官可以通过判例对诚实信用原则具体化。大陆法系民事实体法与民事诉讼法体系中,类似于诚实信用抽象法律要件,还有公序良俗、情势变更、重大误解、显失公平等。这些法定化的事实要件,介于事实与法律之间,法官会通过抽象的"函慑"程序,适用上述法律要件。当出现这些法律要件后,民事法律关系将会发生相应的变化,这些法律要件当然是引起法律关系变动的民事法律事实。

在民事诉讼中,当出现当事人恶意诉讼,规避法律等情况后,法官需要通过"函慑"过程,确认是否应当适用诚实信用原则进行评判。大陆法系各国通过长期的司法实践,已经归纳总结出一些典型的违反诚实信用原则下的具体规范。本书以诉讼法律关系主体为视角,对违反诚实信用原则的行为进行分析。

第一节 当事人的诉讼行为

当事人启动民事诉讼,是最重要的诉讼法律关系主体。在通常诉讼程序中,依据辩论主义和处分权主义,当事人有权决定民事诉讼程序的启动、进行、终结,诉讼请求能够约束法院的判决范围。当事人的事实主张约束法院,法院不能超越当事人的事实主张认定事实,必须以当事人提交的证据作为调查对象,不能够超越当事人的举证去调查证据。在人事诉讼程序中,当事人的上述权限受到法院的极大制约。现代社会,人人都怀有趋利避害的动机和想法,民事诉讼是当事人、法官、其他诉讼参与人会合解决纠纷的一系列诉讼活动并形成的法律关系。原告诉讼目的为获得最大化的实体利益和程序利益;被告应诉必定想避免败诉,减少实体损失和节约程序利益。当事人在民事诉讼中行使诉讼权利、履行诉讼义务,应当遵守民事诉讼法。众所周知,立法机关制定的法律反映了之前的经济社会状况,社会在发展,制定法必定落后于社会生活的现状。因此,民事实体法和民事诉讼法均规定了反映立法指导思想的基本原则,当事人除了遵守民事诉讼法律规范,还应当恪守民事诉讼基本原则。当事人进行民事诉讼,通过诉讼行为推进诉讼程序,从起诉前、诉讼后都会采取若干诉讼行为,这些诉讼行为应当受到诚实信用原则的约束。民事诉讼理论和司法实践一致认可,当事人的下述诉讼行为违反了诚实信用原则,应当受到规制。

一、当事人诉前规避法定管辖的诉讼行为

人们在民事社会生活中,为了个人生活或者企业组织经营活动,会产生若干的民事法律关系。当民事法律关系主体对于民事法律关系发生、变更、消灭的现状以及相互的民事权利义务的范围认识不一致时,就会产生民事法律争议。民事主体之间通过协商和解、第三人居中调解等非讼纠纷解决机制,不能化解争议时,必定诉诸民事诉讼强制性地解决纠纷。当事人提起民事诉讼前,会评估实体法律关系和程序耗费,恶意进行诉讼行为规避管辖。

(一)原告恶意增加共同被告规避管辖

根据民事诉权、诉讼标的理论,民事法律关系主体均有权提起民事诉讼,即不论权利人还是义务人、责任人都享有诉权。提起民事诉讼之人称为原告,被诉之人称之为被告。原被告之称谓,并不必然与权利享有者、义务负担者画等号,在诉前原告享有起诉的主动权,主动寻求本案的管辖法院。我国《民事诉讼法》规定了各种法定管辖,原告起诉应当符合管辖规定,向有管辖权的法院提起诉讼。司法实践中,由于对地方保护主义的担忧,原告不愿意到异地进行民事诉讼,会通过一些诉讼技术方法来规避"原告就被告"的一般地域管辖原则。原告往往将案件起诉到自己住所地法院,或者增加一个和自己同在一个辖区的被告提起共同诉讼,向自己所在地法院起诉。原告故意增加和本案实体法律关系无关的主体作为被告的诉讼行为,就是恶意诉讼行为,规避法定管辖。

(二)原告恶意制定格式条款规避法定管辖

现代社会中,人们之间的经济交往频繁,一些公用或者垄断企业、公司为了减少交易成本,通过提供格式合同进行民商事交易。格式合同是具有优势经济地位一方单独签订的合同文本,能够反复使用,合同相对方不能加以修改。提供格式合同一方必定利用自己的优势地位,制定有利于自己的合同格式条款。不公平格式合同制定者违反了诚实信用原则,应当受到一定的规制。德国民事诉讼法明确规定,只有商事主体之间可以订立格式合同,才能够约定协议管辖法院,禁止商人与非商人之间订立格式合同。我国民事诉讼法规定若当事人在格式合同中制定了协议管辖条款,提供格式合同方当事人应当向对方提示该条款的内容以及法律后果,对方当事人明确表示同意的,此管辖条款才发生法律效力。可见,我国民事诉讼法已经将管辖协议格式合同条款课以格式合同提供者提示和说明义务。

(三)原告恶意制作居住证明规避法定管辖

民事诉讼法了规定一般地域管辖,以当事人住所地法院作为管辖法院,如果当事人离开户籍地连续在居住地居住满一年时,另一地点就成了经常居住地,经常居住地法院具有管辖权。原告为了将案件向某个特定法院起诉,有时会恶意地制作虚假居住证明,以取得该法院的管辖,这也是一种诉前违反诚实信用原则的行为。

(二)虚假诉讼侵害他人合法权益

我国《民事诉讼法》第112条规定了虚假诉讼,如果当事人之间恶意串通,企图采用民事诉讼、民事调解等方式侵害其他人合法民事权益的,人民法院应当判决驳回原告的诉讼请求,并且依据虚假诉讼的情节轻重对当事人处以司法罚款、拘留;若构成犯罪的,应当依法追究其刑事责任。虚假诉讼在民事诉讼制度历史上由来已久,原被告双方制造虚假的民事法律纠纷,骗取法院的裁判文书。从广义上分析,虚假诉讼分为两种类型,第一种虚假诉讼(也被称为狭义虚假诉讼)是双方当事人共同实施虚假诉讼行为,侵害他人合法权益;第二种虚假诉讼行为是原告恶意进行诉讼,企图通过民事诉讼侵犯被告合法民事权益。我国民事诉讼法仅仅规定了狭义的虚假诉讼,即双方当事人故意通过虚假诉讼,侵犯案外第三人合法民事权益。最高人民法院第二巡回法庭日前审结了一起典型的虚假诉讼案件,并被列为指导性案例:

"上海欧宝公司于2010年6月13日向辽宁省高级人民法院提起诉讼,请求辽宁特莱维公司返还8650万元借贷本金及利息,辽宁特莱维公司对上海欧宝公司的诉讼请求完全认可。辽宁高院于2011年3月作出一审民事判决,支持了上海欧宝公司的全部诉请。判决生效后,因辽宁特莱维公司的其他债权人谢涛提出申诉,辽宁高院裁定再审并于今年5月作出再审判决,撤销原一审民事判决,驳回上海欧宝公司的诉讼请求。上海欧宝公司不服该判决,向最高人民法院提起上诉。今年9月底,最高人民法院第二巡回法庭受理该案后,由庭长胡云腾担任审判长,与主审法官范向阳(承办人)、汪国献组成合议庭。鉴于本案当事人之间缺乏常见的诉讼对立,而申诉人谢涛及其他债权人又一直反映该案系关联公司虚构债权制造的虚假诉讼,合议庭调阅了原一审、再审、执行程序的全部卷宗,并依职权调取了上海欧宝公司、辽宁特莱维公司及案涉其他关联公司工商档案和银行账户交易明细,对涉及的几万笔关联交易进行了认真比对和分析。10月27日,该案在辽宁师范大学法学院公开开庭审理。经过9个多小时的公开庭审及合议庭评议,合议庭当庭对本案宣判:驳回上诉,维持原判;并明确确认上诉人与被上诉人共同构成虚假诉讼,决定对双方当事人各罚款50万元。同时还宣布,对上海欧宝公司的法定代表人宗某、辽宁特莱维公司的法定代表人姜某、两公司实际的控制人王某的虚假诉讼行为,将视其情节和认错的态度另行处理。民商事审判领域虚假诉讼频发,严重扰乱了正常的诉讼秩序,损害了第三人的合法权益,冲击了社会诚信体系。对此,最高人民法院一贯高度重视,要求严厉打击。最高人民法院有关负责人表示,本案的审判与罚款处罚,再次昭示了最高人民法院打击虚假诉讼的决心,也将推动地方各级法院进一步增强对虚假诉讼的防范意识、提高甄别能力、加大打击力度"[①]。虚假诉讼案件中,双方当事人均违反诚实信用原则,共同侵害案外第三人合法权益。实践中,虚假诉讼案件不容易识别和证明,因为案外人往往处于不知情状态。

本书认为,依据当事人之间虚假诉讼案件的诉讼标的与案外人的关系不同,可以进行不同的划分。案外第三人对当事人之间虚假诉讼争议的诉讼标的,如果享有独立的请求权,那么该案外人可以通过三种诉讼方式维护自己的合法民事权益。

第一,案外第三人可以在虚假诉讼案件审理期间,以有独立请求权的第三

---

① 最高人民法院指导案例网.指导案例68号:上海欧宝生物科技有限公司诉辽宁特莱维置业发展有限公司企业借贷纠纷案.(2016-09-30)[2016-12-22]. http://www.court.gov.cn/fabu-xiangqing-27841.html.

人身份申请参加诉讼,将本诉原被告当事人作为共同被告,提起有独立请求权第三人参加之诉,请求法院合并审理以保护自己的合法民事权益。

第二,虚假诉讼当事人通过恶意诉讼行为,已经骗取了法院的裁判文书。根据《民事诉讼法》第56条规定,本案双方当事人正在进行诉讼,对本案争议的诉讼标的,如果第三人认为有独立的请求权时,有权提起第三人参加诉讼。如果对于当事人双方争议的诉讼标的,第三人即使没有独立的请求权,但本案的处理结果与他有法律上的利害关系时,可以申请作为第三人参加诉讼,或由人民法院依职权通知他参加诉讼。人民法院判决承担本案民事责任的第三人,享有当事人本身的诉讼权利义务。前两款法律规定的第三人,如果因不能归责于他本人的事由没有参加诉讼,但是有证据证明已经发生法律效力的判决、裁定、调解书的部分或者全部内容错误,损害其民事权益的,可以自知道或者应当知道其民事权益受到损害之日起6个月内,向作出该判决、裁定、调解书的人民法院提起诉讼。人民法院经审理,其诉讼请求成立的,应当改变或者撤销原判决、裁定、调解书;诉讼请求不成立的,驳回诉讼请求。案外第三人可以提起第三人撤销之诉,撤销已经发生法律效力的民事裁判,请求法院重新审理保护自己的合法民事权益。

第三,原被告之间的虚假诉讼案件判决、调解书已经发生法律效力,并进入执行程序。案外第三人如果是本案的必要共同诉讼人,那么可以依据《民事诉讼法》第200条第10款:无诉讼行为能力人未经法定代理人代为诉讼或者应当参加诉讼的当事人,因不能归责于本人或者其诉讼代理人的事由,未参加诉讼的,申请法院再审。

如果原被告之间的虚假诉讼获得的法院裁判,而案外人与本案中的诉讼标的无实体法律关系,那么案外人就不能提起第三人撤销之诉,也不能申请再审。本书认为,依据《民事诉讼法》第198条规定:各级人民法院院长对本院已经发生法律效力的判决、裁定、调解书,发现确有错误,认为需要再审的,应当提交审判委员会讨论决定。最高人民法院对地方各级人民法院已经发生法律效力的判决、裁定、调解书,上级人民法院对下级人民法院已经发生法律效力的判决、裁定、调解书,发现确有错误的,有权提审或者指令下级人民法院再审。案外人可以对生效裁判进行申诉,请求生效裁判本院或者上级法院自行纠错,以撤销原裁判及调解书,维护自己的合法权益。

另外一种由一方当事人单方提起的虚假诉讼,就是一方当事人恶意通过没有事实和法律依据的起诉,侵犯对方当事人合法权益的民事案件。民事诉讼立法目的为解决纠纷,保护当事人合法权益,而有些当事人,在与对方没有实体法律争议的情况下擅自提起诉讼，这种案件现在被民事诉讼理论界归类为恶意诉讼。德国民事诉讼法规定，原告在诉前没有和对方进行协商的前提下直接提起诉讼，被告应诉后立即履行了诉讼请求确定的义务，这时原告应当承担案件所有的诉讼费用，并承担被告参加诉讼所花费的案件费用。本书认为，既然我国民事诉讼法已经规定了诚实信用原则，可以采纳这种恶意诉讼规制的强制性规定，以节约资源、保护被告合法程序利益、维护司法权威。

最后一种虚假诉讼行为，就是原告明知没有胜诉的希望，为了打击被告恶意提起民事诉讼，待法院受理案件向被告送达了诉讼文书，原告立即撤回起诉。经过一段时间，因为当事人享有诉权，原告又针对被告重复提起诉讼。原告这样反复对被告恶意提起诉讼的行为，将对被告的身心造成巨大的伤害，如果被告是商人，则会影响被告的商誉。我国《民事诉讼法司法解释》规定，原告起诉后如果案件经过了开庭审理，原告申请撤诉的应当经过被告同意。这充分体现了诉讼权利平等原则，也在一定程度上规制了原告恶意提起民事诉讼的行为。

本书认为，我国民事诉讼法司法解释中对于原告撤诉的限制性条件有所进步，本案法庭辩论后原告申请撤诉须经被告同意，保障了被告的程序利益，能够有效地规制恶意诉讼。但是，该规定还是不够完善。原告提起诉讼后，法院审判人员开庭前会进行庭前准备，向原被告送达诉讼文书。原告提起的恶意诉讼，只要本案法院已经受理并向被告送达诉讼文书，他就可以在开庭前及时撤诉，这样既不用经过被告同意自由撤诉，又可以避免败诉。虽然我国民事诉讼法规定法院应当审查原告的撤诉行为有无违反法律的禁止性规定，如果违反禁止性规定，可以不允许撤诉。司法实践中，法院往往会审查原被告之间的诉讼标的是否违反了法律的禁止性规定，例如双方交易禁止流通物，此时法院会禁止原告撤诉。其他情况下，法院几乎希望原告撤诉，以节省司法资源。因此，本书认为，我国民事诉讼法对于撤诉部分的修改，可以进一步修改为原告申请撤诉，无论在什么时候都必须经过被告同意，以彻底规制原告的恶意诉讼行为，保护被告合法权益、维护司法权威。

（三）当事人在诉讼中前后矛盾的诉讼行为

当事人在民事诉讼中享有诉讼权利、履行诉讼义务，必定通过一定的诉讼行为表现于外部。双方当事人在民事诉讼中处于激烈的对抗状态，任何一方的诉讼行为都会影响到他方的诉讼策略。根据大陆法系民事诉讼理论所要求的辩论一体化，即当事人进行诉讼向法庭的事实主张和提交的证据等诉讼行为应当前后一致，不能相互矛盾。因为一方当事人作出的事实主张和举示的证据,对方当事人会有针对性地进行抗辩;当事人作出自认后,原则上法官应当要受到约束,另一方当事人基于该自认的事实,就已经免除了对事实的证明责任。基于处分原则,当事人有权处分自己的诉讼权利和实体权利,其中就包括事实陈述权和举证权。然而当事人行使处分权,必须符合民事诉讼基本原则。当事人如果恶意行使处分权,随意变更已经自认的事实主张,既影响了法官的诉讼指挥权,更导致对方当事人被动的改变诉讼策略,增加诉讼负担。因此,对这种前后矛盾的诉讼行为,法院应当以违反诚实信用原则予以否定。"依向来一般所认之辩论主义,裁判基础资料即事实、证据之搜集及提出乃当事人之责任、权能,原则上受诉法院不得以当事人未提出之事实或证据作为裁判之基础,且须斟酌当事人所已提出者"[1]。

民事诉讼辩论主义包含三原则,其中第二原则为证据法上之自认规则,我国民事诉讼证据规则以及新的民事诉讼法及其司法解释对自认规则作出详细的规定。《民事证据规定》第8条规定,在民事诉讼过程中,一方当事人不论先陈述对于另一方当事人不利的事实、抑或是同时陈述对另一方当事人不利的事实,如果对方当事人在获知此不利事实的情况下,明确表示承认该事实;或者不加以争执,采取默示态度,在法官再三询问该当事人沉默的法律后果后,当事人仍然保持沉默的,就视为已经承认了此事实。我国民事诉讼自认包含明示自认与默示自认,二者都将产生同一法律后果,即免除了负有举证责任方当事人的举证责任。我国新民事诉讼法继续采纳了当事人自认之证据制度,不过对其进行了一定完善。新民事诉讼法及司法解释规定,一方当事人对另一方当事人主张对其不利事实明确表示承认时,该事实约束法院,但是,如果该事实是关于身份关系案件的除外,或者该事实与法院查明的客观事实不相符合时,也不能产生证据法上之自认效力。我国民事诉讼法对于自认制度的修改,透露了民事司法改革的方向和理念,即当事人之间能够自由处分的民事实体权利与诉讼权利,法院不加以干涉;如果当事人之间不能完全处分的民事权利,或者该民事权利的处分已经关涉社会公共利益、与案件的客观真实不符时,法院将对这种自认行为进行否定。随着近年来虚假诉讼案件频发,当事人利用自认制度获取虚假诉讼裁判。另外,经过当事人特别授权的委托代理人也可以代为自认,代理人与当事人共同进行诉讼,如果当事人对代理人的自认行为不予反驳和争执时,将产生自认的效力。当事人在法庭审理过程中,在

---

[1] 邱联恭.司法之现代化与程序法[M].台北:三民书局,1992:130.

辩论终结前可以在对方当事人允许的情况下，撤回自认；或者当事人有证据证明受到胁迫以及重大误解的情况下，作出与客观真实不相符合的自认时，该自认也不能产生自认的法律效力。

《民事诉讼法司法解释》第92条规定，一方当事人在法庭审理中，或者在起诉状、答辩状、代理词等书面材料中，对于已不利的事实明确表示承认的，另一方当事人无需举证证明。对于涉及身份关系、国家利益、社会公共利益等应当由人民法院依职权调查的事实，不适用前款自认的规定。自认的事实与查明的事实不符的，人民法院不予确认。最高人民法院已经通过司法解释，对当事人事实陈述上的矛盾行为进行了否定。大陆法系民事诉讼中，法官查明案件事实，适用法律作出裁判，依据辩论主义，当事人负有向法院主张事实，并提供证据进行证明的行为责任。当事人故意改变自己先前的事实陈述，如果其不能证明该前陈述事实行为是在受胁迫或者重大误解情况下作出，且与客观事实不符的，不能免除对方当事人的举证责任。当事人陈述事实时，内心处于任意性状态，不能受到外界干扰，否则这种自认和陈述会被当事人申请推翻。新《民事诉讼法司法解释》已经对当事人自认事实推翻条件进行了微调，即只要该自认事实与客观真实不符，都不能产生自认的效力。

当事人前后矛盾的诉讼行为，特别表现在原告任意变更诉讼请求。依据《民事诉讼法》第51条规定，原告可以放弃或者变更诉讼请求。被告可以承认或者反驳诉讼请求，有权提起反诉。原告在诉讼程序中，可以变更诉讼请求，所谓的诉讼请求，就是原告起诉要求被告承担的具体的民事实体责任。司法实践表明，原告变更诉讼请求分为两种形态。

第一，原告增加诉讼请求的数量。原告将给付之诉中的金钱数额请求增减，或者将单独给付之诉增加形成之诉。例如，在一起房屋买卖合同中，原告起诉请求法院判决被告继续履行合同交付房屋，并支付违约金。诉讼过程中，被告抗辩并主张并证明此房屋已经卖给第三人，并办理了房屋过户手续。依据合同法，此房屋买卖合同成了履行不能的合同，因为被告根本违约，致使原告房屋买卖合同目的不能达到，原告的诉讼请求不能在事实上得到实现，此时原告可以变更诉讼请求，变成确认解除合同和被告赔偿损失。原告此时变更诉讼请求，其主观上没有过错，更谈不上恶意，不违反诚实信用原则。

第二，原告将诉讼请求的法律关系性质变更成其他法律关系。例如，原告初次起诉，诉讼请求被告返还不当得利，诉讼程序进行中，原告变更诉讼请求，要求被告承担侵权损害赔偿责任。原告在本案中改变诉讼请求，实质上改变了诉讼标的。关于诉讼标的理论，大陆法系民事诉讼史上出现过几种学说，典型的有旧实体法说和诉讼法说。诉讼标的旧实体说认为,当事人请求法院判决的诉讼标的,就是当事人双方争议的民事实体法律关系,实体法律关系性质不同,那么诉讼标的就不同。19世纪初期,人们之间的民事纠纷比较简单,民事实体法律关系也较单一,双方争议的诉讼标的的法律性质通常只有一种民事实体法律关系。"诉讼标的为诉之要素之一,乃诉讼之客体,亦为审判之对象。通常情形,诉讼标的应为私法上权利或法律关系,唯在确认证书真伪之诉,则为事实之确认"①。随着经济的飞速发展,人们生活变得纷繁复杂,导致民事关系法律性质呈现出多元性,多种法律规范同一种生活关系。此时,如果民事诉讼仍然按照旧实体法说,那么当事人就可以对他们之间的诉讼通过变更诉讼请求,多次请求法院进行实体裁判。为了弥补可能使法院陷入对同一纠纷重复审理的尴尬局面,民事诉讼理论学者创立了多种新学说,比较典型的学说就是诉讼法说。诉讼法说认为,当事人之间争议并请求法院解决的诉讼标的,应当超越民事实体法,单纯属于纠纷本身的自然历史事实。诉讼标的就是自然历史事实,应当适用何种法律关系,仅仅作为法官法律评价依据或者法的观点。

我国民事诉讼法和司法解释,至今仍适用被改良的旧实体法诉讼标的理论。《民法总则》第186条规定,因当事人一方的违约行为,损害对方人身权益、财产权益的,受损害方有权选择请求其承担违约责任或者侵权责任。《合同法》第122条规定,因当事人一方的违约行为,侵害对方人身、财产权益的,受损害方有权选择依照本法要求其承担违约责任或者依照其他法律要求其承担侵权责任。可见,在我国,当民事纠纷既涉及合同违约,又同时违反侵权责任法发生损害赔偿责任时,受害人可以选择合同法律关系或者侵权法律关系的诉讼标的。受害人一旦选择了其中一种法律关系并经过法院终审判决,那么就不能再次将同一纠纷以其他法律关系提起诉讼。《最高人民法院关于民事诉讼证据的若干规定》第35条规定,诉讼过程中,当事人主张的法律关系的性质或者民事行为的效力与人民法院根据案件事实作出的认定不一致的,不受本规定第34条规定的限制,人民法院应当告知当事人可以变更诉讼请求。当事人变更诉讼请求的,人民法院应当重新指定举证期限。由此可见,我国民事诉讼证据司法解释也确认了当事人可以在诉讼中变更民事实体权利请求,

---

① 曾华松.确认诉讼实务问题之研究(之一)[C]//三民书局民事诉讼法研究基金会.民事诉讼法之研讨(八).台湾:1999:12.

当事人在民事诉讼中首先需主张实体法性质上的诉讼请求,这种诉讼请求来源于某种特定的、唯一的民事实体法律关系。实质上当事人对案件事实的法律性质的判断就是诉讼标的,最终反映于诉讼请求。原告没有变更案件事实的情况下,主动变更实体权利请求,或者在法官释明下被动改变实体权利请求,都会导致民事诉讼案件审理对象和诉讼标的的变化。本书认为,当事人改变实体法律关系和诉讼标的,导致诉讼请求变化的诉讼行为,也应当受到诚实信用原则的约束。

(四)滥用诉讼权利的诉讼行为

当事人在民事诉讼中享有广泛的诉讼权利,诉前有选择管辖权、管辖异议申请权、诉讼开始时享有诉权、反诉权、申请回避权、异议权、申请和解权、事实主张权、提交证据权、申请调查取证权、提起上诉权、申请追加当事人权、答辩权等。司法实践显示,当事人在民事诉讼中,均可能滥用这些诉讼权利,导致诉讼拖延,侵害对方当事人的合法权益。关于当事人恶意管辖权,本书将在后面章节详述。当事人恶意诉权行为,具体表现为虚假诉讼和恶意诉讼行为,违反了诚实信用原则,应当受到规制。

当事人滥用反诉权,侵犯对方当事人合法权益。原告向法院提起诉讼,请求被告承担民事责任,被告在同一程序中,可以提起与本诉有事实上和法律上牵连关系的独立的诉。反诉案件与本诉案件应当存在事实上或者法律上的牵连性,"反诉的提起须与本诉有一定的牵连关系,并抽象地表达为反诉请求与本诉请求或者与本诉请求的防御方法有牵连。这种法律牵连关系在学理上被解释或者被归纳成下述情形:①反诉与本诉之诉讼标的同属同一法律民事关系或者同一民事权利。②反诉诉讼请求同本诉诉讼请求产生于同一民事法律关系或者同一的原因事实。③反诉诉讼请求同本诉诉讼请求之间互不相容或者其中一个请求为另一请求的先决问题"[①]。被告恶意反诉,对原告提起与本诉诉讼标的没有牵连关系的诉,意图扰乱法官的审理焦点,拖延诉讼,违反了诚实信用原则。被告提起反诉,是民事诉讼法赋予被告的重要诉讼权利,如果被告恶意提起反诉,不仅会拖延诉讼程序,而且还会侵犯原告的程序利益,浪费司法资源。

申请回避权,是当事人重要的一种程序性权利,是确保法官中立的重要程序性保障。"在民事诉讼中,回避制度所反映的核心内容是审判人员及相关人

---

① 张卫平.民事诉讼法.[M].3版.北京:中国人民大学出版社,2015:269.

员的中立性,这种中立性要求'有关人员'不能与案件存在利害关系,对当事人不能有偏见"①。大陆法系各国均将法官中立原则,确定为基本程序原则与制度要求。"每个人不能做自己的法官",这句名言,持续影响了世界各国诉讼程序。我国《民事诉讼法》第44条规定,审判人员有下列情形之一的,必须自行进行回避,与此同时,当事人也有权以口头或书面方式向法院申请他们回避:①审判人员是本案的当事人或当事人、诉讼代理人的近亲属时;②审判人员同本案有利害关系时;③审判人员同本案的当事人以及诉讼代理人有其他的关系,有可能影响他们对本案的公正审理。审判人员曾经接受过当事人、诉讼代理人的请客送礼,或违反法律规定会见一方当事人及其诉讼代理人时,当事人有权申请要求他们回避。如果审判人员被查实有前款规定的违规行为时,应当依法被追究法律责任。前3款的规定,适用于本院本案的书记员、鉴定人、翻译人员、勘验人。我国民国时期司法判例对于回避情形比较严格,民国时期法官被称为推事。"又推事虽无应自行回避之原因,而有其他情形足认其执行职务有偏颇之虞者,亦应准当事人声请回避,以保审判之公平,所谓足认其执行职务有偏颇之虞,指推事于诉讼之结果有利害关系或与当事人有交谊或嫌怨等,足使人疑其为不公平之审判者而言,故如推事不容纳当事人调查证据或续行辩论之声请时,不得仅以此一事,辄谓有声请回避之原因也。"②必须要有足以认定法官有不公正审理的倾向时,当事人申请回避才能够被许可。

《民事诉讼法》第200条规定,当事人的申请符合下列情形之一的,人民法院应当再审:(七)审判组织的组成不合法或者依法应当回避的审判人员没有回避的。由此可见,回避制度作为大陆法系民事诉讼中的一种基本程序制度,是公正程序的基础。一旦案件审判法官违反回避制度参与了审判,无论案件最终实体裁判结果公正与否,该案件均会被上级法院判决撤销并被重新审理。

当事人申请回避后,民事诉讼程序原则上应立即停止,待审判长、院长、审判委员会作出决定后,再恢复诉讼或者退出案件的审理。有的当事人恶意操弄回避制度,滥用回避申请权,提出明显不成立的回避申请致使案件审理发生迟滞。例如,笔者亲历了本案审判程序,二审法院准备开庭审理本案,合议庭宣布开庭,审判长再次询问各方当事人是否知晓自己所享有的诉讼权利和承担的诉讼义务?是否申请本案审判人员和书记员回避?被上诉人立即提出回

---

① 常怡,等.比较民事诉讼法[M].北京:中国政法大学出版社,2002:358.
② 石志泉,杨建华.民事诉讼法释义[M].台北:三民书局,1981:274.

避申请,口头申请合议庭审判员回避,回避理由为:该当事人昨天给审判员打电话,审判员匆匆就挂断了电话,对他的态度不好,这表明审判员已经不公正了。二审合议庭立即停止审理,院长审查当事人提出的回避申请,而本案的实体审理不得不推迟。尔后,院长决定驳回该当事人的回避申请,结果导致诉讼程序的拖延。双方当事人违反诚实信用原则,随意提出回避申请,这种诉讼行为应当受到民事诉讼诚实信用原则的规制。

在民事诉讼中,当事人可以申请法院暂停诉讼程序,以便于双方当事人进行和解。而有的当事人在诉讼程序中为了拖延诉讼,恶意申请法院停止审理,进行庭外和解。双方当事人申请庭外和解的诉讼行为,可以给予法官更多时间审理案件,假如当事人恶意运用回避制度,必定会导致诉讼程序拖延。

原告提起民事诉讼,案件系属于法院后,原告应当积极向法院主张要件事实,并提供证据加以证明;为了避免败诉,被告除了消极否定原告主张的事实外,必要时还应当积极进行抗辩、主张和举证。当事人主张案件的要件事实,作为一种证据即当事人陈述。当事人将自己内心的意思表达于外部,内心与外部表达一致的情况下,就真实地表达了自己的观点。然而,当事人关于案件事实的意思表示,与他自己的真实意思是否一致?一方面,如果当事人内心认为某个要件事实为真,即主观上认可这种真实性,那么就遵循了诚实信用原则;另一方面,当事人主观上认为某个要件事实不真实,而这种陈述对他有利,那么他就违反了诚实信用原则。大陆法系国家早期在民事诉讼法中规定诚实信用原则规范的为奥地利,当时奥地利民事诉讼法并没有规定诚实信用原则,而采纳了当事人真实、正确和完整陈述义务。"当事人于知悉一定之真实时,固然自己不得为虚伪之主张事实或声明虚伪之证据。对于他造所主张之事实,亦不得于明知其主张事实系真实之情形,对之加以争执或提出虚伪之反证。当事人在诉讼法上之此种义务,称为当事人之真实义务。"[①]当事人如果违反真实陈述义务,将承担法官事实认定上的不利后果,甚至承担刑事责任。随后,德国、日本、意大利等国家在民事诉讼法中陆续制定了当事人应当遵守真实义务。

我国在20世纪80年代制定的《民事诉讼法(试行)》第56条规定,当事人对自己提出的主张,有责任提供证据。人民法院应当按照法定程序,全面地、客观地收集和调查证据。《民事诉讼法(试行)》规定法院应当全面客观地收集

---

① 陈荣宗,林庆苗.民事诉讼法[M].台北:三民书局,1996:556.

调查证据,认定事实,应当查清案件的客观真实。当然,从当事人诉讼权利义务角度分析,法官也要求当事人负有真实义务,诚实陈述,查清案件的客观真实。民事诉讼学界称这种审判机制为职权探知主义诉讼模式,当事人在民事诉讼中缺乏诉讼上的主体性。"所谓职权探知主义(Untersuchungsmaxime)者,乃指关于诉讼资料之搜集,其领导权属于法院之主义也。"①职权探知主义诉讼模式下,当事人必定负担真实陈述义务。随着我国经济社会飞速发展,民事纷争日益激增,民众法律意识逐渐增强,诉讼案件数量现已居高不下。为了缓解法院工作压力,我国自20世纪末就开始了旨在减轻法院案件调查证据负担,强化当事人主张责任和调查证据义务的司法改革。我国开始适度引进英美法系民事诉讼"对抗制",赋予当事人充分和完全的主张与举证的程序权利。与此同时,当事人在民事诉讼中陈述事实,由于趋利避害心理,往往倾向于虚假陈述,或者回避对自己不利的事实。协同型民事诉讼模式下,当事人的诉讼行为应当受到一定的制约,民事诉讼不能纯粹地作为当事人达到非法目的的工具。因此,当事人应当遵守诚实信用原则,真实与完整地陈述,已经被学界主流观点所采纳。在民事诉讼中,当事人违反诚实信用原则,虚假陈述、不完整陈述,均违反诚实信用原则。此外,当事人滥用举证权,申请法院调取证据,侵害对方当事人合法权益且扰乱诉讼秩序。一方当事人主张事实,如果对方当事人不予认可,那么该当事人的陈述证据证明力就较弱。《民事诉讼法》第75条规定,人民法院对当事人的陈述,应当结合本案的其他证据,审查确定能否作为认定事实的根据。当事人拒绝陈述的,不影响人民法院根据证据认定案件事实。当事人陈述属于我国民事诉讼法规定的八大类证据之一,根据经验法则和逻辑规则,当事人对自己有利的事实陈述,证明力非常弱,必须要有其他证据补强,该陈述的事实才可以被法院认定。反之,当事人对自己不利的事实陈述以及认可,这种证据的证明力非常强,而且免除了对方当事人的举证责任。一方当事人对对方当事人不利于己的陈述,加以认可的诉讼行为,民事诉讼理论上称之为自认。"自认制度要求的制度环境是法院对案件事实(主要事实)的非职权探知,即主要事实由当事人提出,法院作出裁判的依据限于当事人所主张的事实。"②法官在民事诉讼中,为了查清案件事实,直接询问当事

---

① 骆永家.既判力之研究[M].台北:台大法学丛书编辑委员会,1975:214.
② 张卫平.诉讼构架与程式:民事诉讼的法理分析[M].北京:清华大学出版社,1999:58.

人,当事人必须亲自进行陈述,不能够由代理人代为陈述。法官直接询问当事人,成了法官的一项重要职权,大陆法系之德国已经制定了当事人宣誓接受法官询问制度。"《德意志联邦共和国民事诉讼法》第452条:[当事人宣誓](一)当事人一方未宣誓时所作的证言,不能使法院就应证事实的真实与否得到心证时,法院可以命令当事人就其证言宣誓。在讯问双方当事人时,就同事实,可以只命当事人一方宣誓。(二)誓词中应表明当事人应按照自己的良心作出真实的陈述,毫不隐瞒。(三)对方当事人可以舍弃宣誓。(四)对于因故意违反宣誓义务受过确定的有罪判决的一方当事人,不许他宣誓。"[①]

我国近年来的司法改革采纳了当事人宣誓后接受询问制度,法官可以要求当事人签署保证书,承诺真实陈述。当事人在签署保证书后,向法庭进行事实陈述,接受法官的询问。《民事诉讼法司法解释》第110条规定:人民法院认为有必要的,可以要求当事人本人到庭,就案件有关事实接受询问。在询问当事人之前,可以要求其签署保证书。保证书应当载明据实陈述、如有虚假陈述愿意接受处罚等内容。当事人应当在保证书上签名或者捺印。负有举证证明责任的当事人拒绝到庭、拒绝接受询问或者拒绝签署保证书,待证事实又欠缺其他证据证明的,人民法院对其主张的事实不予认定。

被告恶意消极不答辩,从事实和证据上乃至诉讼标的方面对原告突然袭击。被告在民事诉讼程序中,享有对原告诉讼主张与诉讼请求的答辩权,答辩权同时也是被告一种诉讼义务。原告通过被告的答辩行为,能够知悉被告的诉讼策略,利于有针对性地进行主张和举证。《民事诉讼法》第125条规定,人民法院应当在立案之日起5日内将原告的起诉状副本发送送达给被告,在收到答辩状之日起15日内,被告应当向法院提交书面答辩状。书面答辩状应当记载被告的姓名、年龄、民族、性别、职业、住所、工作单位、联系方式等基本情况;如果被告是法人或其他组织的,答辩状上应当标明法人或者其他组织的名称、住所及其法定代表人或主要负责人的姓名和职务联系方式。法院应当在收到被告提交的答辩状之日起,5日内将书面答辩状副本发送送达给原告。被告拒不提出答辩状的,不影响法院对本案的审理。我国民事诉讼法规定,被告应当且必须对原告的起诉进行答辩,但是没有规定被告不提出答辩状,会承担何种法律后果。被告不答辩,形式上放弃答辩权,实质上侵犯了原告的程序利益。民事诉讼作为一个平台,原被告双方在此平台上进行攻击防御,各自进

---

① 谢怀栻.德国民事诉讼法典[M].北京:法律出版社,2000:109.

行主张与证据,各方当事人都会慎重思考对方当事人主张的事实和提供的证据,以进行认真准备和抗辩。

原告主张,被告答辩,实为法院赋予当事人的程序保障。"所谓'程序权保障'系指:在起诉以后之诉讼程序上或特定非讼程序上,保障当事人或利害关系人,均有在法官面前充分陈述意见、辩论及提出攻击防御方法的机会,此类机会之保障系属对于当事者所承认之程序权。"[1]原告提交起诉状,被告收到起诉状副本后,就清晰知晓了原告的诉讼资料以及攻击防御手段。依据民事诉讼权利义务平等原则,被告对原告的主张应当进行积极的回应,以使原告也有充分时间和机会进行诉讼。针对被告签收起诉状副本后消极答辩,大陆法系德国、日本等民事诉讼法规定,法院可以直接按照原告的诉讼请求进行判决,因为被告消极答辩行为被推定为其认可了原告的诉讼请求。本书认为,应当对被告恶意不答辩行为进行规制,提倡诚实信用原则。

当事人恶意提起上诉拖延诉讼程序,侵犯对方当事人合法权益,违反诚实信用原则。"审级制度是法院内部的审判监督制约机制,也是确保案件公正审理的保障机制。"[2]根据我国两审终审制,民事诉讼中当事人对于案件一审判决、部分裁定有权提起上诉,请求二审法院进行审理。两审终审制,是对当事人的重要程序保障。而司法实践中,当事人为了不正当目的,恶意上诉侵犯当事人合法权益,拖延诉讼浪费司法资源。某些败诉当事人明知一审民事判决客观公正,仍然无理由提起上诉。大陆法系其他国家民事诉讼法规定,为了打击恶意上诉违反诚实信用原则的行为,假如二审法院审判查明上诉人明知没有上诉的胜诉希望而提起上诉,案件最终被二审法院判决维持维持时,法院可以以当事人违反诚实信用原则进行规制。二审法院在维持原判的同时,还将判决恶意上诉当事人承担二审诉讼费,以及对方当事人上诉所支出的诉讼成本。

在民事诉讼中当事人享有广泛的诉讼权利,其中就包含追加当事人的诉讼权利。民事诉讼解决当事人之间私人争议,民事纠纷是民事主体之间发生的法律争议,必要的纠纷主体应当参与诉讼。大陆法系各国民事诉讼法规定了诉讼要件制度,诉讼要件就是法院进行民事诉讼所必须具备的前提条件,诉讼要件属于强制性规定并且涉及公共利益。如果当事人提起的民事诉讼缺乏

---

[1] 邱联恭.司法之现代化与程序法[M].台北:三民书局,1992:88.
[2] 常怡,等.比较民事诉讼法[M].北京:中国政法大学出版社,2002:147.

诉讼要件,诉就会被法院裁定驳回起诉。我国《民事诉讼法》第119条规定,起诉必须符合下列条件:①原告是与本案有直接利害关系的公民、法人和其他组织;②有明确的被告;③有具体的诉讼请求和事实、理由;④属于人民法院受理民事诉讼的范围和受诉人民法院管辖。原告和被告应当与案件有实体法律关系,或者原被告对本案具有诉讼实施权依法担当诉讼。由于民事案件之复杂性,部分案件当事人众多,形成普通共同诉讼和必要共同诉讼。根据民事诉讼当事人理论,普通共同诉讼的当事人可以共同诉讼,也可以单独诉讼;必要共同诉讼的当事人必须共同起诉应诉,诉讼才具备合法性。原告起诉时,应当将必要共同诉讼人一同起诉,否则会导致诉讼拖延。如果法庭在审理过程中,发现了应当共同进行诉讼的当事人没有参加诉讼,必须主动追加,当事人也可以申请法院追加。必要共同诉讼中,共同诉讼人之间的诉讼标的同一。"正是因为诉讼标的,对各共同诉讼人,必须合一确定,所以各共同诉讼人必须一同起诉一同应诉,才算合法。"①原告明知有数个必要共同被告,仍然只起诉部分被告,这就导致案件必要当事人被遗漏,法院调查核实后必须追加该当事人。如果法院没有察觉该遗漏的当事人,一审判决后,二审法院会裁定发回重审。原告恶意遗漏必要共同诉讼人,导致诉讼拖延,违反了诚实信用原则。

　　当事人长期不行使诉讼权利,对法院和对方当事人形成其放弃诉讼权利的假象,如果在后续程序中突然行使诉讼权利,将侵犯对方当事人的信赖利益。民事诉讼程序具有严格的规范性,较典型体现在期间和期日之规定。期间,就是当事人、其他诉讼参与人乃至法官进行诉讼行为应当遵守的法定期限,表现为一段时间。民事诉讼中的期间分为"时、日、月、年",时就是小时,每小时60分钟;日为自然的一天,为24小时;民事诉讼中月的计算和历法不一致,月只有30天,无月大月小的差别;年有365天,没有闰年和平年之分。民事诉讼法规定期间开始的时和日不计算在内。在民事诉讼中,当事人应当遵守的期间比较多,例如答辩权、管辖权异议申请期、提交证据期限、上诉期限、申请再审期限。当事人违反诚实信用原则,超过期限行使诉讼权利,法官可以对这种行为进行司法处罚。民事诉讼理论称当事人拖延行使诉讼权利的后果为"失权",即当事人违反规定不及时行使诉讼权利,那么就丧失这种权利。民事诉讼中,当事人恶意逾期提供证据,给对方当事人造成突然袭击。《民事诉讼法》第65条规定,依据辩论主义,当事人对自己提出的事实主张,应当及时

---

① 王锡三.民事诉讼法研究[M].重庆:重庆大学出版社,1996:255.

提供证据。与此同时,人民法院依据当事人的事实主张和本案审理情况,依职权确定当事人应当提供的证据与期限。如果当事人在此期限内提供证据客观上确有困难,该当事人可以申请延长,人民法院依据职权确定是否准许。如果当事人在收到举证通知后逾期提供证据,法院应当责令该当事人说明逾期的理由;当事人拒不说明逾期理由或逾期理由不成立时,人民法院根据案件的不同情形,可以作出不予采纳该证据的决定,或决定采纳此证据,但对于该当事人予以训诫、罚款。《民事诉讼法司法解释》第 99 条规定,民事诉讼中,人民法院应当在审前准备程序阶段,根据案件的具体情况,确定双方当事人的举证期限。"在我国的审判实践中,存在着因当事人延误举证而延滞诉讼或徒增审判次数的情况。例如有的当事人虽经审判人员再三催促,但仍然不提供有关证据,从而使案件难以审结,有的当事人在二审中突然提出本来完全应当并且可以在一审中提出的重要证据,使一审裁判因出现新的证据而被撤销。"①当事人也可以自行协商举证期限,但须经人民法院准许。

如果人民法院依职权确定民事案件举证期限,第一审普通诉讼程序之举证期限不得少于 15 日,此外,当事人实际提供新的证据之第二审案件的举证期限不得少于 10 日。如果举证期限届满后,当事人针对对方提供的新证据,申请提供与此证据有关的反驳证据或对该证据来源以及证据形式等方面存在的瑕疵进行补正时,人民法院可以依职权酌情再次为该当事人确定举证期限,该举证期限不受前款规定的限制。《民事诉讼法司法解释》第 102 条规定,如果当事人在主观上故意或者因重大过失逾期提供的证据,法院将不予采纳。但是如果此证据同民事案件基本事实相关的,法院应当采纳该证据,并且依据民事诉讼法第 35 条、第 115 条第 1 款之规定予以该当事人训诫或者罚款。另外,如果当事人无故意或重大过失原因而超越法院规定期限逾期提供的证据,法院应当采纳,并对当事人予以训诫。遵守举证期限当事人一方请求另一方当事人赔偿因其逾期提供证据,重新开庭而致使其增加的就餐、误工、交通、住宿、证人出庭作证等诉讼耗费,法院可以依职权裁量予以支持。我国民事诉讼法规定,法官应当对双方当事人设定举证期限,规定当事人应当在举证期限内提交证据。民事诉讼法解释规定,当事人超期提交证据,如果非因故意或者重大过失,人民法院应当采纳这种证据,不过应当给予提交人罚款训诫处罚。对于当事人超期提交证据,德国民事诉讼法规定,当事人因为故意或者重大过失

---

① 李浩.民事举证责任研究[M].北京:中国政法大学出版社,1993:91.

逾期提供证据,又导致诉讼案件拖延时,法官可以不予采信这种证据。可见,德国民事诉讼法规定了双重条件,立法目的还是在于民事案件实质真实的发现,纵然当事人主观上有过错,也不影响法官采纳这种证据,只是对此当事人可以采取一定的处罚。本书认为,对于当事人证据失权制度的研究,大陆法系学界和立法几乎已经抛弃了"证据失权"制度,受到民事诉讼模式转型的影响,即协同型民事诉讼模式之建构。现代化民事诉讼目的为查明案件真实,作出公正判决解决民事纠纷。我国司法实践中,当事人故意违反举证期限导致证据失权的情况极为少见,因为我国法官历来都秉持查明案件客观真实的传统,会尽一切努力查明案件事实。

第二节　法院的民事审判权

民事诉讼法律关系主体包括当事人、法官、其他诉讼参与人,他们共同推动民事诉讼程序进程,依法行使民事审判权、享有诉讼权利和承担事实义务。法官作为重要的诉讼法律关系主体,主导民事诉讼程序。"在审判法律关系中,人民法院负有组织和指挥诉讼程序的职责。由于人民法院的诉讼行为能够在一定承担上决定诉讼程序的开始、变更或消灭,所以,人民法院既是民事诉讼法律关系主体,又是诉讼主体。"[①]法官行使民事审判权,主持民事诉讼程序,组成合议庭或者担任独任法官审理民事案件。法官在民事诉讼中享有广泛的民事审判权,其特点为强制性、终局性、执行力。法官行使审判权的方式,应当与当事人诉权行使相互对应。当事人在民事诉讼中享有广泛的诉讼权利,承担相应的诉讼义务。现代化的民事诉讼程序架构为等腰三角形结构,法官处于等腰三角形顶端,双方当事人分别处于等腰三角形左右两端,原被告与法官的司法距离相等,这才符合法官中立原则和当事人地位平等原则。

原告进行诉讼行为,原则上须向法院提出;与此同时,被告进行的抗辩行为,也应当向法官作出。依据民事诉讼"不告不理"原则,原告提起民事诉讼,法院进而启动程序进行审理并作出裁判。原告的诉讼请求与事实主张约束法官,法官不得擅自对没有起诉民事纠纷进行审理和判决。原告提起民事诉讼,向法院提交起诉状和证据材料,法院受理案件指定法官进行审理。民事诉

---

① 江伟,肖建国.民事诉讼法.[M].7版.北京:中国人民大学出版社,2015:21.

第五章 诚实信用原则之规范化、具体化

作为一种严格的程序结构,类似于行进的一辆马车,马车的一个轮子是民事诉讼法、一个轮子是民事实体法。当事人、法官、其他诉讼参与人在这辆马车上,依据两部法律向前行进,车辆行进的终点就是纠纷的解决、法官作出判决。法官代表法院行使民事审判权,在民事诉讼中享有广泛而强有力的审判权,指挥民事诉讼向前进。关于在民事诉讼中,诚实信用原则是否适用于法官的审判行为,我国学术界存在争议。有学者认为,"民事诉讼中的诚实信用原则适用范围应当限于当事人的诉讼行为,对当事人行使民事诉讼权利、履行民事诉讼义务起到相应之规制作用,以防止当事人在民事诉讼中滥用诉权;另外,至于对法官行使民事审判权时的自由裁量行为,即自由裁量权之行使问题,无论从该自由裁量权根源上,还是从其行使的依据上看,均不应当属于诚实信用原则之功能所能够及的范围,恰恰相反,如果法官或者法院依据诚民事诉讼实信用原则行使自由裁量权,就则意味着允许法官进行'感情',这同审判权的内容及行使原则格格不入"①。理论界一致认为,诚实信用原则作为法律制度、法律行为的最高行为准则,既适用于民事实体法、又适用于民事程序法,作为法律行为规范中的最高帝王法则。民事诉讼中当事人应当遵守诚实信用原则,另外,法官居中裁判纠纷,享有民事审判权,通过组织指挥诉讼、采纳证据认定事实、适用法律、作出裁判,是一系列复杂的司法逻辑判断过程。民事诉讼程序为一种动态的诉讼过程,当事人、法官、其他诉讼参与人共同进行诉讼行为,推动程序进程。我国《民事诉讼法》第13条规定了当事人处分原则和民事诉讼诚实信用原则。首先,在民事诉讼中,所有参与者都应当遵循民事诉讼诚实信用原则。其次,依据处分权原则,双方当事人都有权在法律限定的范围内处分自己的民事实体权利与民事诉讼权利。可见,我国民事诉讼法规定,当事人、法官、其他诉讼参与人,所有参与主体都应当遵守诚实信用原则。

依据民事诉讼处分权主义和辩论主义,当事人提出诉讼请求、主张事实和证据,提出诉讼标的,根据"不告不理"原则,法官相应就应当对当事人的诉求回应。法官与当事人之间处于一种特殊的司法程序之互动过程,法官与当事人共同协同推进民事诉讼进行,查清事实、作出裁判。法官在行使民事诉讼中的民事审判权时,很有可能滥用审判权及自由裁量权,违反诚实信用原则。

一、诉前保全行为

"财产保全,是为了保证判决的执行而设立的一种保护性措施,在民事诉

---

① 杨秀清.解读民事诉讼中的诚实信用原则[J].河北法学,2006(3):12.

讼开始之前或在诉讼过程中,人民法院可以根据当事人的申请或者依职权对另一方当事人的财产采取查封、扣押、冻结等措施,防止当事人转移、变卖、隐匿、挥霍财产,确保将来判决的实现。"① 我国《民事诉讼法》第100条规定,人民法院对于可能因当事人一方的行为或者其他原因,使判决难以执行或者造成当事人其他损害的案件,根据对方当事人的申请,可以裁定对其财产进行保全、责令其作出一定行为或者禁止其作出一定行为;当事人没有提出申请的,人民法院在必要时也可以裁定采取保全措施。人民法院依据职权采取财产保全措施,可以责令本案的保全申请人提供相应的担保,如果申请人拒不提供担保的,法院应当裁定驳回财产保全申请。在民事诉讼中,法院接受当事人财产保全申请后,对案件情况紧急的,应当在48小时内作出准许或者不许保全裁定;如果裁定采取财产保全措施的,法院应当立即开始执行该裁定。第101条规定,民事诉讼开始前,案件的利害关系人因情况紧急时,如果不立即申请财产保全将会使其民事合法权益遭受到难以弥补之损害的,他可以在提起民事诉讼或申请仲裁以前向被申请保全财产所在地、被申请人住所地对案件有管辖权之法院申请采取财产保全措施。诉前财产保全的,申请人应当提供相应的担保,不提供担保的,法院应当裁定驳回财产保全申请。诉前财产保全不同之特别之处,法院接受财产保全申请后,应当在48个小时内作出准许或者不准财产保全裁定;法院裁定采取财产保全措施的,应立即开始执行。如果申请人在法院裁定采取保全措施后30日内不依法提起民事诉讼或申请仲裁的,法院应当裁定解除财产保全。民事实体法律关系主体,与对方发生民事法律争议后,为了使判决能够得到顺利执行,当事人的合法权利得到保障,民事权利主体或者受害人可以作为利害关系人申请诉前,申请财产保全。诉前保全之立法目的在于在紧急情况下,申请人申请法院将对方的财产采取查封、扣押、冻结等保全措施,以利于将来的民事裁判能够得到强制执行。我国《民事诉讼法》规定,诉前保全申请人必须提供担保,否则其申请会被法院裁定驳回。

在诉前保全程序中,法官违反诚实信用原则的情形也存在,主要表现为要求申请人提交过度的担保财产。依据我国《民事诉讼法》,申请人申请诉前财产保全必须提供担保,否则申请会被法院驳回。依据《侵权责任法》《担保法》,申请人申请诉前财产保全侵害对方当事人合法权益时,应当承担侵权民事责任,侵权责任的赔偿限于损害结果。司法实践中,诉前财产保全由法院的立案

---

① 王敬藩.民事诉讼法教学案例[M].北京:中国政法大学出版社,1999:178.

第五章 诚实信用原则之规范化、具体化

庭进行审查和裁决,立案庭原则上不审理案件实体权利义务,法官采取诉前保全的理由就在于申请人是否提供了足额的担保。笔者通过司法调查,了解到一件诉前财产保全案件。某个中级法院立案庭,受理了一件诉前保全案件。申请人和被申请人之间属于民间借贷法律关系,被申请人欠申请人940万借款本金,申请人调查获悉被申请人于某公司享有股份。申请人随即向被申请人住所地,也是其控股公司所在地中级法院申请诉前财产保全,中级法院立案庭收到诉讼材料后,要求申请人提供940万元相当价值的担保。立案庭法官审核的理由为,申请人同被申请人之间的民间借贷法律关系成立与否具有不确定性,为了防止申请人申请错误导致被申请人受到损害,申请人必须提供担保,担保价值应当就是保全价值。本书认为,申请人申请对被申请人在某公司相当于940万元股份进行冻结,为了确保以后生效裁判能够得到顺利执行,即使申请人申请错误,给被申请人造成的损害应当远远低于940万元。因为被申请人的股份由市工商行政管理局登记注册,中级法院对该股份进行保全冻结,要求工商行政管理局不得对该股份办理过户、质押等手续,禁止转让,并不会将该股份登记为申请人名下。因此,即使后来法院判决申请人败诉,也只不当控制了该股份一段时间,造成的损害不应当是该股份的价值本身。立案庭要求申请人提供担保的审判行为,导致申请人多方筹措资金、寻求亲戚朋友借用房产等财产进行担保,给申请人带来了较重的负担。本书认为,因为我国《民事诉讼法》规定,申请人应当对诉前财产保全提供担保,并没有详细地规定担保财产价值。法院立案庭审查诉前财产保全担保价值的行为,违反诚实信用原则滥用自由裁量权,恶意给申请设立较高的保全担保门槛,侵害了申请人的合法权益。针对实践中这种情况,《民事诉讼法司法解释》第152条规定了在财产保全程序中,申请人提供担保的具体数额。法院依照民事诉讼法第100条、第101条之规定,在采取诉前财产保全、诉讼中财产保全措施时,应当责令利害关系人或当事人提供保全担保的,应当以书面方式通知当事人。如果利害关系人在诉讼前申请诉前财产保全的,其应当提供相应的担保。申请人或者利害关系人申请诉前财产保全的,原则上应当提供相当于他请求财产保全数额的担保;如果情况特殊的,法院可以依据案情酌情进行处理。如果利害关系人申请诉前行为保全的,担保的数额应当由法院依据职权根据案件的具体情况决定。在诉讼中,人民法院依申请或者依职权采取保全措施的,应当根据案件的具体情况,决定当事人是否应当提供担保以及担保的数额。最高人民法院关于财产保全司法解释规定了当事人或者利害关系人申请财产保全提供担保的具体数额比例;法院依照民事诉讼法第100条规定,责令申请财产

保全人提供保全财产保全担保的,其担保的数额不得超过请求保全数额之30%;申请财产保全的财产属于争议标的时,担保价值数额不得超过争议标的价值之30%。利害关系人申请诉前财产保全的,应当提供相当于请求保全数额的担保;情况特殊的,人民法院可以酌情处理。财产保全期间,申请保全人提供的担保不足以赔偿可能给被保全人造成的损失的,人民法院可以责令其追加相应的担保;拒不追加的,可以裁定解除或者部分解除保全。

为了与《知识产权法》《反家庭暴力法》《海事诉讼程序特别程序法》相协调,2013年新《民事诉讼法》规定了行为保全制度。《反家庭暴力法》规定了新的法律文书——人身保护令,如果当事人因遭受家庭暴力或正在面临家庭暴力之现实危险时,该当事人向法院申请人身安全保护令时,人民法院应当依法受理。"根据有关国际文件的规定,人身保护令实际是对个人的人身自由权利的保护,使其免遭行政机关的非法侵害的基本保障。就我国的刑事诉讼制度来说,并未规定刑事被告人人身自由权有权得到人身保护令的保护,但这并不意味着我国的刑事被告人的人身自由权未得到相应的保护。"[1]

人身保护令在欧美国家,被大量适用于刑事法律和行政法律领域。我国引进此制度,首先适用于民事婚姻家庭领域。如果当事人为无民事行为能力人或者限制民事行为能力人,或因受到有关人士强制、威吓等原因而无法申请人身安全保护令时,其近亲属和公安机关、妇女联合会、社区居民委员会与村民委员会、救助管理机构可以主动代为申请。《反家庭暴力法》第28条规定,人民法院受理申请后,应当在72小时内作出人身安全保护令或者驳回申请;情况紧急的,应当在24小时内作出。人身保护令是法院对行为人的暴力行为进行临时控制的一种行为保全制度,司法实践中往往出现于婚姻家事案件立案前,家庭成员之间采取暴力手段侵害人身权利,或者威胁其人身安全。受害人为了保护自己的人身安全,申请法院颁发人身保护令。现今行为保全程序法律规定比较原则,赋予了法官较大的自由裁量权空间,如果法官对人身保护令申请推诿,或者受理后迟迟不发出人身保护令,将侵害申请人合法权利,就违反了诚实信用原则。

《民事诉讼法》第81条规定,在证据可能灭失或者以后难以取得的情况下,当事人可以在诉讼过程中向人民法院申请保全证据,人民法院也可以主动

---

[1] 夏勇.走向权利的时代(中国公民权利发展研究)[M].北京:中国政法大学出版社,2000:482.

采取保全措施。因情况紧急,在证据可能灭失或者以后难以取得的情况下,利害关系人可以在提起诉讼或者申请仲裁前向证据所在地、被申请人住所地或者对案件有管辖权的人民法院申请保全证据。证据保全的其他程序,参照适用本法第九章保全的有关规定。民事诉讼中,当事人负责主张事实和举证,法院审核证据认定事实。"证据保全原系当事人于起诉前,或诉讼中尚未进行调查证据程序前,恐日后有灭失或碍难使用之虞,或经他造之同意,预为调查予以保全而设之制度。"①当事人提起诉讼前后,案件事实须证据加以证实,如果关键证据由案外人掌握,或者由对方当事人控制,随时都可能灭失的情况下,就可以申请证据保全。法院接受证据保全申请裁定准许后,应当立即进行查封、扣押、冻结证据,以防证据被毁损导致案件事实无法查清。在诉前证据保全程序中,法官审查当事人实体权利义务责任归属后再进行证据保全,这种行为就侵害了申请人的合法权益,违反诚实信用原则。

二、立案受理行为

依据《民事诉讼法》,民事纠纷原则上应当由人民法院受理。民事法律关系主体认为自己的合法民事权益遭到他人侵犯,或者与他人发生争议时,就可以依法提起民事诉讼。人民法院应当依法受理案件,并启动民事诉讼程序解决纠纷作出判决。当事人请求法院启动司法程序,解决纠纷之权力,被称之为诉权。"当事人,就其与相对人间发生的纷争或利害之冲突,请求司法机关——法院行使审判权加以裁判,此项请求是为诉。向法院为此请求,是为起诉。当事人向法院起诉,请求判决之权利谓诉权或判决请求权。"②然而,在司法实践中,法院违反诚实信用原则侵犯当事人诉权的行为时常发生。这既有立法上的不足,也有个别法官主观上违反诚实信用原则,恶意侵犯当事人诉权。

民事案件通过法院审查受理,案件就被系属,即民事案件受法院审理的状态。西方大陆法系民事诉讼理论认为,一切民事纠纷原则上法院都应当立案受理并裁决,因为这是社会公正的最后一道防线。在大陆法系德国、日本民事诉讼中,法官对民事案件进行实体裁判前,须首先审查起诉要件和诉讼要件。法院审查原告的起诉要件,起诉要件规定,当事人须提交起诉状,起诉状要载

---

① 雷万来.民事证据法论[M].台湾:瑞兴图书股份有限公司,1997:72.
② 孙森炎.民事诉讼之起诉:论诉权学说及其实用[C]//杨建华.民事诉讼法论文选辑(下).台北:五南图书出版公司,1984:493.

明规定的内容:法院和当事人、标的、理由、签名①。符合以上起诉要件,案件随即被系属,取得了被法院审判的资格。大陆法系民事诉讼立法和理论均将起诉要件、诉讼要件、实体权利保护要件分割,法官对上述三要件分成不同的审理阶段。法院首先审查原告提起诉讼是否符合起诉要件,符合起诉要件后,案件进入诉讼程序。本案审理法官开始实质上审理该案件,审查的重点在于诉讼要件和权利保护要件,诉讼要件就是法官对案件进行实体审理的前提条件,也是跨入本案审理的"门槛"。"近代民事诉讼法鼻祖 Bulow 氏提出诉讼法律关系之概念,而以诉讼要件为诉讼法律关系成立之前提要件,必须具备此一要件后,始能进而为本案审查,将诉讼程序之构成内容,区分为诉讼要件之审查与实体法律关系之审查,自此而后,有关诉讼要件之概念及[先程序后实体]之原则,乃确立不摇。"②大陆法系民事诉讼理论和立法认为,诉讼要件包含三大类,即法院、当事人、诉讼标的。第一,案件应当属于法院主管和管辖;第二,当事人存在、备民事诉讼权利能力和民事诉讼行为能力,非实体权利义务人进行诉讼须具备诉讼担当资格即诉讼实施权合法;第三,本案不属于重复诉讼、不违反一事不再理原则、仲裁等特殊前置程序已经完成。实体保护要件又称为本案要件,当事人提起的实体权利请求是否具有事实依据和法律依据,也称之为本案保护要件。在民事诉讼程序中,法官应当同时审查诉讼要件与本案实体权保护要件,并且可以随时对诉讼要件作出诉讼判决。当原告起诉不符合诉讼要件时,法院会以诉讼判决驳回原告起诉。如果法官审查原告提起的诉符合诉讼要件,在大陆法系德国、日本等民事诉讼中,法官可以对该诉讼要件作出"中间判决",确认诉讼要件成立。总之,大陆法系德国、日本民事诉讼对于民事案件的受理门槛较低,仅审查起诉要件,关于民事案件的诉讼要件与实体权利保护要件,均交由审判法官通过言词辩论后进行裁判。

我国 1982 年生效的《民事诉讼法(试行)》第 81 条规定,起诉必须符合以下条件:(一)原告是与本案有直接利害关系的个人、企业事业单位、机关、团体;(二)有明确的被告、具体的诉讼请求和事实根据;(三)属于人民法院管辖范围和受诉人民法院管辖。现行《民事诉讼法》第 119 条规定,起诉必须符合下列条件:(一)原告是与本案有直接利害关系的公民、法人和其他组织;(二)

---

① 罗森贝克,施瓦布,戈特瓦尔德.德国民事诉讼法.[M].16 版.李大雪,译.北京中国法制出版社,2007:687-689.

② 吕太郎:诉之利益之判决(之一)[C]//民事诉讼法基金会.民事诉讼法之研讨(四).台北:三民书局,1993:418.

有明确的被告;(三)有具体的诉讼请求和事实、理由;(四)属于人民法院受理民事诉讼的范围和受诉人民法院管辖。法院应当在受到原告起诉状之日起,7天之内决定是否立案,不予立案的,应当作出不予受理裁定,原告可以对此不予受理裁定提起上诉。可见,我国法院审查当事人的起诉,采严格审查规则,不仅审查诉讼要件,而且审查权利保护要件,给当事人顺利起诉造成一定程度的障碍。

司法实践中,法院推诿立案、不立案的情况时有发生,最高人民法院颁布了《最高人民法院关于人民法院登记立案若干问题的规定》第2条规定,对当事人的民事起诉、刑事自诉,法院应当在接待时一律接收其诉状,并且出具书面的凭证并注明其收到的日期。对符合诉讼法法律规定民事起诉、刑事自诉,法院应当在当场予以登记并立案。对于不符合法律规定的民事起诉、刑事自诉,法院应当对该当事人予以释明。本书认为,立案登记制对于保障当事人诉权,维护合法的程序权利具有极大的促进作用,但是此立案登记制仅仅从形式上规范法院的立案行为,并未从实质上区分起诉要件、诉讼要件和权利保护要件,仍然没有彻底解决当事人立案难的问题。法院审查原告的起诉,仍然须审查是否符合《民事诉讼法》第119条的规定,既审查诉讼要件,又审查实体要件。

司法实践中,法院的绩效考核已经和法院办理案件的数量没有关系,基层法院突出表现在推诿不予受理案件。原告起诉的案件如属于新型案件,法院往往会以无法律规定和实体权利为由不予受理。一些个别法院立案庭法官违反民事诉讼法和立案登记制,对原告提交的民事起诉状,如果认为不应当受理就直接将材料退给当事人,只有在当事人强烈要求下才会出具不予受理裁定书。更有甚者,立案庭法官不收原告的起诉材料,即使收了材料也不出具凭证,这严重侵犯了当事人的诉权。法院这种违反诚实信用原则的行为,应当受到法律规制。

三、审前准备程序

民事诉讼程序是法官、当事人、其他诉讼参与人会合进行民事诉讼活动,形成的民事诉讼法律关系,保护当事人合法权益,解决纠纷的一种法律机制。法官审理民事案件进行裁判,直接影响当事人的实体利益。另外,当事人参加民事诉讼,必定会耗费时间、精力和费用,这些与民事案件实体权利义务无关,属于纯粹的程序利益。第一,当事人进行民事诉讼,必定希望法官能够高效、公正地作出裁判;第二,法官也希望尽快审理民事案件案结事了。民事诉讼法规定,普通民事案件适用普通程序,简单民事案件适用简易程序。如果不经过审理前的准备程序,后续的诉讼程序会受到严重拖延。审前准备程序起源于大陆法系德国,为了扭转诉讼案件激增的复杂局面。英美法系早已在民事诉讼中进行了审前程序。"降低诉讼成本、减少诉讼迟延长期以来不仅是美国民事审判改革的主旋律,而且也是世界范围内民事审判改革的共同呼声。"①

法官对民事案件进行审前准备程序,主要进行相关诉讼文书的送达、诉讼权利义务的告知、告知合议庭组成人员和审判人员信息、通知开庭时间等。上述准备程序之功能主要为开庭做好准备,告知当事人享有的诉讼权利和承担的诉讼义务。另外,当民事案件争点过多、事实复杂、证据繁多时,法官进行简化的审前准备程序就不能简化程序目的,审前准备程序应当进行改革。

《民事诉讼法司法解释》规定了庭前准备程序,规范双方当事人行使诉讼权利和履行诉讼义务。依据民事诉讼法中第133条第4项之规定,法院可以在被告的答辩期届满以后,通过组织原被告双方进行证据交换或者召集双方进行庭前会议等诉讼方式,作好开庭审理前的准备。依据本案的案件具体情况,法庭庭前准备会议可以包含以下内容:①明确原告起诉的诉讼请求与被告对原告起诉的答辩意见;②进一步审查处理原告当事人增加或者变更诉讼请求的申请以及被告提起的反诉,或者诉讼第三人提出的与本案有关的诉讼请求;③依据当事人提出的申请,法官决定调查收集某项证据,或者委托司法鉴定,并要求该当事人提供其掌握的证据,依申请或者依职权进行现场勘验,以进行证据保全;④组织双方当事人交换证据;⑤归纳本案的争议焦点;(六)进行调解。第226条规定,人民法院应当根据当事人的诉讼请求、答辩意见以及证据交换的情况,归纳争议焦点,并就归纳的争议焦点征求当事人的意见。可见,法官进行审前准备程序,主要目的在于整理双方当事人对案件无争议的事实和证据,归纳争议焦点。"法院可与当事人就有关同一资料(诉讼资料或证据资料)所为理解或判断之不一致所在——争点——予以整理,此既法院与当事人间之争点整理,乃为由法院主导防止发生突袭性裁判所必要。"②

民事诉讼争点整理程序,能够防止法官对当事人在认定事实、适用法律方面的突袭性裁判,尊重当事人的程序主体权。对于双方当事人无争议的事实和证据,法官在庭前程序中记录在案,在后续的庭审中将不再进行审理。而对

---

① 曾红梅.美国民事审判改革之比较研究[C]//陈刚.比较民事诉讼法(第一卷).北京:中国人民大学出版社,2001:432.
② 邱联恭.程序制度机能论[M].台北:三民书局,1996:13.

于双方当事人有争议的焦点,法官将在后续的言辞辩论中集中精力进行审理。庭前准备程序的立法目的就是提高诉讼效率,节约司法资源,防止对当事人造成突袭性裁判,使民事案件尽可能通过一次庭审就审理完毕。当事人原则上须在法官指定的举证期限内提交证据,否则产生证据失权。然而,在司法实践中,庭前准备程序实际运行情况不尽如人意。笔者通过司法调查,发现所调取的案件几乎没有一件经过了庭前准备程序,导致有些案件需经过多次庭审才能被审结。因为,缺乏充分的审前准备程序,法官为当事人双方留下了充分的机会提交新的诉讼资料。法官未依法进行庭前准备程序违反了诚实信用原则导致诉讼拖延,侵犯了当事人的程序利益。

四、庭审程序中的审判行为

民事案件经过庭前准备程序,当事人获知了诉讼权利义务,并进行了充分的准备,法官同时归纳了案件争议焦点,随后就进入庭审程序。民事诉讼开庭审理前,本案的书记员应当查明原被告当事人及委托代理人等是否已经到庭,随后宣布法庭纪律。尔后,法官宣布开庭,先由审判长核对当事人身份,宣布本案案由、审判人员和书记员名单,然后再次告知原当事人诉讼权利和诉讼义务,最后询问各方当事人是否申请回避。依据《民事诉讼法》第138条之规定,法庭调查依据下列顺序进行:①原被告当事人分别陈述;②证人出庭作证,审判长告知证人的权利义务,或者证人签署作证保证书,然后由当事人宣读未到庭的证人证言;③当事人随即出示书证、物证以及视听资料、电子数据;④宣读司法鉴定意见;⑤宣读法院的勘验笔录。依据民事诉讼法第139条,双方当事人可以在法庭上提出新的证据。经法庭许可,当事人可以向证人、司法鉴定人、勘验人员发问。如果当事人请求重新进行证据调查、司法鉴定或者勘验的,应否准许,由人民法院裁量决定。

在普通程序中,法官审理民事案件应当严格按照庭审规则进行审理。"开庭审理,即人民法院在当事人及其他诉讼参与人参加下,依照法定形式和程序,在法庭上对案件进行实体审理并作出裁判的诉讼活动。"① 书记员核对当事人身份后,法官宣布开庭,先由原告发言,一般情况下为原告代理人宣读起诉状,尔后由被告口头进行答辩。法官在原被告第一轮口头陈述的基础上,归纳本案的争议焦点,在询问原被告双方当事人,对归纳的争议焦点获得肯定的答复后,就确定本案审理的重点。当事人须对本案的争议焦点提出证据,法官

---

① 王敬藩.民事诉讼法教学案例[M].北京:中国政法大学出版社,1999:243.

对争议焦点进行法庭调查。原被告双方对对方证据的真实性、关联性、合法性,以及证据的证明力进行质证。

  法庭审理终结后,普通程序下合议庭应当及时合议案件,作出判决。与此同时,在我国司法实践中,每件普通程序审理的民事案件,法院均会任命一人为案件的承办法官。承办法官负责对案件的庭前准备程序、庭审准备、阅卷、组织开庭审理,组织合议庭评议,并书写判决书等审判工作。我国《民事诉讼法》规定合议庭审理案件,由 3 名以上的审判员或者审判员、陪审员组成的单数审理案件。合议庭成员审理案件表决案件判决结果时,每一名成员都有平等的权利。据笔者司法调查,我国民事诉讼中,法院内部依据个案任命案件的承办法官,承办法官负责制已经违背合议制的立法思想。在笔者司法调查的几个案件中,民事案件的承办人实质上具体负责案件的审判工作,合议庭其他成员有时仅仅在法庭开庭时才参加诉讼,更有甚者,有的合议庭成员开庭审理前不了解案情,案件开庭时才开始接触案件、熟悉案情。可想而知,这样的合议庭审判制度已经偏离了合议制的立法初衷,笔者认为,承办法官实质负责制违反了民事诉讼诚实信用原则。我国民事诉讼法借鉴大陆法系民事诉讼理论和立法,大陆法系起源德国民事诉讼规定了合议庭,也制定了负责具体审判事务的受命法官。在德国民事诉讼中,"每个合议庭都有自己的审判长。他主要准备和领导言词辩论以及宣告裁判;他首先承担第 139 条第 1 款的释明义务;他指定辩论期日(216 条第 2 款);在商事庭程序中依照他拥有受限制的裁判权,当事人可以扩大该权限(第 349 条第 2 款、第 3 款)。审判长对有力和恰当地领导诉讼负有责任(第 136 条第 3 款前半句)。与之相反,合议庭裁判(裁定和判决)时他就没有比其他成员更多的权力分量"①。德国民事诉讼法规定,合议庭中有一名法官作为审判长,领导组织审理程序,使案件的审理能够顺利进行。"合议庭法院的成员之一可以基于法院裁定而作出受命法官工作,例如在试行和解汇总(《民事诉讼法》第 278 条第 5 款第 1 句)、在证据调查中(《民事诉讼法》第 355 条第 1 款第 2 句、第 375 条),多数情况下他同时是(审判长指定的)报告法官,其鉴定式地准备法院的裁判,在讨论的时候向合议庭报告其对裁判的建议——与决议结果相适应——拟定判决内容。"②可见,德国民

---

① 奥特马·尧厄尼希.民事诉讼法.[M].27 版.周翠,译.北京:法律出版社,2003:39.

② 奥特马·尧厄尼希.民事诉讼法.[M].27 版.周翠,译.北京:法律出版社,2003:40

事诉讼中的审判组织——合议庭,在行使审判权时,严格遵循集体审理规则。合议庭成员平等参加庭审,平等表决和作出裁决。受命法官仅作为合议庭具体事务的代表,处理案件和解、证据调查等程序事项。审判长和受命法官并不能"大包大揽"地对案件进行审理裁判。我国民事诉讼实践显现出的合议庭虚化、形式化,侵犯了当事人的公平听审权,违反民事诉讼中的诚实信用原则。

五、法官认定事实和案件适用法律行为

依据辩论主义,原告提起民事诉讼,起诉行为主要反映在民事起诉状上面。原告提起诉讼的诉讼请求,就是原告向被告主张的实体权利请求。依据民事诉讼理论和学说,原告提起的诉根据性质的不同分为3种,分别是确认之诉、给付之诉和形成之诉。民事诉讼程序围绕着当事人争议的民事实体法律关系的发生、变更、消灭要件而展开,原告起诉的诉讼请求核心内容就是这三种诉之内容。根据处分权主义,原告对实体权利请求享有处分权,能够自由决定诉讼请求的性质和范围。原告提出诉讼请求后,就应当向法院主张诉讼基础事实并加以证实。当事人在民事诉讼中主张、举证、提交诉讼资料,均围绕要件事实而展开;法官审理案件,进行法庭调查,组织庭审质证、认证,目标指向也是查清案件事实,为裁判做准备。总而言之,法官和当事人之间进行协作,尽一切力量查清案件的事实。

法官在诉讼中的司法行为,特别对于事实与证据认定,发表自己的看法,往往会对当事人产生影响,有时会对当事人带来突袭性裁判。我国台湾地区学者将突袭性裁判分为三类,"(一)发现真实的突袭:此为经由形成心证活动以追求(发现)真实之过程,所造成的'突袭性裁判'。还可分为,⑴基因于对认定事实预测不充分的突袭,亦即假使在形成心证之审判过程,当事人不能预测到法院是何项事实为判决基础,则将难以期待当事人在法院审理该事实即法院'认定事实'之过程为充分的攻击防御,因此当事人就会受到认定该事实存否或者真伪不明的判决之突袭,以下简称为'认定事实的突袭'。这种突袭性判决,是因为当事人所认识、理解的判决基础事实,跟法院所认识的'要认定事实'有所不致所造成的。(二)推理过程的突袭基因于对推理过程预测困难的突袭——以下简称为'推理过程的突袭',亦即,如果当事人在言词辩论终结以前,不能预测到法院对有关一定事实存否之形成心证资料所持理解、判断的话,将难在判决前适时提出充分的资料或为证据分析,以促使治愈或补全隐存于法官判断该事实存否之推理过程的错误或不完全,此时,当事人因未被赋予适时提出资料的机会,而有受推理过程之突袭的危险。(三)促进诉讼的突袭重复了,亦即,由于当事人未能适时预测到法院之裁判内容或其判断过程,致未提出资料或意见,以避免在程序上造成劳力、时间、费用之必要的支出(过分的缓慢、浪费)或不该有的节省(因过分的草率所生之劳费节省)"①。邱联恭教授将法官不当隐藏自己对民事案件事实、证据调查结果和内心确信之心证,不积极协同当事人进行诉讼,导致事实认定结果与当事人的正常期待相矛盾的行为,称为突袭性裁判。其实德国已经在民事诉讼法中规定了法官的释明义务,防止对当事人的突袭性裁判。"《德意志联邦共和国民事诉讼法》第139条[法官的释明义务]规定,(1)审判长应该使当事人就一切重要的事实作充分的说明,并且提出有利的申请,特别在对所提出事实说明不够时加以补充,还要求当事人表明其证据方法。为达到此目的,如果在必要时,审判长应当同当事人一起共同从本案事实上与法律上两方面,对于本案事实关系与本案法律关系进行充分释明,并且依据情况提出发问。(2)审判长应予注意,对于应依职权调查的事项中存在的可疑之处。(3)在法院的其他成员要求时,审判长应许其发问。(4)审判长适时公开其心证,促使当事人调整其主张和举证。"②本条前三款是法官对当事人的释明义务,释明义务要求法官应当对经济地位和法律知识处于弱势的一方当事人予以帮助,力求让双方当事人之间的诉讼地位达到实质平等。本条第四款规定法官应当适时向当事人公开其心证,就是要求法官应当适时告知当事人,合议庭对于案件证据认定、事实认定以及证明度等信息。当事人对于法官公开的心证,可以适时调整其主张、举证。德国民事诉讼法将法官与当事人之间的关系,塑造成了一种工作协同关系,工作目标共同指向查清案件事实、公正裁判。法官应当抛弃消极中立角色,积极介入当事人之间的民事争议,与双方当事人协同化解民事纠纷,这体现了民事诉讼模式的新形态,即协同型民事诉讼模式。

邱联恭教授将法官突袭性裁判分为三种类型:第一,发现真实的突袭。发现真实的突袭,就是在民事诉讼中法官对于当事人的主张和举证,没有积极回应,而是从该证据或者其他诉讼资料中发现了其他要件事实,超越当事人主张自行决定采信此事实,尔后作出一种突袭性裁判。案例:原告甲起诉被告肇事者乙、被告丙保险公司道路交通事故损害赔偿诉讼,乙在驾驶机动车将甲撞伤,造成甲十级伤残,乙承担本次交通事故的全部责任。《侵权责任法》第16

---

① 邱联恭.突袭性裁判[C]//民事诉讼法研究基金会.民事诉讼法之研讨(一).台北:三民书局,1986:39-42.

② 谢怀栻.德意志联邦共和国民事诉讼法[M].北京:中国法制出版社,2000:36-37.

条规定,侵害他人造成人身损害的,应当赔偿医疗费、护理费、交通费等为治疗和康复支出的合理费用,以及因误工减少的收入。造成残疾的,还应当赔偿残疾生活辅助具费和残疾赔偿金。造成死亡的,还应当赔偿丧葬费和死亡赔偿金。受害人有被抚养人时,侵权责任法中虽然没有规定侵权行为人应当赔偿被抚养人生活费,但是最高人民法院通过解释进行了扩充规定。

最高人民法院对于《侵权责任法》制定了司法解释,其中第4条规定,人民法院在民事诉讼中,适用《侵权责任法》审理民事纠纷案件,如受害人有被抚养人的,应当依据侵权责任法司法解释第28条的规定,将被抚养人生活费计入残疾赔偿金或死亡赔偿金。因此,本案中受害人的被抚养人依据《最高人民法院关于审理人身损害赔偿案件适用法律若干问题的解释》第28条规定,被扶养人生活费根据扶养人丧失劳动能力程度,按照受诉法院所在地上一年度城镇居民人均消费性支出和农村居民人均年生活消费支出标准计算。被扶养人为未成年人的,计算至18周岁;被扶养人无劳动能力又无其他生活来源的,计算20年。但60周岁以上的,年龄每增加一岁减少一年;75周岁以上的,按5年计算。被扶养人是指受害人依法应当承担扶养义务的未成年人或者丧失劳动能力又无其他生活来源的成年近亲属。被扶养人还有其他扶养人的,赔偿义务人只赔偿受害人依法应当负担的部分。被扶养人有数人的,年赔偿总额累计不超过上一年度城镇居民人均消费性支出额或者农村居民人均年生活消费支出额。司法解释规定,交通事故造成受害人死亡或者残疾,受害人承担有抚养义务的近亲属时,肇事者应当承担其生活费用。上述司法解释实质上就与《侵权责任法》第16条规定的赔偿范围矛盾,而在司法实践中,我国各级法院民事审判行为均受到最高人民法院解释的约束。本案中,原告在交通事故中受到十级伤残,诉讼请求为医疗费、护理费、残疾赔偿金、误工费、被抚养人生活费、精神抚慰金,其中包括被抚养人的生活费,但交通事故发生后原告儿子才出生。被告保险公司抗辩,被抚养人生活费不属于侵权责任法规定的赔偿范围,故不予认可。法院判决被告不予赔付原告的被抚养人生活费,理由为原告受伤时其儿子还没有出生,被抚养人生活费没有产生。法院判决的事实理由超越了被告的抗辩,也没有给双方当事人辩论的机会。本书认为,法官在本案中判决驳回原告被抚养人生活费请求形成突袭性裁判,属于发现真实的突袭,违反了诚实信用原则。法官应当履行释明义务,告知当事人双方,被告儿子出生于本次交通事故发生后,不属于赔偿范围。待双方当事人对此事实进行了充分的攻击和防御后再进行判决。第二,推理过程的突袭:推理过程的突袭发生在法官认定事实、判断证据阶段。民事诉讼证据规则明确规定了法

官审核证据，认定事实需达到的证明度和证明标准。三大诉讼法有各自不同的证明标准，刑事诉讼证明标准为排除合理怀疑，民事诉讼证明标准为高度盖然性、行政诉讼证明标准为多层次性。因此，在民事诉讼中，法官审查核实证据，认定案件的事实的证明标准，应当等于或者超过高度盖然性。《民事诉讼法司法解释》第108条对民事诉讼证明标准进行了详细的界定，并采纳了大陆法系民事诉讼证据学理论的通说。对负有举证责任的当事人所提供的证据，法院经过审查并结合其他相关事实，如果确信待证的事实存在具有高度可能性（高度盖然性）的，应当认定此事实真实存在。对不负证明责任的一方当事人，为了反驳负有举证责任之当事人已经主张的事实并且提供的证据，法院经过审查并且结合相关案件事实，认为本案待证事实陷入真伪不明的，应当直接认定（拟制）该事实不存在。法律对于特别案件待证事实所应当达到的证明标准另外有规定时，遵从其规定。民事诉讼法司法解释对于某些特别案件，规定了较高的证明标准。当事人对欺诈、胁迫、恶意进行串通的证明标准，以及对口头遗嘱或赠与事实的证明，法院确信此待证事实存在之可能性能够排除合理怀疑的，应当认定此事实存在。我国民事诉讼法规定，当事人对其主张的事实，应当提供证据进行证明，原则上证明标准应当达到高度可能性。法官对案件争议事实，内心采纳的是高度可能性证明标准还是排除合理怀疑证明标准，应当向当事人公开。另外，在民事诉讼中的各个阶段，法官对于具体案件要件事实证据证明力是否达到证明标准，应当向当事人明确公开。实践中，法官往往对自己心证故意隐藏，不外乎给当事人一种神秘感，有利于做调解工作，向各方当事人施压。在法官神秘的心证面纱之下，当事人及其律师经常处于一种焦虑状态，不知自己的猜测和想法是否与法官相一致。原告及其代理律师会猜测，举示的证据也许已经达到了法官的心证标准，不用再去举示多余的证据了。被告有时可能很迷惑，原告提交的证据根本不符合法定的证明标准，猜测法官不会采纳原告的证据，认定其要件事实。这些民事诉讼案件的判决结果，往往会与当事人所猜测的事实认定结果相矛盾。当事人看到法院的判决书后，才恍然大悟，原来法官对事实的认定以及证明标准，都超越了原被告的预期。法官这种隐瞒自己心证的行为，就属于推理过程的突袭，没有给予当事人应该有的尊重，让当事人感觉成立诉讼的客体。法官这种行为，违反诚实信用原则。第三，促进诉讼的突袭。民事诉讼中，当事人进行诉讼争议的焦点在于要件事实、诉讼请求、证据效力、法律适用等。法官认定的事实的过程，是一系列逻辑严密的思维过程，法官在审理案件前，通过长期的法律理论知识的学习、经验法则积累，获得了审理案件的审判技能。司法实践中，不同法官对于同一案件的审理模式有所区别,但是通常普通法官对同一案件的事实认定倾向一致。当事人在民事诉讼中对其承担证明责任的要件事实举证,如果该举证不能获得法官的认可,将承担败诉风险。另外,法官如果在民事诉讼中隐藏自己的心证,会给当事人造成突然袭击。当事人可能会在提供诉讼资料方面成为"无头的苍蝇",到处"乱撞",不能有针对性地进行攻击和防御。"认定事实的突袭,此种突袭性裁判之发生系基因于:未使当事人在言词辩论终结前充分认识、预测法院所要认定之事实或该事实之具体内容,致当事人在未能就不利于己之事实为充分攻击防御之情况下,受法院之裁判。"①法官应当适时公开自己对案件事实、证据的心证,以便当事人不断调整诉讼策略,准确进行攻击防御,防止认定事实的突袭。

本书认为,法官除了应当适时公开对于案件事证之心证外,还应当公开对案件的法律适用。大陆法系民事诉讼中,当事人与法官之间权责清晰。依据辩论主义,当事人负担主张事实和提供证据,法官对案件事实适用法律或者法律定性。当事人向法院提交的诉讼资料,围绕着诉讼标的,法院审理的对象就是当事人之间争议的诉讼标的。关于诉讼标的学说,大陆法系学界早期采纳"旧实体法说"。即原告向法院提起的诉讼标的,就是主张的民事实体法律关系。"诉讼标的是原告在诉讼中所提出的具体的实体法上的权利主张,即原告起诉时,必须在诉状中具体表明其所主张的实体法上的权利或法律关系(因为实体法上的请求权是以实体法律关系构成要件为基础的,因此,实际上诉讼标的是由实体法律关系来决定的。争议的实体法律关系有多少,相应的诉讼标的就有多少)。"②旧实体法诉讼标的说,不能恰当解决原告请求权竞合的问题,因此,后来诉讼法学界提出了新的诉讼标的理论。新诉讼标的理论认为,民事诉讼案件的诉讼标的,与案件实体法律无关之纯粹诉讼对象,类似一件自然历史事实。关于案件的法律适用,属于法官的司法职权范围,法官享有垄断权,当事人只能够建议法官对案件的法律适用。新诉讼标的理论赋予了法官垄断的法律适用权,法官进行法律适用之前应当给予当事人充分的程序保障。

我国《民事诉讼法》没有直接规定诉讼标的,其他法律和解释间接地规定了诉讼标的界定标准。《合同法》第122条规定,因当事人一方的违约行为,侵

---

① 邱联恭.程序制度机能论[M].台北:三民书局,1996:6.
② 罗筱琦.民事判决对象的比较研究[C]//陈刚.比较民事诉讼法(第一卷).北京:中国人民大学出版社,2001:24.

害对方人身、财产权益的,受损害方有权选择依照本法要求其承担违约责任或者依照其他法律要求其承担侵权责任。《民法总则》第186条规定,因当事人一方的违约行为,损害对方人身权益、财产权益的,受损害方有权选择请求其承担违约责任或者侵权责任。上述两个法条规定,当民事案件中当事人的客观行为既违反了合同,同时又构成侵权责任时,原告可以选择合同违约或者侵权损害赔偿诉讼请求。当事人一旦选择合同违约诉讼,那么就不能再提起侵权责任诉讼。本书认为,在这种请求权竞合案件中,当事人向法院主张的自然历史事实就即为案件客观的行为事实,不同之处在于当事人对于此事实的法律意见,采纳侵权责任或者合同违约责任之不同,那么诉讼标的也就不同。在代理律师的帮助下,多数当事人会积极选择对自己有利案件的实体法律关系和诉讼标的。假如当事人认为选择了正确的诉讼请求和诉讼标的,而法官认定的法律关系和诉讼标的与当事人所主张的不一致时,法官就应当同当事人协商行使释明权,引导当事人正确选择。《最高人民法院关于民事诉讼证据的若干规定》第35条规定,诉讼过程中,当事人主张的法律关系的性质或者民事行为的效力与人民法院根据案件事实作出的认定不一致的,不受本规定第34条规定的限制,人民法院应当告知当事人可以变更诉讼请求。当事人变更诉讼请求的,人民法院应当重新指定举证期限。此条为我国民事诉讼最早对释明权的规定。释明权也被称之为释明义务,包含三种义务。"(1)当事人的声明和陈述不充分时,使当事人的声明和陈述变得充分。(2)当事人的声明和陈述不适当时,法院促使当事人作适当的声明和陈述。(3)促使当事人提出证据。简而言之,释明权则为法院享有的,具有上述四项内容的职权,属于法院诉讼指挥权的一种。"①

可见,我国民事诉讼立法采纳修正的旧实体法诉讼标的理论,充分发挥法官释明权,加强对当事人的程序保障。在民事诉讼中,原告首先向法官提出诉讼请求,然后主张要件事实,同时确定案件的法律适用。例如原告提起诉讼,诉讼请求为要求法院判令被告立即偿还借款债权10万元,或者原告请求法院判决被告继续履行合同并承担违约责任。原告提起的诉讼,在诉讼请求中已经表明了案件的法律性质以及法律关系的效力。假如第一种情况下,法官通过审理发现,案件事实并不能适用借款法律关系,应当适用合伙法律关系。

---

① 张卫平.程序公正实现中的冲突与衡平——外国民事诉讼研究引论[M].成都:成都出版社,1993:401.

第五章　诚实信用原则之规范化、具体化

司法实践中，法官对于原告主张的法律关系性质和效力与自己认识不一致时的处理方式有两种：第一种，法官不告知当事人自己对案件法律性质的看法，直接以自己认定的法律关系进行判决。实践中，笔者调研了一件民事案件，案情如下：原告起诉被告，诉讼请求为确认原被告各出资25万元购买了一套房子，请求被告返还购房款25万元。原告提交证据证明，原告向被告账户汇款25万元，没有共同购买房屋的书面合同等书证。被告否认原告的诉讼请求，并提交证据证明原被告之间是男女朋友关系，原告给被告汇钱的目的是讨好被告，自愿赠与给被告。第一审法院审理后认为，本案原告向被告汇钱的行为，既不是共同出资买房，也不是赠与法律关系，而是原告给被告以结婚为目的的彩礼，现原被告之间不能结婚，被告应当返还原告给付的25万彩礼钱。本书认为，第一审法院对本案的法律适用以及定性，已经造成对原被告的突袭性裁判。本案的原被告之间确实在谈恋爱，不过原告自始至终都有合法婚姻，被告也知道原告有配偶，双方就是婚外情同居关系。法官对案件事实的法律认定，姑且不评价对与错，首先应当向原被告释明，原被告在知悉法官的法律观点后，才有机会和时间积极准备新的主张和证据，对彩礼返还法律关系进行攻击防御。第一审法官超越原被告主张，擅自进行认定诉讼标的行为侵犯了当事人的程序主体权，同时违反了诚实信用原则。本案后来经过第二审，二审法院纠正了第一审法官的法律适用，不过认定原告主张的共同购买房屋法律关系成立，判决维持原判。

因为我国民事诉讼采纳旧诉讼标的论，"旧诉讼标的理论，以为诉讼标的乃当事人实体法上之权利主张，故虽系同一目的，如有数个实体法上之请求权（在给付之诉），或形成权（形成原因）（在形成之诉）时，以其请求权或形成权之数量为诉讼标的之数量，即有多少个请求权或形成权就有多少个诉讼标的"①。在民事诉讼中，法官认定的诉讼标的与当事人主张的诉讼标的不一致时，会积极告知当事人改变诉讼请求，相应地也改变了案件的法律适用。绝大多数当事人会修改诉讼请求，毕竟原告诉讼目标是实体法裁判结果，至于判决的法律理由，其不会太在意。如果当事人不变更诉讼请求，法官会判决驳回原告的诉讼请求。笔者通过司法调研发现一起法官适用释明权的典型案件，原告提起诉讼，请求法院判决被告偿还借款1000万及利息。第一审法院审理查明，原告主张的借款法律关系不属实，原被告之间资金往来属实，真实情况为

---

① 骆永家.既判力之研究[M]//台北：台大法学丛书编辑委员会，1975：124.

双方一起合伙开发房地产,二者属于合伙法律关系。因此,法官要求原告将返还借款诉讼请求改变为合伙法律关系解除之诉。在法官再三询问之后,原告均拒绝变更诉讼请求,法院最终裁定驳回原告的起诉。本书认为,法院对本案的处理值得商榷。原告起诉被告返还借款,法院审理后认定原被告双方不存在借款法律关系,实体上原告对被告无请求权,第一审法院应当判决驳回原告对被告的诉讼请求。

六、民事诉讼合议庭合议行为

我国民事诉讼法规定,一般民事案件适用普通程序,简单民事案件适用简易程序。在普通程序案件中,3 名及其以上的法官组成合议庭共同审理民事案件,能够充分发挥合议庭成员的集体智慧。"合议制度,是民主集中制原则在我国民事审判活动中的体现。这一制度有利于充分发挥集体的智慧和力量,弥补审判人员个人知识上的缺陷和认识上的不足,避免可能出现的主观片面性,提高办案质量,保证人民法院公正审理民事案件。"[①]我国民事诉讼法规定的合议制审判方式,是民事审判的基本组织形式。合议庭由审判员,或者审判员、陪审员三人以上单数共同组成,合议庭组成人员在案件审理过程中,享有平等的审判权。合议庭成员对案件的判决结果不能达成一致时,试行民主决定案件制,即少数服从多数。

司法实践中,合议庭审判制度有时形同虚设。法院庭长任命合议庭成员担任承办人后,该承办人独立处理案件的具体审判工作,其他合议庭成员几乎在开庭前不接触案件。直到开庭审理时,合议庭其他成员才陆续进入法庭翻开卷宗查看诉讼资料,熟悉案情。民事案件审理结束后,承办人先思考案件的判决结果,待其得出判决意向后才告知合议庭其他成员进行合议庭评议。合议庭其他成员一般都不会提出与承办人不同的判决意见,这就导致合议庭审判制度形同虚设,并且不利于审判人员集体智慧的有效发挥,侵蚀了合议庭成员之间的监督制约机制。本书认为,司法实践中合议庭审判案件时,承办法官与其他合议庭成员之间这种不对称关系,违反了民事诉讼诚实信用原则,合议庭成员应当积极而富有成效地就审判案件发表意见。

七、二审程序之监督机制虚化

审级制度,是保障民事案件能够得到公正审判的重要审判制度。审级制度不同于行政机关的组织制度,当事人对民事案件的公平、公正解决保持极大

---

① 常怡,等.民事诉讼法学.[M].3 版.北京:中国政法大学出版社,1999:257.

的期待。上诉审程序,"从公共目的来看,为司法机构纠正错误的机会,以维护司法的公信力,减少违背正义和公平的错误判决制造社会不满和不安定性,维护法的害怕"①。审判人员的法律素养将影响当事人进行诉讼的心理,并从形式上决定当事人对司法公正的评价。大陆法系和英美法系大多数国家民事诉讼采纳三审终审制,原则上普通民事案件,当事人能够逐级上诉到最高法院,由最高法院对案件终审判决。我国采两审终审制的审级制度,即一件民事案件最多能够获得两级法院审判的制度。我国设立了四级法院,基层法院处于行政区划的区县,中级法院位于地级市或者自治州,高级法院设立于省级政府所在地,中央设立了最高人民法院。基层法院审理了绝大多数民事案件,中级法院基本管辖诉讼标的金额超过3000万元的诉讼案件。这就致使基层法院审理案件数量和范围过大,有的疑难复杂案件已经超越基层法院法官能力所及。中级法院为大多数案件的二审法院,承担了重要的上诉审和终审功能。中级法院二审作为终审法院,审理级别较低,不利于民事案件的上下级法院之间进行有效的监督和指导。司法实践中,笔者曾经到西部某中级法院进行司法调研,该中级法院二审审理民事案件,原则上倾向于维持一审判决。如果要纠正一审判决,中级法院改判或者发回重审,须经过分管副院长批准。假如中级法院合议庭决定维持一审判决,中级法院庭长就具有审批权。中级法院审理后认为一审法官的审判程序有重大瑕疵,导致判决错误时,二审法院法官会竭力劝导双方当事人进行达成调解协议。中级法院这样处理,一来就不会以判决方式纠正一审错误判决,也不会导致一审法官受到处理。本书认为,现阶段我国民事审级制度不能有效保障当事人的审级利益,几乎退化到实质上"一审终审"的尴尬局面。二审法院法官不正当的维护一审判决的诉讼行为,违反了民事诉讼诚实信用原则,应当得到纠正。

八、划分举证责任分配行为

民事诉讼为法院强制性解决当事人之间私权争议的公法纠纷解决机制。不同于民间调解、仲裁等非讼纠纷解决方式,民事诉讼具有启动被动性、程序规范性、判决终局性、权威性等特点。民事纠纷发生后,原告和被告之间协商不成,通过第三方调解又没有结局的情况下,原告须向法院提起民事诉讼,请求启动民事诉讼程序保障其合法权益。当事人、法官、与其他诉讼参与人依法参加民事诉讼,各自享有诉讼权利、履行诉讼义务。原告和被告是民事诉讼中

---

① 江伟,傅郁林,等.民事诉讼法学.[M].2版.北京:北京大学出版社,2014:285.

的诉讼主体,在另一诉讼主体法官的主导下,共同推进民事诉讼先前发展。当事人双方首先向法院提交诉讼文书,也被称之为书状,原告提交起诉状及其副本,被告也应当向法院提交答辩状。根据司法逻辑三段论,法官在民事案件审前掌握了法律规范,原告向法官主张案件要件事实,被告对该要件事实进行答辩,肯定或者否定。法官独立于双方当事人,除了众所周知的事实外,原被告主张的一切事实均需要有证据证明。民事诉讼辩论原则规定原被告之间无争议的要件事实约束法官,如果原被告之间有争议的事实,那么就应当由当事人举证证明。

民事诉讼理论将举证责任及其分配理论,列为民事诉讼中的"哥德巴赫猜想",是最重要和最复杂的理论之一。"举证责任规定,乃于事实真伪不明(non liquet)之际,常以法律效果不发生为内容,指示法院如何判决。当事人因此而生之不利益,即为客观的举证责任。"①举证责任理论认为,因为当事人主张的事实无充分证据证明导致其真伪不明时,当事人主张的法律规范就得不到法官适用。当事人承担的这种风险责任,就是举证责任。辩论主义理念下,当事人对要件事实承担主张和举证责任,法官不承担要件事实的举证责任,法官对法律适用承担责任,查清案件客观事实仅仅作为法官事实审判的最高目标。民事诉讼审理程序不同于科学研究或者考古工作,法官调查证据手段均受到法律限制,当事人的举证能力参差不齐,很可能致使案件事实不能被查清。此时法官必须对案件作出判决,因此,举证责任及其分配理论就为法官提供了一种裁判方法以认定事实。

大陆法系德国著名的民事诉讼法学者——罗森贝克,在20世纪初创立了先进的举证责任分配理论,引导了大陆法系国家民事诉讼举证责任分配立法。"不适用特定的法规范其诉讼请求就不可能有结果的当事人,必须对法规范要素在真实的事件中得到实现承担主张责任和证明责任。每一方当事人均必须主张和证明对自己有利的法规范(=法律效力对自己有利的法规范)的条件。"②

"罗森贝克将所有的民事实体法规范分为两类:一类能够产生某种权利的规范。这些规范被称之为'基本规范'或'请求权规范''主要规范''通常规

---

① 雷万来.民事证据法论[M].台北:瑞兴图书有限公司,1997:144.
② 莱奥·罗森贝克.证明责任论.[M].4版.庄敬华,译.中国法制出版社,2002:104.

范'。另一类规范是与产生权利规范相对应的,妨碍权利产生或使已经产生的权利复于消灭的规范。这里规范又可以进一步分为三类:权利妨碍规范、权利消灭规范、权利受制规范。以后,罗森贝克又将权利受制规范并入权利妨碍规范中,将所有规范分为三类。"① 罗森贝克认为,民事实体法立法者在立法时,就将举证责任分配隐含在实体法律条文之中,法官审理民事案件时,应当严格遵循实体法的立法宗旨与立法目的分配举证责任。另外,虽然我国民事诉讼法没有对举证责任及其划分进行法律规定,但是民事诉讼法司法解释对举证责任进行了系统的规范。2002年4月1日施行的《最高人民法院关于民事诉讼证据的若干规定》第2条规定,当事人对自己提出的诉讼请求所依据的事实或者反驳对方诉讼请求所依据的事实有责任提供证据加以证明。没有证据或者证据不足以证明当事人的事实主张的,由负有举证责任的当事人承担不利后果。此条文明确了当事人应当对自己主张的事实承担主观与客观举证责任,如果当事人没有证据或者证据不足,那么法官会对该当事人作出不利的事实认定。这种事实认定方法也称之为拟制,即法官拟制一个暂定的事实,可能与客观事实不相符,但是法律不得已要进行这样的选择。第4条规定了特殊举证责任分配,即举证责任倒置。下列侵权诉讼按照以下规定承担举证责任:(一)因新产品制造方法发明专利引起的专利侵权诉讼,由制造同样产品的单位或者个人对其产品制造方法不同于专利方法承担举证责任;(二)高度危险作业致人损害的侵权诉讼,由加害人就受害人故意造成损害的事实承担举证责任;(三)因环境污染引起的损害赔偿诉讼,由加害人就法律规定的免责事由及其行为与损害结果之间不存在因果关系承担举证责任;(四)建筑物或者其他设施以及建筑物上的搁置物、悬挂物发生倒塌、脱落、坠落致人损害的侵权诉讼,由所有人或者管理人对其无过错承担举证责任;(五)饲养动物致人损害的侵权诉讼,由动物饲养人或者管理人就受害人有过错或者第三人有过错承担举证责任;(六)因缺陷产品致人损害的侵权诉讼,由产品的生产者就法律规定的免责事由承担举证责任;(七)因共同危险行为致人损害的侵权诉讼,由实施危险行为的人就其行为与损害结果之间不存在因果关系承担举证责任;(八)因医疗行为引起的侵权诉讼,由医疗机构就医疗行为与损害结果之间不存在因果关系及不存在医疗过错承担举证责。有关法律对侵权诉讼的举证责

---

① 莱奥·罗森贝克.证明责任论.[M].4版.仓田卓次,译.117-118.日本判例时报,1987.见莱奥·罗森贝克.证明责任论.[M].4版.庄敬华,译.中国法制出版社,2002:6.

任有特殊规定的,从其规定。第5条在合同纠纷案件中,主张合同关系成立并生效的一方当事人对合同订立和生效的事实承担举证责任,主张合同关系变更、解除、终止、撤销的一方当事人对引起合同关系变动的事实承担举证责任。对合同是否履行发生争议的,由负有履行义务的当事人承担举证责任。对代理权发生争议的,由主张有代理权一方当事人承担举证责任。第6条在劳动争议纠纷案件中,因用人单位作出开除、除名、辞退、解除劳动合同、减少劳动报酬、计算劳动者工作年限等决定而发生劳动争议的,由用人单位负举证责任。第7条在法律没有具体规定,依本规定及其他解释无法确定举证责任承担时,人民法院可以根据公平原则和诚实信用原则,综合当事人举证能力等因素确定举证责任的承担。2002年《最高人民法院关于民事诉讼证据的若干规定》力求对民事诉讼中各种案件举证责任分配进行详细规定,以便引导法官进行正确的事实认定。

我国2010年10月1日生效的《侵权责任法》,从实体法角度对举证责任分配进行了相应规范。《侵权责任法》第54条规定,患者在诊疗活动中受到损害,医疗机构及其医务人员有过错的,由医疗机构承担赔偿责任。这一条修改了最高人民法院《最高人民法院关于民事诉讼证据的若干规定》第4条,(八)因医疗行为引起的侵权诉讼,由医疗机构就医疗行为与损害结果之间不存在因果关系及不存在医疗过错承担举证责任。《侵权责任法》法条规定,患者应当主张并举证证明医疗机构及其医务人员的诊疗护理行为具有过错,导致患者受到损害。《侵权责任法》对医疗侵权诉讼举证责任分配的规定,有学者认为课以患者过重的举证负担,违反实体公正和程序公正。立法通过《侵权责任法》第58条规定,患者有损害,因下列情形之一的,推定医疗机构有过错:(一)违反法律、行政法规、规章以及其他有关诊疗规范的规定;(二)隐匿或者拒绝提供与纠纷有关的病历资料;(三)伪造、篡改或者销毁病历资料。这试图平衡医患双方在举证能力上的差距,辅助处于弱势地位的患者。医疗机构对于医学文书具有证据提出义务,如果拒不出示或者隐匿、毁损医疗病历,将被推定有过错,而且这种推定不能被反证推翻。本书认为,《侵权责任法》即使对医疗机构课以医学文书证据提出义务,实质上也无法从根本上扭转患者举证能力上的弱势地位。笔者曾经参与过几次医疗侵权纠纷的诉前调解,医疗机构在调解过程中均认为自己的诊疗护理人员在医疗过程中没有过错,反而主张是患者特异体质或者疾病的不可转归导致。因为医疗机构在患者受到损害后,立即着手召集本院专家"会诊"病历,检查患者的病历是否完善,有无遗漏等。通过各科专家的共同讨论,最终形成了一份完整无瑕疵的病历,尔后诉讼中司法鉴定程序需要的病历资料,医疗机构都已经准备妥当。因此,患者的举证权利得不到有效保障,本书认为,医疗侵权诉讼举证责任分配应当进行微调,以辅助处于举证弱势的患者。

2015年2月4日施行的《民事诉讼法司法解释》统一了前述解释中关于举证责任分配的规定,并和大陆法系法律要件分类说举证责任分配理论相一致。法律要件分类说又可以表述为,"主张法律上效果之当事人,就该效果之发生要件事实中之属原因性、通常性、特有性者,负有举证责任。反之,如不属原因性,或为例外之事实,或为一般要件欠缺之事实,则由对造负举证责任。又法律效果发生后,该效果变更或消灭之要件事实中之属于原因性、通常性、特有性者,亦由对造负举证责任"①。最新《民事诉讼法司法解释》第91条规定,原被告当事人分别按照统一的标准,在诉讼前就承担了自己应当证明的事实的举证责任。因此,法院应当依据下述分配原则确定原被告之间举证责任的承担,但法律如果另有规定的除外:①当事人如果主张民事法律关系存在时,他就应当对实际产生此法律关系的基本要件事实承担举证责任;②如果当事人主张民事法律关系已经变更、消灭或者民事权利受到妨害时,他应当对引起该民事法律关系变更、消灭或者权利受到妨害的基本事实承担举证证明责任。最高法院现今规定的证据制度司法解释,被称为证据规则,完全沿袭了德国民事诉讼法学者罗森贝克创立的"法律要件分类说"举证责任分配标准。此司法解释统一认识标准,法官在民事诉讼中无权超越法律规定划分举证责任分配,因为实体法已经通过法律条文,将法律关系存在、变更、消灭、妨碍的要件事实分配给了双方当事人。当事人主张法律关系存在,因为存在的法律关系对该当事人有利,那么该当事人就应当对存在法律关系的基本事实承担举证责任。例如,原告主张被告借款超期不偿还,被告予以否认,被告主张借款已经偿还或者诉讼时效已经消灭。如果以上事实在法庭审理言词辩论终结时仍然真伪不明,法官会将借款存在的要件事实举证责任分配给原告,拟制借款关系不存在。假如双方的借款法律关系已经得到证明,而被告主张借款已经偿还,借款已经偿还的要件事实真伪不明时,那么法官就会拟制借款没有被偿还,作出对被告不利的证明责任分配。此证明责任分配规则,能够大致保障诉讼中程序公正原则。这一条就修正了《最高人民法院关于民事诉讼证据的若干规定》第7条,在法律没有具体规定,依本规定及其他解释无法确定举证责

---

① 骆永家.民事举证责任论[M].台北:台湾商务印书馆,1981:74.

任承担时,人民法院可以根据公平原则和诚实信用原则,综合当事人举证能力等因素确定举证责任的承担。法官在民事诉讼中,不能依据自己的内心意思分配案件的证明责任,否则违反法律规定,也违反诚实信用原则。

本书认为,法官审理民事案件时遇到真伪不明时,举证责任规则是指导法官拟制事实的一种不得已的裁判规范,兼实体法和程序法性质。实体法规范同社会生活不完全重合,总是落后于社会发展的步伐。立法者制定的举证责任规范,同当时的公平裁判规则相吻合。然而,随着时间的推移、经济社会生活向前发展,民事纠纷出现复杂化。起初的举证责任分配规则已经不能适应公平解决纠纷的需要,法官应当发挥主观能动性,遵循诚实信用原则,对于新型案件微调举证责任分配规则。

第三节 其他诉讼参与人的诉讼行为

参与民事诉讼的主体众多,以这些主体同案件的实体法律关系为标准,民事诉讼参与者可以分为诉讼主体和诉讼法律关系主体。诉讼法律关系主体包含所有的诉讼参与人,包括当事人、法官、书记员、司法鉴定人、证人、勘验人员、翻译人员。诉讼参与人之间形成的诉讼法律关系,又可以分为审判法律关系和争诉法律关系。法官同各个诉讼法律关系主体之间形成的法律关系,就是审判法律关系。当事人与其他诉讼参与人之间形成的就是争诉法律关系。诉讼法律关系主体参加民事诉讼,行使诉讼权利、履行诉讼义务,目的是查清案件事实。所有诉讼法律关系主体参加民事诉讼,都必须依法行使诉讼权利、履行诉讼义务,遵守民事实体法和民事诉讼法。民事诉讼基本原则对这些诉讼法律关系主体具有约束力。《民事诉讼法》第13条对于"帝王法则"的规定,将我国民事诉讼立法和学理向前推进了一大步,我国诉讼法律关系主体在民事诉讼中应当遵循诚实信用原则。当事人有权在法律规定之范围内处分自己的民事权利和诉讼权利。所有诉讼法律关系主体在民事诉讼中都应当遵守诚实信用原则。

一、书记员的诉讼行为

书记员是法院的审判辅助人员,担任民事案件的记录及其他程序性工作。民事诉讼案件中大部分程序性工作都由书记员完成,其中书记员记录案件庭审过程,庭审笔录必须达到准确、及时、清晰。现阶段法院书记员记录案件的方式为电脑速录,电脑速录方式快捷、易操作。然而,司法实践中,有时书记员的记录行为也会影响案件的审判结果。民事诉讼法规定,一方当事人对对方当事人主张的不利于自己的事实予以认可时,该事实就约束法官,也免除对方当事人的举证责任。当事人开庭时,如果当庭进行自认,那么书记员必须明确记录。书记员有时因重大过失没有认真记录完整,当事人又草草录地在庭审笔录上签字,最后显示书记员记录的发言和自己的陈述不一致时,当事人无法进行纠正,除非当事人在庭审结束时马上纠正书记员的错误。书记员此时须引起高度注意,详细记录对案件有关的事实,不记录对案件无关的事实。因此,书记员的记录行为应当遵守诚实信用原则,必须在法庭开庭前熟悉案情,在此基础上才会熟练记录庭审过程。另外,书记员在接待当事人时应当同审判员加强沟通,不超越自己的权限向当事人作出解释。因为在当事人心中,法官和书记员可能没有什么区别,书记员对案件的一些说法如果同法官不一致时,就会影响法官的审判,造成被动局面。总之,书记员应当与审判员密切协同,各司其职,不越俎代庖。

二、证人的作证行为

在三大诉讼法中,证人都是一类特别重要的诉讼参与人。"证人之供证据之用,在就自己观察事实之结果为陈述,即以自己关于某项事实之经历,本于自己判断报告于法院,使得借以确定事实也。兹所谓观察者,不以目击为限,故于诉讼程序报告传闻之事实者,亦不失为证人。"[①]证人参加诉讼提供证人证言,证明案件的事实。大陆法系和英美法系对于证人证言的重视程度不同。英美法系民事诉讼传统上采对抗制的诉讼模式,制定了众多的证据规则规范证人证言,例如传闻证据排除规则、最佳证据规则、补强规则等。大陆法系传统民事诉讼对于证人证言不够重视,源于法官对证人的诚信度缺乏充分的信赖,根源在于证人证言易变等缺陷。大陆法系各国民事诉讼法对证据制度进行了不断完善,证人证言的证据效力渐渐得到重视。我国《民事诉讼法》将证人证言规定为法定证据。司法实践显示,我国民事诉讼中证人出庭率非常低,各级法院民事诉讼中,证人出庭作证率不及2%,这种尴尬的状况在我国有着深层次的社会和法律文化原因。首先,我国长期封建社会历史形成的人治传统,人们的法律意识淡薄。在民事诉讼中,证人是和案件无利害关系的自然人,缺乏法制观念。其次,中国熟人社会背景下,证人有时熟识双方当事人,碍于情面,也不愿得罪任何一方当事人,他最明智的选择就是不出庭。再次,我

---

① 石志泉,杨建华.民事诉讼法释义[M].台北:三民书局,1981:428.

国《民事诉讼法》规定了详细的证人作证制度,凡是知道民事案件情况之单位与个人,都应当承担出庭作证的义务。有关证人的单位应当支持该证人出庭作证。不能正确表达意思的自然人,不能出庭作证。民事诉讼法第73条规定在一些特殊情况下,非证人自身原因,证人可以出具书面证言或者远程视频作证,从而代替亲自出庭作证,但这也不能免除证人的保证义务。通过人民法院通知,证人应当出庭进行作证。如果有下列特殊情形之一的,并且经过法院许可,证人可以通过书面的证言或者视听传输技术以及视听资料等方式作证:①作为证人的自然人因身体健康原因而不能出庭的;②证人因作证路途遥远,或者交通不方便而不能出庭作证;③证人因为发生了自然灾害等不可抗力事件,客观上不能出庭作证的;④证人其他有正当理由不能出庭的。《民事诉讼法司法解释》第74条规定了证人作证的费用负担原则,证人因为履行出庭作证义务从而支出了住宿、交通、就餐等必需费用或者证人作证产生的误工损失,应当由本案败诉的一方当事人负担。当事人主动申请证人作证的,先由该当事人垫付;如果当事人没有申请证人出庭作证,法院通知证人作证的,由法院先行垫付。

我国民事诉讼法规定,证人应当出庭作证;如果证人无正当理由拒绝作证,没有明确规定应当承担何种程序法责任,我国强制证人出庭作证制度存在缺陷。而且,民事诉讼中证人出庭作证后,如果遭到当事人的打击报复,或者受到威胁时,民事诉讼法没有特别规定应当制裁打击报复者。刑法也没有规定对证人的特别保护条款,以及打击报复证人行为的单独刑事责任。另外,我国三大诉讼法均没有规定特殊职业或者特殊身份的自然人,在特定案件诉讼中享有拒绝作证的权利。民事诉讼中,证人出庭作证行为难免会触及其他社会关系。例如民事案件中,当事人的近亲属是案件的重要证人,或者妻子作为证明不利于丈夫的事实的证人,那么妻子可以拒绝作证吗?我国民事诉讼法应当对证人出庭作证制度进行必要的完善。

综上所述,证人拒绝作证的原因很复杂,本书认为既然民事诉讼法规定诉讼法律关系主体进行民事诉讼,都应当遵守诚实信用原则,证人作为重要的诉讼参加人,必须遵守诚实信用原则积极出庭,真实陈述。证人拒绝出庭作证,或者出庭作伪证,均违反了诚实信用原则,应当承担程序法责任。

三、司法鉴定人的鉴定行为

民事诉讼是民事纠纷之公权力解决机制,并且作为一类重要的司法制度,处理民事生活领域发生的民事纠纷。民事纠纷是平等主体的公民、法人、其他组织之间发生的,关于人身权利义务和财产权利义务之争议。民事社会生活中,人与人之间会产生许多的民事法律关系,依据民事法律关系客体的不同,民事纠纷又可以被分为普通民事纠纷和专业性民事纠纷。普通民事纠纷,就是法官不需要借助其他专业人士就可以认定事实适用法律进行裁判的纠纷,例如民间借贷合同纠纷、婚姻家庭继承法律纠纷、不当得利纠纷、无因管理纠纷、劳动争议等。特殊民事纠纷涉及专业性要件事实,法官作为通晓法律知识的技术性官僚,不具备专业知识的能力,例如知识产权侵权纠纷、道交事故损害赔偿纠纷、医疗侵权损害赔偿纠纷。法官审理上述纠纷时,应当认定侵权责任成立与否的事实,依据四要件:侵权行为事实、行为人主观过错、主观过错与损害后果之间因果关系、受害人的损害后果。行为人主观过错和受害人损害后果,往往与专业性事实有关。医疗侵权诉讼中,医疗机构的诊疗护理人员对患者进行诊疗护理过程中,主观上有无过错以及过错与损害后果之间的因果关系的认定,法官必须委托司法鉴定人,对上述要件事实进行过错和因果关系鉴定。"所谓鉴定人者,即依法院之命令,本诸自己之特别知识,而就法则、习惯、实验规则、过去事实等陈述意见之第三者;而所谓鉴定者,即依第三者之陈述意见而成之证据调查。"①

大陆法系与英美法系,对于司法鉴定人的角色性质认识不一致。英美法系认为法官不懂案件专业性事实,当事人应当向法官申请具有专业性背景的专家出庭作证,法律上称之为专家证人。对于专业性的事实,原被告双方均可以聘请自己的专家证人出庭。"英美法系各国对作为专家证人的专家的资格并没有严格的法律标准,只要某人在其专门领域内确实具备优越于常人的能力,他就可以专家的身份在法庭上就涉及该领域的事实问题发表意见。"②法官对原被告分别举出的专家证言证明力进行自由心证,认定专业性事实。另外,大陆法系民事诉讼采纳与英美法系截然不同的司法鉴定体制。大陆法系民事诉讼中,案件涉及专业性事实问题时,法官会寻求有专业背景的司法鉴定人进入诉讼,对专业性的事实进行评判,并将专业性事实"翻译"成法官能够读懂的事实。司法鉴定人是法官的事实审助手,行使了准司法权。不论专家证人还是司法鉴定人,他们进入法庭参与诉讼,均是向法庭提供专家意见,辅助法官认定事实。司法鉴定人进入诉讼向法庭提交专家意见证据,这种意见来自司法鉴定人在诉前掌握的知识、经验、学历、教育。在专业性案件中,司法鉴

---

① 松冈义正.民事证据论[M].张知本,译.北京:中国政法大学出版社,2004:341.
② 徐继军.专家证人研究[M].北京:中国人民大学出版社,2004:6.

定人的专家意见往往能够左右案件的裁判结果。因此,司法鉴定人客观公正进行鉴定,是维护司法公正的必要保障。司法鉴定人参加民事诉讼须遵守民事诉讼法,受到诚实信用原则的约束,而在民事诉讼中违反诚实信用原则的行为则比较隐蔽。本书认为,我国《民事诉讼法》第76条规定,当事人可以就查明事实的专门性问题向法院申请司法鉴定。如果当事人申请司法鉴定的,先由双方当事人共同协商确定选定具备司法资格的鉴定人;如果协商不成的,就由法院指定司法鉴定人。当事人未申请进行司法鉴定,如果法院认为对本案的专门性问题应当进行司法鉴定的,须委托具备司法资格的司法鉴定人进行鉴定。《民事诉讼法司法解释》第77条规定,司法鉴定人有权了解进行司法鉴定所需要的案件材料,必要时司法鉴定人可以询问本案的当事人和证人。在鉴定结束时,司法鉴定人应当向法院提出书面司法鉴定意见,在司法鉴定书上签名或者盖章。第78条规定,如果当事人对司法鉴定意见存有异议,抑或法院认为司法鉴定人应当必要出庭接受质询时,司法鉴定人应当在开庭时出庭作证。如果经法院通知,司法鉴定人拒绝出庭作证,司法鉴定意见不得作为认定本案事实的根据;已经支付了司法鉴定费用的当事人有权要求其返还司法鉴定费用。第79条规定,本案当事人可以申请法院通知对案件专业性事实具有专门知识的人出庭,就司法鉴定人已经作出的司法鉴定意见或专业问题提出专业性的质询意见。司法鉴定人是法官的事实审助手,原则上应当由法官进行委托。我国关于证据规定的司法解释允许当事人在诉前单方委托鉴定,司法实践中,如果另一方当事人诉讼中申请重新司法鉴定,法官一般情况下会允许进行重新鉴定。司法鉴定人在适用自己专业知识鉴定案件时,较易"独断专行",法官不懂就无法介入专业知识领域,只能够从鉴定程序上对司法鉴定人进行规范。例如,法官着重审查司法鉴定人鉴定资质、鉴定范围等。司法鉴定人在鉴定过程中,运用自己的专业经验法则判断事实提供意见,不容易受到法律的约束,因此,司法鉴定人往往容易违反诚实信用原则,作出与事实不相符的鉴定意见。本书认为,民事诉讼法在以后修改时,应当加强对司法鉴定程序的规范,增强对当事人对司法鉴定人回避申请权的保障,完善司法鉴定人的鉴定责任,对司法鉴定人违反诚实信用原则的行为进行规制。

四、翻译人员、勘验人员的诉讼行为

民事诉讼中,当事人不通晓法院辖区语言,法院应当为其聘请翻译,将法庭审理过程进行同声翻译。"勘验人员,是指在诉讼过程中为查明案件事实而对与案件争议有关的现场、物品实施查验、拍照、测量等行为的人民法院审判人员。"①勘验人员,就是案件事实涉及不动产相邻关系或者其他现场情况,为查清案情,法院指派本院工作人员到现场对涉案物品或者不动产进行勘验,绘制勘验图形成勘验笔录,勘验笔录就是一类独立的民事证据。翻译人员、勘验人员参加民事诉讼,应当遵守民事诉讼法,在民事诉讼中都应当遵守诚实信用原则。翻译和勘验人员,参加了民事诉讼,行使一定的诉讼权利,履行相应的诉讼义务,也必须遵守诚实信用原则。

---

① 常怡,等.比较民事诉讼法[M].北京:中国政法大学出版社,2002:214.

第六章

当事人违反诚实信用原则滥用管辖权之分析

当事人是重要的诉讼法律关系主体,在民事诉讼中享有处分权,能够决定诉讼标的,诉讼发生、变更、终结,是最重要的诉讼主体。依据不告不理原则,原告起诉决定诉讼标的,双方共同推动民事诉讼向前进。当事人在民事诉讼中享有重要的诉讼权利,也承担相应诉讼义务。民事法律事实引起民事诉讼法律关系发生、发展和变化,民事法律事实又被分为民事诉讼行为和民事诉讼事件。与民事实体法律事实构成要件相一致,民事诉讼法律行为与当事人主观内心意思表示相统一。民事诉讼法律事件,不以行为人主观意思为要素,能够引起民事诉讼法律关系发生变动。"诉讼法上的行为,是本于人的意思活动,作为人的态度,本来就包含着行为与不行为,这种行为与不行为,统称为诉讼行为。"[①]

从心理学角度分析,每个人都倾向于为自己的利益作为和不作为。在民事诉讼中,当事人为了自己的利益进行攻击和防御,进一步地突出了趋利避害的行为倾向。本书前面已经详细叙述了当事人行使诉讼权利、履行诉讼义务的各种形态,当事人的诉讼行为必须遵守民事诉讼法和民事实体法。原告、被告、第三人、共同诉讼人、诉讼代表人,在我国民事诉讼中称为当事人,这些诉讼主体行使诉讼权利、履行诉讼义务,必须严格遵守民事诉讼法规定。值得注意的是,当事人在诉前、诉中、判决后强制执行程序中,都为了自己的实体利益和程序利益,行使诉讼权利、履行诉讼义务。诚实信用原则作为民事诉讼法的基本原则之一,就像一只看不见的"手",指挥着当事人的诉讼行为,规范当事人行使诉讼权利、履行诉讼义务。

---

① 王锡三.资产阶级民事诉讼法要论[M].重庆:西南政法大学,1986:38.

第六章 当事人违反诚实信用原则滥用管辖权之分析

"诉讼实践中,案件由何地法院管辖已经成了民事诉讼当事人共同关注的第一个问题,关于案件管辖的斗争就成了双方当事人的第一次较量。"① 司法实践中,原告起诉前最在意的就是民事案件的"入口",即民事诉讼的管辖。"管辖者,即依法律之规定,将一定之诉讼事件,分配于各法院之标准也。盖以诉讼事件,种类件数,均极繁多,如无固定之标准分配,必至杂乱无章,不独各法院之负担,畸重畸轻,且随原告之意思,任意向某一法院起诉,被告之应诉,亦极不便利,自不可不明白加以划分,此管辖之必要也。"② 大陆法系德国、日本等民事诉讼,将管辖分为事务管辖、职能管辖、地域管辖、合意管辖、专属管辖、指定管辖。当事人的诉讼行为能够约束地域管辖、合意管辖等,本章先就当事人违反诚实信用原则违反管辖制度进行分析。

第一节 当事人诉前违反诚实信用原则规避法定管辖权

民事社会生活中,民事主体为了生产和生活之需,相互间会形成各种民事实体法律关系。民事主体参加民事活动,享有某种民事权利、履行民事义务。民事主体之间如果对于各自的权利义务认识一致没有争议,那么就不会产生民事纠纷。例如发生道路交通事故,事故致使受害人伤残或者死亡,也未必会产生民事纠纷。因为肇事者和受害者假如都认可了道路交通事故的责任认定,受害者的损害双方当事人均没有异议,那么他们之间就可以通过协商解决事故赔偿事宜。一旦双方对交通事故责任认定或者损害赔偿后果认识不一致时,当事人之间就会产生民事纠纷。

民事纠纷发生后,当事人双方均可以诉诸民事诉讼程序进行处理。当事人是认为自己或者自己管理的民事权益受到侵害,或者与他人发生争议,进行民事诉讼受到法院判决拘束的人。主动向法院提起民事诉讼的就是原告,对方当事人作为被告,原告向法院提起民事诉讼须符合起诉要件和诉讼要件。起诉要件是当事人进行民事诉讼须具备的基本程序手续,原告向法院提起民事诉讼,递交起诉状,起诉状是重要的书状,起诉状显示了一个完整的诉:当事

---

① 张卫平.管辖权异议:回归原点与制度修正[J].法学研究.2006(4):141.
② 王甲乙,杨建华,郑健才.民事诉讼法新论[M].台北:广益书局,1983:11-12.

人基本情况；诉讼请求，决定了诉讼标的的类型；事实与理由，主张要件事实和法律适用；最后须确定案件的管辖法院。民事案件的起诉要件包含上述内容的形式要件，而诉讼要件是诉讼成功的实质条件。本书前面章节已经分析了诉讼要件，包含法院、当事人、诉讼标的三大诉讼要件，法院诉讼要件就是当事人进行民事诉讼必须具备的首要条件。法院诉讼要件包含法院主管和管辖。主管是法院受理处理民事案件与其他国家机关职责范围的分工和权限。我国法院受理并解决绝大多数民事纠纷案件，某些特殊案件由其他国家机关处理。当特定民事案件由法院主管后，我国哪个法院管辖此民事案件，就涉及具体的管辖制度。

原告提起民事诉讼，相对于被告处于主动方，具有选择法院管辖的优先权。根据我国《民事诉讼法》规定，普通民事案件应当遵守一般地域管辖规则和特殊地域管辖规则。因此，原告及其委托代理人会综合考虑一切因素，选择对其有利的管辖法院。如果原告最终选择管辖符合法律规定，那么就没有违反诚实信用原则。假如当事人的选择违反法律规定，故意规避管辖的强制性规定，那么就有违诚实信用原则。

一、当事人改变诉讼请求违反诚实信用原则规避级别管辖

我国民事诉讼采纳四级两审终审制的审级制度，法院系统组织架构为金字塔形结构，越到高等级的法院，受理案件数量越少，法官素质越高。当事人尤其关注民事案件的审级，在没有其他因素的影响下，都希望高级别的法院进行审理，希望得到更为充分的程序保障。我国最高人民法院在2015年颁布了各级法院级别管辖新标准，对应于各地的经济发展水平，全国被划分为四大司法辖区。

原告为了规避法定级别管辖，会通过修改诉讼请求金额达到目的。原告通常使用的方式，就是将诉讼标的金额故意增加或者减少，以达到提级审理或者下调审级的目的。例如原告起诉被告偿还民间借款，借款金额为5000万元。原告享有处分权，为了规避级别管辖，原告先起诉的金额为2500万元，此案件一审级别管辖法院为基层人民法院。待基层人民法院受理案件后，法院会向原被告送达受理案件通知书和应诉通知书，此时原告增加诉讼请求，将诉讼请求修改为5000万元。原告增加诉讼请求后，被告对于原告增加的诉讼请求，有提出抗辩的权利。《民事诉讼法》第127条规定，以及民事诉讼当事人平等原则，在原告提起民事诉讼，法院受理案件以后，被告可以对本案提出管辖权异议。被告提出管辖权异议期为被告提交答辩状期间，即被告应当在收到起诉状副本和应诉通知书以及诉讼权利义务告知书之日起15日内提起管辖权异议。法院审理后认为,被告提出的管辖权异议成立时,应当作出裁定将案件移送至有管辖权的法院审理;如果法院审理后认为被告提出的管辖权异议不成立时,应当裁定驳回被告提出的管辖权异议。被告在答辩期内未提出书面的管辖异议,并且应诉进行实体答辩的,视为受理本案的人民法院享有管辖权,但是本案法院不能违反级别管辖与专属管辖。被告对于原告增加诉讼请求,提出管辖权异议,请求应当由中级人民法院管辖。基层人民法院应当对被告的管辖权异议进行审查,以裁定方式作出移送管辖或者驳回管辖权异议申请。

  当事人规避级别管辖,本书认为属于严重违反诚实信用原则的诉讼行为,应当受到规制。级别管辖制度是保障当事人审级利益的重要诉讼制度,一件民事案件能够通过不同级别的法院审理,当事人形式上就被赋予了多重的程序保障。另外,不同的法官对同一案件的审理,在上级法院法官的法律素养普遍高于下级法院法律素养的情况下,错案就可能得到及时的纠正。大陆法系德国、日本等国民事诉讼,均设立了三审终审制的审级制度。三审终审制审级制度下,国家设立了四级或者三级法院,对普通民事案件当事人可以将案件逐级上诉至第三审最高法院进行裁判,当事人的程序利益得到充分保障。三审终审制下,三级法院分别承担不同审判目标,一二审法院审理案件事实和适用法律,即一审法院、二审法院都对民事案件进行全面审理。第三审最高法院作为法院系统"金字塔"顶端,其功能和作用主要在于统一法律适用,解决各地对同类案件审理出现的裁判矛盾。因此,最高法院不适合审理过多案件,各国最高法院法官数量都较少,最高法院审判普通民事案件,仅限于审理案件的法律问题。例如,一二审法院对案件适用法律作出判决,当事人认为二审法院适用了错误的法律,导致判决错误。根据法制统一原则,不同法院审理类似案件时应当适用同一法律。司法实践中,由于法官个体之间差异较大,各地法官对同类案件法律适用会产生些许偏差,最终必定会导致对案件的法律适用出现矛盾。另外,法官审理民事案适用了错误的法律,这就有必要由最高法院对这种案件进行监督和纠错,确保法律适用下的统一。

  二、原告增列被告或者被告申请追加共同被告,恶意进行选择管辖

  我国民事诉讼法规定了一般地域管辖,其中一般地域管辖的原则规定,民事案件由被告住所地法院管辖。原告提起民事诉讼,必须符合我国民事诉讼法关于起诉条件的规定。我国民事诉讼法第119条规定了原告提起诉讼的起诉要件,又属于诉讼要件。我国法律规定,起诉必须符合下列条件:①原告应当与本案有直接实体法上利害关系的自然人(公民)、法人或者其他组织;②本案有明确的被告主体；③原告起诉须具备具体之诉讼请求与事实和理由；④属于法院主管受理民事诉讼的范围与受诉人民法院对本案具有基本管辖和专属管辖权。我国法律规定，原告应当与案件有直接利害关系，被告主体身份应当明确。原告在民事诉讼中享有诉权，假如原告不是适格当事人，法院将裁定驳回起诉。这区别于原告主张具体的实体权利请求，或者确认、解除实体法律关系，法院判决确认实体法律关系，原告证据不足时，法院判决驳回原告的诉讼请求。因此，原告在民事诉讼中的身份必须明确，否则将面临被驳回的危险。

另外，原告起诉被告承担民事责任，如果法院审理后发现被告不是本案的实体责任人，那么应当判决驳回对被告的诉讼请求。在简单民事诉讼中，民事案件只有一个原告、一个被告，原告有无诉权，被告有无实体义务和责任，比较容易确定。但是，因为经济社会的飞速发展，诉讼主体早已不限于单个，多数当事人诉讼已经占据较大比例。原告方为两人以上的诉讼，就称为积极的共同诉讼，被告一方为两人以上的就称为消极共同诉讼。原告起诉必须明确共同诉讼人，如果少列了共同原告或者共同被告，法院应当追加。依据《民事诉讼法》第132条规定，必须共同进行诉讼的当事人没有参加诉讼的，人民法院应当通知其参加诉讼。因为必要共同诉讼中，共同诉讼当事人属于一个整体，如果缺少一个当事人，那么这个诉就存在缺陷，应当进行补救。我国民事诉讼法规定，法院应当通知没有参加诉讼的当事人参加诉讼。民事诉讼中，必须共同进行民事诉讼的当事人如果没有参加诉讼时，受理案件法院应当依职权追加；当事人也可以申请人民法院追加必要共同诉讼人。法院对该当事人提出的追加当事人申请，应当依法进行审查，如果申请理由不能成立的，应当裁定驳回申请；如果申请理由能够成立的，法院应当通知其参加诉讼。受诉法院追加必要共同诉讼的当事人时，应当依职权通知本案的其他当事人。如果应当追加的原告已经明确表示放弃他的实体民事权利的，法院可不予追加；如果被追加的必要共同诉讼人既不表示愿意参加诉讼，又不主动放弃民事实体权利的，仍然应追加其为共同原告。司法实践中，原告在起诉被告当事人时，处于积极主动的地位，被告处于消极被动状态。依据民事诉讼法，被告的身份明确时，民事案件就符合我国的法律规定，可以被法院受理。假如有多个原告、多个被告，提起诉讼的原告遗漏了这些当事人时，法院应当追加这些必要共同原被告当事人，法院不能以当事人不完整为由，裁定驳回起诉。

有的民事案件中，原告为了达到不法目的，将案件管辖确定为他希望的法院，原告恶意地将明显不是本案实体责任主体的人列为被告，这个被告要么和原告的住所地一致，要么是原告希望的法院辖区。当法院受理这样的案件后，被告提出或者不提出管辖权异议,将不影响受诉法院的管辖权。原告在提起诉讼时,将各个被告列为必要共同诉讼人地位,请求各个被告承担损失的连带责任。笔者在实践中发现了如下两个案例:

案例:黄某、黄某某诉中石油运输公司等道路交通事故损害赔偿案。2012年10月23日21时03分,A驾驶津AK5283号牵引车牵引陕A2054号挂车由东向西行驶至连霍高速宝天段(G30)1326KM+700M(甘肃省天水市麦积区党川乡境内)处,与前方因事故临时停车等待通行的、由B驾驶的川C88596号车追尾相撞,致川C88596号车又与前方停驶的由安徽省肥西县人叶科明驾驶的皖A7J215号牵引车牵引的皖A5H30号挂车尾部相撞,造成川C88596号车驾驶人B当场死亡,三车受损的道路交通事故。2012年11月10日,甘肃省公安厅交通警察总队高速公路支队甘泉大队作出事故认定书,认定……道路交通事故形成原因分析……陕A2054号挂车档案资料证实该车改型(注册外廓尺寸14490×2495×3990mm、2轴、8个轮胎,肇事时该车长31200mm、3轴、12个轮胎)。……当事人导致交通事故的过错及责任或者意外原因,驾驶人A驾驶违法改型的重型机动车辆,在高速公路上未安全驾驶致刹车失灵、车辆失控,临危采取措施不当,其行为违反了《中华人民共和国道路交通安全法》第21条"驾驶人驾驶机动车上道路行驶前,应当对机动车的安全技术性能进行认真检查;不得驾驶安全设施不全或者机件不符合技术标准等具有安全隐患的机动车"、第22条"机动车驾驶人应当遵守道路交通安全法律法规的规定,按照操作规范安全驾驶、文明驾驶"之规定,其过错是导致本次事故的直接原因;本次事故中,A负事故的全部责任,B无责任。2012年11月2日,甘肃省汽车性能监督检验站对事故车辆作出鉴定意见,内容为津AK5283号牵引车及陕A2054号挂车转向性能符合国标要求,制动性能满足车辆行车制动要求。

中石油运输公司系全民所有制的企业法人。中石油运输陕西公司和中石油运输物联网公司系中石油运输公司设立,并领取营业执照的非法人分支机构。2009年11月30日,中石油运输公司与北京环达汽车装配有限公司签订协议,约定购买特种车辆,即本次事故中陕A2054号挂车,合同约定该车外形尺寸(长×宽×高)为23600×28000×37500mm。该车购买后登记于中石油运输陕西公司名下,其行驶证、道路营运证登记外形尺寸(长×宽×高)为14490×2495×3990mm、2轴、8个轮胎。

2012年6月,中石油运输公司将登记在中石油运输陕西公司名下的陕A2054号挂车调拨至中石油运输物联网公司,由其管理使用。2012年9月1

日,A、魏欣(乙方)与中石油运输物联网公司(甲方)签订车辆租赁合同,约定:甲方将陕A2054号挂车出租给乙方用于商品车运输,租赁期限为2012年9月1日至2013年8月31日,租金为每月6000元,甲方保证车辆符合商品车运输要求并具备相关运营许可手续,甲方负责办理租赁期间的第三者责任险等险种,租赁期间因车辆事故所发生的费用,除由保险公司支付外,由乙方承担,但因甲方隐瞒租赁物质量瑕疵造成的事故除外。合同签订后,中石油运输物联网公司即将陕A2054号挂车交由A使用。津AK5283号牵引车的登记车主为A,该车向太保天津公司投保了交强险,发生本次事故时处于保险期内。陕A2054号挂车登记车主及道路运输证业主为中石油运输陕西公司,该车检验合格至2013年2月,该车向人保西安公司投保了交强险,发生本次事故时处于保险期内。川C88596号车向平安保险自贡公司投保了交强险、第三者责任险、乘坐险,发生本次事故时处于保险期内,交强险与第三者责任险条款约定该险对第三者造成的损害予以赔偿,乘坐险条款约定被保险车辆承担事故责任的,按责任大小承担赔偿责任。因B、刘敏、李宝利三人的死亡,A垫付20000元、中石油运输物联网公司垫付170000元、太保天津公司垫付110000元。一审诉讼过程中,经该院释明:黄某、黄某某要求在(2013)自流民初字第1327号、1328号、1329号案件中各品迭100000元垫付费用;黄某、黄某某不起诉皖A7J215号牵引车、皖A5H30号挂车的交强险承保公司及津AK5283号牵引车的营运挂靠单位承担责任,仅要求已起诉的责任主体承担相应责任。B生前在自贡市川南农副产品批发市场从事长途贩运、批发零售水果等经营活动;B的亲属黄某、黄某某。

本案中原告:死者B的近亲属,黄某、黄某某(住所地为四川省自贡市贡井区)。被告:A(住新疆维吾尔自治区昌吉回族自治州延安南路公交公司家属院3-1-402)。被告:中国石油天然气运输公司陕西分公司,住所地陕西省西安市未央区经济技术开发区B4区迎宾大道138号园A座305室。被告:中国石油天然气运输公司物联网分公司,住所地北京市顺义区林河开发区林河大街13号A3004。被告:中国太平洋财产保险股份有限公司天津分公司,住所地天津市河东区十一经路78号万隆太平洋大厦1、19、20层。被告:中国人民财产保险股份有限公司西安市分公司,住所地陕西省西安市东木头市111号。被告:中国平安财产保险股份有限公司自贡中心支公司,住所地四川省自贡市汇兴路中段新美帝景1号楼。

本案是道路交通事故损害赔偿诉讼,即侵权诉讼。原告亲属B被被告A驾车撞死,被告A驾驶的挂车是向被告中石油运输物联网公司租赁的,而肇事车辆在本次租赁合同签订以前,就被被告中国石油天然气运输公司陕西分公司、被告中国石油天然气运输公司物联网分公司进行了违法改装,致使危险性增加。从侵权责任法角度分析,本案中原告的损害是被告A、被告中国石油天然气运输公司陕西分公司、被告中国石油天然气运输公司物联网分公司共同造成的。被告中国太平洋财产保险股份有限公司天津分公司、被告中国人民财产保险股份有限公司西安市分公司分别是肇事车辆陕A2054号和津AK5283号牵引车的交强险和三种责任险的保险公司。上述主体是本案的适格被告和实体责任人。

依据《民事诉讼法》第28条规定,因侵权的行为提起的诉讼,由侵权行为地或者被告住所地人民法院管辖。原告可以向交通事故发生地甘肃省天水市麦积区法院和被告住所地新疆维吾尔自治区昌吉回族自治州法院、北京市顺义区法院、天津市河东区法院、陕西省西安市未央区法院提起诉讼。B驾驶的川C88596号车登记地在四川省自贡市,投保在中国平安财产保险股份有限公司自贡中心支公司,住所地四川省自贡市汇兴路中段新美帝景1号楼。各原告住所地均在四川省自贡市。依据法定管辖规定,原告应当向本次道路交通事故发生地、各必要共同被告住所地法院提起诉讼。本案中,川C88596号车的车主就是B,投保的保险公司是中国平安财产保险股份有限公司自贡中心支公司,这个保险是交强险和商业三者责任险,即川C88596号车在运输过程中导致第三者伤亡,该保险公司才承担保险赔付责任。B当时在车上被撞死,不属于该车的三者险赔付范围,因此,中国平安财产保险股份有限公司自贡中心支公司就不是本案的适格被告。

但原告却将中国平安财产保险股份有限公司自贡中心支公司列为必要共同被告,向四川省自贡市自流井区人民法院提起民事诉讼,共6个共同被告,只有中国平安财产保险股份有限公司自贡中心支公司的住所地在四川省自贡市自流井区。依据我国《民事诉讼法》,民事案件中有多个共同被告时,原告可以选择其中一个被告住所地法院提起民事诉讼,这也属于一种多数当事人的选择管辖。依据《民事诉讼法》第119条规定,对被告当事人法院立案受理的条件为,只要被告主体明确,法院就会作出实体判决。原告在本案中,正是利用了法律和司法解释的漏洞,加上一个不承担责任的被告,目的就是为了将本案的管辖确定为四川省自贡市,正好和原告住所地一致。原告选择四川省自贡市自流井区法院,一方面节约了诉讼成本,就在自己的住所地法院进行诉讼;另一方面,可以利用与本地系统千丝万缕的关系影响案件的裁判。四川省自贡市自流井区人民法院受理案件,在被告提出管辖异议,一审法院、二审法院均以中国平安财产保险股份有限公司自贡中心支公司被告住所地在四川省自贡市自流井区,依据共同诉讼原理,自流井区人民法院具有管辖权,裁定驳回了被告提出的管辖权异议。

本案中,原告住所地在四川省自贡市自流井区,交通事故发生地在甘肃省天水市麦积区,肇事者和车辆改装者、挂靠者、肇事车第三者保险公司住所地分布在全国各地,和原告不属于一个辖区。原告为了起诉方便,向原告住所地法院提起诉讼,依据一般地域管辖和特殊地域管辖规定,原告住所地法院都没有管辖权。原告为此增加了一个被告,即死者驾驶车辆所承保的交强险和三者责任险保险公司作为被告,这个保险公司住所地就和原告属于同一地市。根据必要共同诉讼理论,原告可以向任何一个共同被告的住所地法院提起诉讼。我国民事诉讼一般地域管辖和特殊地域管辖,仅仅规定被告住所地法院具有管辖权,被告的身份由原告在起诉时确定,起诉要件和受理要件合并的情况下,法院立案部门并不会去审查被告是否就是实体法上的责任主体。换句话说,原告在起诉状中列出的被告,就是适格被告,被告的实体法责任在于案件立案后法院的实体审理。这样的立法规定,赋予了原告强有力的选择权,也为原告恶意选择被告创造了条件。

案例2:原告北京市智扬伟博科技发展有限公司、被告创思生物技术工程(东莞)有限公司、被告开封市城市管理局合同纠纷管辖案。原告北京市智扬伟博科技发展有限公司与被告创思生物技术工程(东莞)有限公司签订了居间合同。原被告在履行过程中发生争议,原告向开封市中级人民法院提起诉讼,本案经过河南省开封市中级法院一审、河南省高级人民法院二审,判决被告创思生物技术工程(东莞)有限公司败诉。创思生物技术工程(东莞)有限公司向最高人民法院申请再审,称本案一、二审判决存在被告开封城管局主体不适格的问题。合同双方当事人为北京市智扬伟博科技发展有限公司和创思生物技术工程(东莞)有限公司,开封市城市管理局不是本案实体法律关系人。北京市智扬伟博科技发展有限公司是为了在河南省开封市获得管辖才将开封市城市管理局列为被告,认为本案违反法律规定管辖错误。根据民事诉讼法第24条的规定,因合同纠纷提起的诉讼,由被告住所地或者合同履行地法院管辖,因此,本案应当由合同履行地北京市智扬伟博科技发展有限公司所在地和被告创思生物技术工程(东莞)有限公司所在地法院管辖。开封市城市管理局不是适格被告,开封市中级人民法院就对本案没有管辖权。

最高人民法院认为,根据民事诉讼法第108条的规定,人民法院受理民事案件时,对于被告的要求是"有明确的被告"。本案一审原告智扬公司起诉时,将创思公司和开封市城管局列为被告,符合民事诉讼法规定的被告明确性要求。因开封市城市管理局住所地在开封市中级人民法院辖区内,开封市中级人民法院受理本案时依据住所地确定管辖权并无不妥。在管辖权确定后,开封市城市管理局是否为适格被告并不影响本案的实体审理,且一、二审判决均未判决开封市城市管理局承担实体义务,未对案件正确判决产生影响,因此,驳回创思生物技术工程(东莞)有限公司的再审申请。

民事诉讼原告起诉时列明多个被告,因其中一个被告的住所地在受理案件辖区内,故受理案件的人民法院可以依据被告住所地确定管辖权。其他被告如果认为受理案件的人民法院没有管辖权,应当在一审答辩期内提出管辖权异议,未在此期间提出异议的,因案件已经进入实体审理阶段,管辖权依据确定,即使受理案件的人民法院辖区的被告不是案件的适格被告,人民法院亦可裁定驳回对被告的起诉,并不影响案件实体审理,无需再移送管辖①。

通过上述案件的判决,本书认为,最高人民法院对于民事诉讼中起诉时被告身份的确定,采纳形式当事人规则,符合民事诉讼法的规定。原告在民事起诉状上列出的被告,只要能够明确具体,那么就符合起诉规定。被告住所地法院因此对案件享有管辖权,不论此被告在案件实体中是否是真正的实体义务人。即使被告不是本案实体义务人,法院判决驳回原告对该被告的诉讼请求,仍然获得了对本案的管辖权。院审理共同诉讼案件时,当有多个被告情形,法官必须对全案审理完毕,才能判断被告是否属于实体义务人。而法院进行实体审理前,必须确定案件管辖等诉讼前提事项。这就不可避免地赋予原告恶意增加当事人的诉讼行为,以规避法定管辖。

案例:最高人民法院(2013)民一终字第78号民事裁定,上诉人(一审被告)贵州百花医药股份有限公司诉被上诉人(一审原告)重庆苯特钢结构有限公司管辖异议案。2013年2月25日,苯特钢公司向一审法院提起诉讼,称该公司于2011年7月19日与百花公司签订了《建设工程施工总承包合同》,合同标的价款为6000万元,该公司已经按照合同约定向百花公司支付了履约保证金150万元,但百花公司于2012年10月16日致函,要求终止履行双方签订的《建设工程施工总承包合同》。由于苯特钢公司已经为履行合同做了多重前期准备,如果解约将造成苯特钢公司巨大的经济损失,故起诉请求确认百花

---

① 最高人民法院.北京智扬伟博科技发展有限公司与创思生物技术工程(东莞)有限公司、河南省开封市城市管理局居间合同案[J].最高人民法院公报,2009(7):38.

公司致函要求终止履行合同的行为无效,判令百花公司继续履行双方当事人签订的《建设工程施工总承包合同》,并承担案件受理费用。

一审法院受理后,百花公司在答辩期间提出了管辖权异议,认为由于百花公司的住所地在贵州省遵义市,根据相关法律规定,本案应由贵州省遵义市中级人民法院审理。请求将案件移送到贵州省遵义市中级人民法院审理。

一审法院认为,本案系因建设工程施工合同的履行发生纠纷而提起的诉讼,依据《中华人民共和国民事诉讼法》第 23 条的规定,因合同纠纷提起的诉讼,由被告住所地或者合同履行地的人民法院管辖。根据《最高人民法院关于审理建设工程施工合同纠纷案件适用法律问题的解释》第 24 条的规定,建设工程施工合同纠纷以施工行为地为合同履行地,双方当事人签订的《建设工程施工总承包合同》约定工程地点为重庆市合川区工业园区医药园,故案件的合同履行地在重庆市合川区,属于重庆市辖区,案件的诉讼标的额为 6000 万元,且一方当事人的住所地不在该法院辖区,因此该院对该案件具有管辖权,百花公司提出的管辖权异议不能成立。一审裁定驳回百花公司提出的管辖权异议。

百花公司向本院提起上诉,请求撤销一审裁定,将案件移送贵州省遵义市中级人民法院审理。其主要理由是根据民事诉讼法的相关规定,对法人提起的诉讼,应当由法人的住所地人民法院管辖。百花公司的住所地在贵州省遵义市,因此本案应由贵州省遵义市中级人民法院管辖。

苯特钢公司答辩称,本案是在双方当事人签订合同并且苯特钢公司交纳了 150 万元的履约保证金以后,因合同的履行发生的纠纷,根据民事诉讼法的有关规定,合同履行地以及被告住所地人民法院均享有案件管辖权。因合同履行地在重庆市合川区,故一审法院享有案件管辖权。在纠纷发生以后,百花公司的控股子公司重庆百花生物医药股份有限公司主动要求承担合同的权利义务,苯特钢公司已经向一审法院递交了追加被告的申请书。根据民事诉讼法以及有关解释的规定,案件有两个以上被告的,原告可以向任何一个被告住所地的人民法院提起诉讼,因此一审法院同样具有案件管辖权。

本院认为,双方当事人在签订了《建设工程施工总承包合同》后,因合同履行发生的纠纷,涉及一般地域管辖与特殊地域管辖法律适用问题。百花公司上诉认为根据民事诉讼法的相关规定,对法人提起的诉讼,应当由法人的住所地人民法院管辖。百花公司上诉理由的法律依据是民事诉讼法有关一般地域管辖的规定。关于案件的地域管辖,民事诉讼法既有一般地域管辖的规定,也有特殊地域管辖的规定。在二者适用的先后顺序上,法律并未作出规定,只是给案件当事人以及受理具体案件的人民法院提供了确定起诉法院以及案件管辖规则的指引。就同一纠纷,当事人既可以依据一般地域管辖的法律规定提起诉讼,也可以依据特殊地域管辖的法律规定提起诉讼。如果当事人的主张不违反有关级别管辖以及专属管辖的强制性规定,人民法院均应依据当事人的主张确定案件的管辖法院。因此,一审原告苯特钢公司依据《中华人民共和国民事诉讼法》第 23 条规定,向合同履行地人民法院提起诉讼,并不违背法律的规定,一审法院受理本案并驳回百花公司的管辖权异议并无不当。综上,一审裁定认定事实清楚,适用法律正确,百花公司的上诉理由不能成立。依据《中华人民共和国民事诉讼法》第 170 条第(1)款、第 171 条之规定,裁定如下:驳回上诉,维持原裁定①。本案被中,被告追加共同被告,这个被追加的被告与第一被告所在同一辖区,因此,恶意获得了法院的管辖权。

三、当事人提供虚假证明材料证明经常居住地取得管辖

《民事诉讼法》第 21 条规定,对自然人(公民)提起的民事诉讼,由被告住所地法院管;被告住所地同其经常居住地不一致的,由经常居住地人民法院管辖。对法人或者其他组织提起的民事诉讼,由被告住所地人民法院管辖。第 22 条规定,下列民事诉讼,由原告住所地人民法院管辖;原告住所地与经常居住地不一致的,由原告经常居住地人民法院管辖:①对不在中华人民共和国领域内居住的人提起的有关身份关系的;②对下落不明或者宣告失踪的人提起的有关身份关系的诉讼;③对被采取强制性教育措施的人提起的诉讼;④对被监禁的人提起的诉讼。一般地域管辖中的原则和例外,都以当事人住所地或者经常居住地作为法院管辖的连接点。当事人的住所地,就是户籍所在地,不容易改变。

另外,当事人去基层组织办理自然人的居住证明,相对比较容易。我国农村设立了村民委员会,城市设立了社区居民委员会。居民委员会是居民自我管理、自我教育、自我服务的基层群众性自治组织,村民委员会是村民自我管理、自我教育、自我服务的基层群众性自治组织,实行民主选举、民主决策、民主管理、民主监督。居民委员会和村民委员会是基层的自治组织,不享有行政权力,但是受到地方政府监督和指导。司法实践中,当事人往往会向居民委员

---

① 中国裁判文书网.最高人民法院(2013)民一终字第 78 号民事裁定书.(2013-12-04)[2017-04-29]. http://wenshu.court.gov.cn/list/list/? sorttype = 1&conditions = searchWord+QWJS+++全文检索.

会和村民委员会寻求帮助,请求其出具自然人的居住证明。基层群众自治组织受法律、法规约束较弱,基层干部素质良莠不齐。当事人到基层社区居委会开具居住证明,如果在社区居住登记记录不规范情况下,社区管理人员可通过回忆某个人是否曾长期居住在本社区。如果当事人希望办理虚假的社区居住证明材料,有时可以通过违法手段获得。这种居住证明文书,对于证明某个自然人在一个地方长期居住的事实,属于一种介于公文书和私文书之间的书证,证明力极强。对方当事人如果要推翻这种书证,还必须到同一个社区,出具一份内容相反的证明。在有的民事案件中,原告和被告到同一个社区分别出具了内容相互矛盾的居住证明,给法院准确认定证据带来较大困难。《民事诉讼法司法解释》第115条规定,单位向人民法院提出的证明材料,应当由单位负责人及制作证明材料的人员签名或者盖章,并加盖单位印章。人民法院就单位出具的证明材料,可以向单位及制作证明材料的人员进行调查核实。必要时,可以要求制作证明材料的人员出庭作证。单位及制作证明材料的人员拒绝人民法院调查核实,或者制作证明材料的人员无正当理由拒绝出庭作证的,该证明材料不得作为认定案件事实的根据。最高人民法院已经通过司法解释,对于单位出具书证的程序和手续进行了规范,不过,这也无法彻底避免当事人恶意违反诚实信用原则,采集虚假居住证明,获得对自己有利的管辖。

第二节 当事人诉讼中违反诚实信用原则规避法定管辖权

一、原告变更诉讼请求规避管辖

《民事诉讼法》第23条、第28条规定,合同纠纷由合同履行地或者被告住所地法院管辖,侵权纠纷由侵权行为地或者被告住所地法院管辖。《民诉法解释》第18条规定,当合同约定了履行地点时,就以合同约定的履行地点作为合同的履行地。如果合同对履行地点没有约定或约定不明确,合同争议的标的是给付货币的,合同中接收货币一方当事人住所地视为合同的履行地;合同约定的义务为交付不动产的,不动产所实际在地视为合同履行地;合同约定的其他标的,履行合同义务的一方当事人住所视为合同的履行地。如果作为能够即时结清的合同,交易行为地点视为合同的履行地。如果合同根本没有实际履行,双方当事人住所地均不在合同约定之履行地点的,就应当由被告现在住所地法院管辖。

合同和侵权纠纷诉讼属于选择管辖案件,法定管辖法院较多,当事人的选择范围也较大。司法实践中,当事人有机会规避管辖,在利益驱动下,当事人通过各种诉讼技术,通过民事实体诉讼标的或者诉讼请求的变更,规避案件的管辖法院。《民诉法解释》第 39 条规定,法院对本案被告提出的管辖异议进行审查后,确定本院具有管辖权的,不会因为任何一方当事人提起反诉、增加以及变更本案诉讼请求等改变本院的管辖,但当事人违反级别管辖、专属管辖规定的除外。另外,法院发回重审或按第一审程序进行再审的案件,当事人不能再提出管辖权异议,即使当事人提出管辖权异议的,法院也不予审查。

案例 1:

本书作者在实践调研中发现了这样一个案例:

原告主张:被告是一个大型煤矿的大股东,被告声称他所控股的股份要对外转让,被告口头邀约他入股煤矿公司,如果要入股,原告须先汇一定金额的诚意金到被告账户。原告于是就向被告个人账户汇款 100 万元,尔后被告不予认可煤矿投资入股事实。原告随即向 A 县法院提起不当得利返还民事诉讼。A 县法院立案后,被告在答辩期向法院提交了管辖权异议申请书,请求将将案件裁定移送甲市 B 区法院。被告提交了甲市 B 区户口簿、身份证以及物管公司的入住证明。

当 A 县法院即将对本案裁定移送管辖时,原告提出改变诉讼请求申请,将本案诉讼请求改变为财产损害侵权诉讼。法院许可原告改变诉讼请求,将请求改变为财产损害赔偿,诉讼标的即变更为侵权民事法律关系。依据《民事诉讼法》第 28 条,因侵权行为提起的诉讼,由侵权行为地或者被告住所地人民法院管辖。被告在 A 县侵犯了其财产权,并提供了银行转账凭证证据,银行营业厅在 A 县。A 县法院依法裁定驳回了被告的管辖权异议。被告因此提起上诉,二审法院裁定驳回被告的管辖权上诉,维持原裁定。

本案又回到一审法院,作为新案件进行审理。一审法院向原被告又送达了起诉和应诉材料。原告在举证时效期间内再次申请变更诉讼请求,将诉讼请求变更为不当得利。此时被告同意原告改变诉讼请求,法院也许可原告改变诉讼请求。被告又向法院提交了管辖权异议申请,理由为本案为不当得利请求,应当由被告住所地法院管辖。一审法院依据《民诉法解释》第 39 条,本案已经经过一、二审法院裁定,有管辖权,现在原告依法变更诉讼请求,不得改变管辖。被告不服再次提起上诉,二审法院依据原审裁定理由,维持原审裁定,驳回上诉。

原被告对本案中管辖要件争议非常激烈,经历了一审、二审几个回合专门的攻击和防御。原告先将诉讼标的和诉讼请求进行技术性改变为财产损害赔偿,规避了民事诉讼法的地域管辖强制性规定。当案件获得再次审理时,为了获得对 A 法院的最终管辖权,原告再次将诉讼标的变更为了不当得利。在本案中,原告自始至终都主导着法院的审理程序和诉讼标的。另外,法院针对管辖权的审理,始终停留在书面的程序审查状态。法院无法去审理实质的证据,只能审查原告提交的诉状和变更诉讼请求的诉讼文书。

原告明显违反诚实信用原则,故意反复地变更诉讼请求,以获得有利于自己的管辖状态,本书认为,原告的这种行为应当受到法院的约束。

原告向人民法院提起诉讼,请求人民法院判决支持其对被告的诉讼请求。原告首先必须向有管辖权的人民法院起诉,有管辖权的人民法院对于本案就具有法定管辖权或者约定的管辖权,总之原告的纠纷,法院依据民事诉讼法最终获得了管辖权。法院审理民事案件,依据三段论逻辑的"函慑"过程,法院必须查清民事诉讼中的各种事实,尔后再对事实进行法律适用,得出结论。法院在民事诉讼中必须查明的事实总的来说,可以分为程序法事实和实体法事实,在这些事实上分别适用程序法规范和实体法规范,并产生相应的法律后果。

民事诉讼程序中存在一种审理规则,即"先程序、后实体",就是法院先审理与案件有关的程序事项,再审理实体争议。大陆法系民事诉讼中,法官必须进行审理的程序事项,首要的是民事案件的诉讼要件,就是法院对案件进行实体审理的前提基础。诉讼要件主要包含三大类,即法院、当事人、诉讼标的,每一大类又分为若干种。法院项下的诉讼要件,主要为法院裁判权、法院主管、法院管辖,这些事实都属于程序法事实,法院在查清这些事实后,就会对案件进行一种程序认定。例如法院主管权,我国民事诉讼法规定,人民法院受理平等主体之间发生的人身权利义务争议和财产权利义务争议,原则上,所有平等主体之间发生的以民事权利义务争议为内容的纠纷,人民法院都有主管权。由于我国采纳人民代表大会制度,全国人民代表大会是最高权力机关,它产生最高行政机关即国务院、最高审判机关即最高人民法院和最高检察机关即最高人民检察院,还有国家主席、最高军事机关中央军事委员会。最高人民法院由全国人民代表大会设立,并向全国人民代表大会负责和报告工作。因此,人民法院受理和处理的民事纠纷,必须为民事主体之间发生的法律权利义务争议,依据民事实体法和程序法。人民法院不能够审理法律本身的合法性,因为我国法律体制没有授予人民法院法律审查权。

人民法院审理某个民事纠纷案件,经过初步审查,认定此民事争议属于人民法院主管的前提下,那么必须进一步审查本院对案件有无管辖权。我国《民事诉讼法》规定了若干种管辖制度。民事诉讼中的管辖,可以分为一般地域管辖、特殊地域管辖、专属管辖、共同管辖、选择管辖等。一般地域管辖原则规定,原告提起民事诉讼,应当到被告住所地或者经常居住地法院进行起诉。一般地域管辖例外规定,原告应当向原告自己住所地或者经常居住地法院提起民事诉讼。我国《民事诉讼法》第22条规定,在方便当事人诉讼、方便法院审判的前提下,以下民事诉讼案件,适用"被告就原告原则",由原告住所地所在法院管辖,如果原告住所地同他的经常居住地不一致时,由经常居住地法院管辖:①对不在我国领域内居住的自然人提起的,关于身份关系的民事诉讼;②对于下落不明以及宣告失踪的自然人提起的关于身份关系的民事诉讼;③对于被采取强制性教育措施的自然人提起的民事诉讼;④对于被监禁的自然人提起的民事诉讼。从上述法律条文分析,一般地域管辖中的原则规定,都涉及被告的住所地和经常居住地与法院辖区的管辖。而一般地域管辖中的例外规定,除了要查清原告的住所地和经常居住地义务,还要审查原告提起诉讼所确定的诉讼标的,依据诉讼标的的不同,确定是否适用一般地域管辖的例外规定。

我国《民事诉讼法》规定,对于不在中华人民共和国领域内居住的人提起的有关身份关系的诉讼,应当由原告住所地或者经常居住地法院管辖。

我国《民事诉讼法》中规定了特殊地域管辖和专属管辖。可见,我国法院特殊地域管辖和专属管辖,均对人民法院进行这种管辖规定了特殊的前提要件。而这些前提要件,又同时属于民事案件的实体要件,即实体民事权利义务关系。"在民事诉讼法中,有一些管辖规范中包含有实体性要素。至少从字面上看,这种要素具有双重性质,既是程序规范的组成部分,又可能是原告的实体请求能否成立的要素。"①人民法院审查案件的管辖问题时,必须审查民事案件的性质,也称之为民事诉讼标的。在诉讼理论中,民事诉讼标的理论有多种学说,其中比较有代表性的学说有两种。第一种,民事诉讼标的理论称为"旧实体法说",该说认为,当事人提起民事诉讼的对象,就是起诉时要求法院审判的具体民事实体法律关系。例如,原告起诉被告民间借贷纠纷,请求被告返还借款,原告提交到人民法院,要求人民法院加以解决的就是确认双方是否存在民间借贷合同法律关系,被告是否违反借贷合同约定,违约逾期不偿还借

---

① 严仁群.管辖规范中的实体要素[J].法律科学(西北政法大学学报).2013(2):

款本金及利息。依据《民事诉讼法》第13条规定,民事诉讼应当遵循诚实信用原则。当事人有权在法律规定的范围内处分自己的民事权利和诉讼权利。在民事诉讼中,当事人处分自己的民事诉讼权利和民事实体权利,其中民事实体权利项下,当事人就有权确定提起的纠纷适用何种民事实体法律关系。我国民事诉讼法采纳的诉讼标的理论,就是旧实体法说,只是新解释对这种传统的诉讼标的理论进行了有限的修正,目的为节约资源,保护当事人的程序利益。

《合同法》第122条规定,因当事人一方的违约行为,侵害对方人身、财产权益的,受损害方有权选择依照本法要求其承担违约责任或者依照其他法律要求其承担侵权责任。这属于民事诉讼侵权诉讼标的和合同法律关系的竞合,法律规定当事人有权对这两者法律关系进行选择,并且只能二选一,选择其中一项,就必须放弃另外一项。这种诉讼标的立法模式,较好地体现了当事人的程序主体地位,保障了其程序和实体利益。

但是在民事诉讼中,原告起诉所确定的诉讼标的,就不单纯地属于程序事项,只要原告选择特殊地域管辖法院,那么管辖要件必定会涉及民事案件的实体法律关系的性质。例如,原告乘坐公交车,在公交车运行途中因为公交车司机避险踩急刹车行为,导致原告摔倒在公交车上受到伤害。原告受到损害,这是超越于实体法评价的客观自然历史事实。另外,原告向人民法院提起民事诉讼,要求公交公司承担赔偿责任。这时,原告乘坐公交车受到损害,就和被告公交公司之间发生了一种法律竞合的法律关系。原告提起诉讼时,必定在起诉状中表明自己的诉讼标的,选择民事侵权诉讼标的还是公交公司客运合同违约损害赔偿诉讼标的。依据《民事诉讼法》,原告选择侵权诉讼标的和选择合同违约诉讼标的,导致法院适用不同的管辖规定,这就是特殊地域管辖之规定。最高人民法院在另外一案中,在审查管辖问题时,采纳了实质审查标准。

案例2:最高人民法院(2013)民提字第11号民事裁定,河北省邯郸市丛台区人民法院受理电力设备厂诉晟安公司买卖合同纠纷管辖案。一审中,晟安公司在答辩期间提出管辖权异议。认为涉案合同为设备买卖合同,本案无论依被告住所地或合同履行地,均应由山西省太原市小店区人民法院审理。

河北省邯郸市丛台区人民法院一审认为,双方虽签订名为设备买卖合同,但在该合同中第二条约定:质量要求技术标准,见合同附件(技术协议书)。而技术协议书中对技术要求和设备的主要技术参数、规格、质量均有明确、具体规定,从双方签订的技术协议书中可认定双方属于承揽合同性质,按规定,加工承揽合同以加工行为地为合同履行地,故晟安公司对管辖提出异议不成立。

裁定驳回晟安公司对本案管辖权提出的异议。

晟安公司不服提出上诉。河北省邯郸市中级人民法院二审认为,本案为合同纠纷,依法由被告住所地或者合同履行地人民法院管辖。本案双方当事人在签订的技术协议书中对设备的技术要求、主要参数、规格以及质量均有明显、具体的规定,所以被上诉人起诉时依据的合同名为买卖实为加工承揽合同。邯郸市丛台区人民法院作为加工行为地法院对本案有管辖权。裁定:驳回上诉,维持原裁定。

晟安公司仍不服,向河北省高级人民法院申请再审。河北省高级人民法院再审认为,本案双方当事人于2008年4月18日签订一份《设备买卖合同》,商定以电力设备厂为"供方",以晟安公司为"需方",由电力设备厂向晟安公司出售DQ-5/3.2制氢设备一套,双方在合同中还约定,"质量要求技术标准:见合同附件(技术协议书)","设备交货地点、方式:乙方(指电力设备厂)负责在交货期限前将本合同设备运送至项目工地现场","运输方式由乙方自定,运输费用由乙方承担。到达站(港):山西省交口县"。同日,双方还签有《山西晟安电铝有限公司2×25MW矸石热电厂工程制氢站系统技术协议书》一份,其中绝大部分为国家标准,个别为行业标准,不能认定晟安公司对该设备提出了特定的技术要求,即认为该合同属于承揽合同性质。本案当事人之间诉争的实质法律关系应为买卖合同纠纷,依据法律规定,应由合同履行地或被告住所地人民法院行使管辖权,故河北省邯郸市丛台区人民法院对本案不具有管辖权。晟安公司提出的再审申请理由成立,请求将本案移送其公司住所地人民法院处理的主张,予以支持。原一、二审裁定认定事实的主要证据不足,适用法律错误,应予纠正。裁定:撤销原一、二审裁定,本案移送山西省太原市小店区人民法院处理。

电力设备厂向本院申请再审称:1、河北省高院裁定本案移送山西省太原市小店区人民法院处理明显违反法定程序。太原市小店区既不是晟安公司的住所地,也不是本案的合同履行地,该地法院对本案没有管辖权。晟安公司在本案中已提出反诉,<u>丛台区人民法院对本案的本诉与反诉均有管辖权</u>。河北高院再审期间,未开庭审理,剥夺了申请人的辩论权利。2、双方签订的合同具有承揽合同的明显特征。《技术协议书》对设备的工艺、构造、电气和仪表提出了特殊技术要求,对设备材料的选用进行了特别指定,规定晟安公司负责设备参数、供方设计文件应由晟安公司确认,还约定了晟安公司在产品生产过程中驻厂监造等内容。3、河北省高院裁定以合同名称及条款称谓认定本案合同为非承揽合同性质是错误的。本案合同系晟安公司招标项目,合同文本是晟安公司提供的格式合同。供需方称谓、质量要求技术标准、交货地点及费用负担方式等并非买卖合同专用条款,也是承揽定作合同中的通用称呼。4、河北省高院裁定适用法律错误。本案应定性为承揽合同,河北省邯郸市丛台区人民法院依法对案件有管辖权。

晟安公司辩称:1、双方签订《设备买卖合同》约定的是最低限度技术要求,本案非承揽合同纠纷,应适用买卖合同相关规定调整。2、《设备买卖合同》第四条约定交货地点是山西省交口县,依法可以确定该工地为合同履行地。3、即使双方合同未约定履行地或履行地约定不明,亦应由被告住所地人民法院管辖。故河北省高院裁定本案移送太原市小店区法院处理正确,应予维持。

本院经审理认为,(一)根据本案所涉合同内容及履行情况,本案应为加工承揽合同纠纷。2008年4月18日,电力设备厂和晟安公司签订了《设备买卖合同》及其附件《山西晟安电铝有限公司2×25MW矸石热电厂工程制氢站系统技术协议书》(以下简称《技术协议书》)。《设备买卖合同》第二条约定,质量要求技术标准见合同附件(技术协议书)。《技术协议书》在设备的材料、结构、性能、安装及验收等方面均提出了特殊明确的技术要求,设备的图纸亦是由电力设备厂发给晟安公司及其指定的设计院进行修改后确定的。故该设备系电力设备厂为晟安公司特殊定做,本案应为加工承揽合同纠纷。根据《中华人民共和国民事诉讼法》第23条之规定,因合同纠纷提起的诉讼,由被告住所地或者合同履行地人民法院管辖。本案所涉合同明确约定设备加工制造于河北省邯郸市丛台区,故本案属于丛台区人民法院管辖范围。原一、二审裁定正确,应予维持。(二)原再审裁定本案移送山西省太原市小店区人民法院审理缺乏事实和法律依据。经查,晟安公司工商登记的注册地和实际住所地均为山西省交口县,双方所签《设备买卖合同》及附件《技术协议书》中列明的晟安公司地址亦是山西省交口县。本院审理中,晟安公司称曾在山西省太原市设立过办事处,本案所涉合同在该办事处签订。经查,山西省太原市××号位于太原市杏花岭区,亦不属于太原市小店区管辖范围。

综上所述,山西省太原市小店区既不是被告住所地,亦不属于涉案合同的履行地,原再审裁定认定事实和适用法律均有错误,应予纠正。依照《中华人民共和国民事诉讼法》第207条之规定,裁定如下:一、撤销河北省高级人民法院(2011)冀民再终字第203号民事裁定;二、维持河北省邯郸市中级人民法院(2010)邯市立民终字第120号民事裁定和河北省邯郸市丛台区人民法院

(2010)丛民初字第570号民事裁定,本裁定为终审裁定①。本案最高人民法院对特殊地域管辖要件,采纳实体审查标准。

同是最高人民法院,在另一案件中,采纳了程序审查说。

案例3:最高人民法院(2014)民二终字第180号民事裁定。一审原告(被上诉人)诉称:淮矿物流公司起诉称:2012年10月9日,淮矿物流公司同广钢金钩公司签订了《商品购销合同》,合同标的为价值5千万元轧硬卷货物,一审原告(被上诉人)是买方,广钢金钩公司是卖方。双方当事人在本合同签订后,一审原告(被上诉人)依约完全履行了付款义务,支付了5千万元。而后,上诉人(一审被告)广钢金钩公司违约定,未依约交货。故一审原告(被上诉人)起诉到安徽省高级人民法院,请求法院判决:解除双方签订的合同、一审被告(上诉人)返还货款5千万元并承担违约责任,支付违约金。因为本案原告起诉金额为5千万元,由安徽省高级人民法院级别管辖,安徽省高级人民法院受理本案后,一审被告(上诉人)广钢金钩公司在提交答辩状期间,提出管辖权异议:本案属于合同纠纷,根据《中华人民共和国民事诉讼法》第23条和及《民事诉讼法司法解释》第18条规定,应由广钢金钩公司住所地人民法院管辖。一审原告(被上诉人)淮矿物流公司提交的《商品购销合同》的复印件明显与客观事实不符,该书证显示的传真日期直接与合同订立的日期相矛盾,具有较为明显的伪造嫌疑。因此,其依据合同第7条解决争议的条款亦不真实存在,起诉的依据明显不足,请求将案件移送至广州市荔湾区人民法院管辖。一审安徽省高级法院审理后认为:淮矿物流公司依据其与广钢金钩公司于2012年10月9日签订的《商品购销合同》起诉,该《商品购销合同》第7条约定:"本合同在履行过程中发生的争议,由双方协商解决。如协商不成,依法向需方(淮矿物流公司)所在地人民法院起诉。"该约定系双方当事人对诉讼管辖的约定,符合《中华人民共和国民事诉讼法》第34条的规定。本案淮矿物流公司起诉的标的额超过5千万元,依据《最高人民法院关于调整高级人民法院和中级人民法院管辖第一审民商事案件标准的通知》,安徽省高级人民法院对本案有管辖权。至于淮矿物流公司提交的《商品购销合同》复印件是否具有真实性,属于实体审理的范畴,故广钢金钩公司以此为由提出的管辖异议申请不能成立。

---

① 中国裁判文书网.最高人民法院(2013)民提字第11号民事裁定书(2013-12-14)[2017-03-14]. http://wenshu. court. gov. cn/content/content? DocID=f054baac-b647-11e3-84e9-5cf3fc0c2c18&KeyWord=管辖|裁定.

据此,依照《中华人民共和国民事诉讼法》第127条规定,裁定驳回广钢金钧公司对本案管辖权提出的异议。

广钢金钧公司不服上述民事裁定,向最高人民法院提出上诉称:淮矿物流公司提交的《商品购销合同》复印件明显与事实不符,该证据显示的传真日期直接与合同订立的日期相矛盾,具有较为明显的伪造嫌疑。一审法院据此确定管辖错误,请求撤销一审裁定,将本案移送广州市荔湾区人民法院管辖。淮矿物流公司答辩称:由于双方所签《商品购销合同》是传真件,传真的设置时间没有调整,形成了误差,广钢金钧公司的上诉理由不成立,请求驳回上诉,维持一审裁定。在本案二审期间,淮矿物流公司于2014年10月15日以资产不能满足清偿债务的需要,且有明显丧失清偿能力可能为由,向安徽省淮南市中级人民法院申请重整。2014年10月28日,安徽省淮南市中级人民法院作出(2014)淮破(预)字第00001-1号民事裁定,受理淮矿物流公司的重整申请。同日,安徽省淮南市中级人民法院作出(2014)淮破字第00001-1号决定书,指定北京大成(宁波)律师事务所、天职国际会计师事务所担任淮矿物流公司管理人。最高人民法院认为:淮矿物流公司向一审法院起诉时,提交了2012年10月9日淮矿物流公司与广钢金钧公司签订的《商品购销合同》,用于证明双方之间存在协议管辖,即发生争议向淮矿物流公司所在地人民法院起诉。虽然该《商品购销合同》系传真件,但是,淮矿物流公司管理人已经说明了双方的交易习惯以及该《商品购销合同》的形成过程。传真件显示的传真日期与合同订立的日期相矛盾这一事实,并不能直接证明淮矿物流公司伪造了《商品购销合同》。一审法院依据《商品购销合同》关于协议管辖的约定,确定该院对本案有管辖权并无不当,广钢金钧公司关于本案应移送广州市荔湾区人民法院管辖的上诉理由不能被支持,裁定如下:驳回上诉,维持原裁定①。

本案中,对于原被告争议的合同的效力,一审、二审法院在审理管辖异议时,均没有对其进行法律评价,最高人民法院对其采纳形式审查说。最高人民法院判决认为,人民法院审查管辖问题,限于原告主张范畴,并属于形式审查和程序审查。

案例4,最高人民法院(2013)民一终字第132号民事裁定。上诉人武汉

---

① 中国裁判文书网.最高人民法院(2014)民二终字第180号民事裁定书.(2015-4-23)[2017-04-25]. http://wenshu.court.gov.cn/list/list/? sorttype=1&conditions=searchWord+QWJS+++全文检索.

华氏实业集团发展有限公司(以下简称华氏集团)、武汉双龙堂房地产发展有限公司(以下简称双龙堂公司)为与被上诉人武汉小屏房地产开发有限公司(以下简称小屏公司)项目转让合同纠纷管辖权异议案。

一审原告小屏公司向湖北省高级人民法院起诉称:2010年6月18日,小屏公司与华氏集团、双龙堂公司签订《协议书》,约定:小屏公司将其在中华城项目中的6万平方米商品房开发权益转让给华氏集团,转让价款2.98亿元,华氏集团分四期支付,双龙堂公司承诺对以上付款及违约金提供连带责任担保。《协议书》签订后,华氏集团仅向小屏公司付款3000万元,余款未付。原告并向一审法院提交了该《协议书》。请求判令:1.华氏集团依约向小屏公司偿付合作开发房地产项目投资权益转让款2.68亿元;2.华氏集团依约偿付违约金8570.64万元;3.双龙堂公司代付上述款项并承担连带清偿责任。

2012年12月6日,一审被告华氏集团、双龙堂公司提出管辖权异议称:一审原告在诉状中称曾为中华城项目付款7300万元,后华氏集团已向其支付3000万元,因此,本案的争议标的应为4300万元,应由武汉市中级人民法院管辖。

湖北省高级人民法院认为:小屏公司的诉讼请求为判令华氏集团依约向其支付合作开发项目投资权益转让款2.68亿元和违约金8570.64万元,本案的诉讼标的为3.537064亿元。根据最高人民法院《关于调整高级人民法院和中级人民法院管辖第一审民商事案件标准的通知》第1条的规定,该院对本案有管辖权。依照《中华人民共和国民事诉讼法》第38条的规定,裁定驳回华氏集团、双龙堂公司对本案管辖权提出的异议。

华氏集团、双龙堂公司不服一审裁定,向本院提起上诉,请求依法裁定撤销湖北省高级人民法院(2012)鄂民一初字第3-3号民事裁定,将本案移送武汉市中级人民法院审理。主要上诉理由:被上诉人在诉状中称曾为中华城项目付款7300万元,后华氏集团已向其还款3000万元,因此,上诉人认为本案的争议标的为4300万元,小屏公司起诉要求两上诉人赔付其3.537064亿元的行为属滥用诉权。原裁定缺乏法律依据,本案诉讼标的额在5000万元以下,应由武汉市中级人民法院一审。

小屏公司答辩称:华氏集团、双龙堂公司认为本案争议标的额为4300万元缺乏事实依据,原裁定认定事实清楚,法律依据充分,请求驳回上诉,维持原裁定。

本院认为:根据本院《关于调整高级人民法院和中级人民法院管辖第一审民商事案件标准的通知》第1条的规定,湖北省高级人民法院可管辖诉讼标的

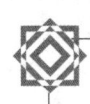

额在1亿元以上的第一审民商事案件。小屏公司依据其与华氏集团、双龙堂公司签订的《协议书》,起诉请求判令华氏集团偿付项目投资权益转让款2.68亿元及违约金8570.64万元;由双龙堂公司代付上述款项并承担连带清偿责任,符合湖北省高级人民法院管辖第一审民商事案件的标准。针对华氏集团、双龙堂公司上诉提出本案的诉讼标的额应为4300万元,本院认为,具体偿付数额属实体审理的范围,二上诉人以该理由主张将案件移送武汉市中级人民法院审理依据不足,不予支持。

综上,一审裁定适用法律正确,应予维持;华氏集团、双龙堂公司的上诉理由不能成立,应予驳回。依照《中华人民共和国民事诉讼法》第170条第1款第(1)项、第171条之规定,裁定如下:驳回上诉,维持原裁定。①

最高人民法院对于级别管辖的确定,也依据形式审查说。

案例5:最高人民法院(2014)民一终字第288号民事裁定。上诉人国网山东平度市供电公司(以下简称供电公司)与被上诉人青岛市平度海通线路器材厂(以下简称海通器材厂)买卖合同纠纷管辖权异议案。

一审原告海通器材厂向山东省高级人民法院起诉称:2010年12月8日,双方签订购销合同,约定海通器材厂为供电公司供应电力金具铜铝件,合同约定了供货品种和价格及质量标准。合同签订后,海通器材厂按时供货,总计价值7600多万元,但供电公司仅付700万元,余款一直未付。故诉至法院,请求判令供电公司偿还货款70611582元及逾期还款利息29656864元。

供电公司在一审提交答辩状期间就本案管辖权提出了异议,称:一、海通器材厂所诉被告是平度市电业公司,诉讼主体上不适格。二、双方在合同第12条中约定"协商不成由平度市人民法院处理"。三、海通器材厂规避民事诉讼级别管辖的规定,恶意造出超过1亿多元的诉讼标的,实现由一审法院受理的目的,而双方争议标的额远未及1亿元。请求依法将本案移送到合同约定管辖法院或者青岛市中级人民法院管辖。

山东省高级人民法院认为:一、相关证据材料证明,供电公司于2012年6月由原企业名称"平度市电业公司"变更为"平度市供电公司",又于2013年7月由"平度市供电公司"变更为现名称。二、双方达成的"由平度市人民法院管

---

① 中国裁判文书网.最高人民法院(2013)民一终字第132号民事裁定书(2014-01-02)[2017-03-14] http://wenshu.court.gov.cn/list/list/? sorttype = 1&conditions = searchWord+QWJS+++全文检索.

辖"的约定因违反民事诉讼法第 34 条关于级别管辖的规定,故无效;三、本案被告住所地及合同履行地皆在山东省内,属于本院辖区。海通器材厂诉请的标的额超过 1 亿元,属于最高人民法院核准的山东省高级人民法院一审案件受理范畴。故该院对本案具有管辖权。综上,供电公司所提管辖权异议不能成立,该院不予支持。依照《中华人民共和国民事诉讼法》第 23 条、第 34 条、第 127 条第 1 款、第 154 条第 1 款第(2)项之规定,裁定:驳回供电公司对本案管辖权提出的异议。

供电公司不服上述民事裁定,向本院提出上诉,称:一、海通器材厂列"平度市电业公司"为被告,属诉讼主体错误。因为"平度市电业公司"名称已不复存在。二、双方合同第 12 条虽然约定"协商不成由平度市人民法院"处理,但本案争议标的额应当由青岛市中级人民法院管辖。三、海通器材厂规避民事诉讼级别管辖的规定,恶意编造拼凑出超 1 亿元的诉讼标的,以实现由省高院受理的目的,而双方争议的标的额远远未及 1 亿元。请求将本案裁定由青岛市中级人民法院管辖。

被上诉人海通器材厂答辩称:一审法院受理本案符合相关法律规定,一审法院对本案有管辖权。请求二审法院依法驳回供电公司的管辖异议上诉。

本院认为:一审法院是否对本案拥有管辖权,应以海通器材厂在起诉时是否能够提供一审法院管辖的事实和理由为依据。从海通器材厂在起诉时提交的起诉状及证据材料中可以看出,海通器材厂起诉的标的额是 1 亿余元,故在起诉受理的形式审查阶段,可以认定一审法院受理本案有法律依据。至于海通器材厂诉请的起诉金额是否属实,能否得到支持,则需经实体审理方能确定。上诉人供电公司所称海通器材厂虚增诉讼金额的上诉理由,由于未能提供证据予以证明,本院不予支持。海通器材厂于 2014 年 7 月以平度市电业公司变更为供电公司为由向一审法院申请变更被告为供电公司,一审法院列供电公司为被告并无不当。本案应当由山东省高级人民法院一审审理。

综上,供电公司的上诉理由不能成立,应予驳回。本院依照《中华人民共和国民事诉讼法》第 170 条第 1 款第 1 项、第 171 条的规定,裁定如下:驳回上诉,维持原裁定。①

---

① 中国裁判文书网.最高人民法院(2014)民一终字第 288 号民事裁定书.(2015-10-19)[2017-04-29] http://wenshu.court.gov.cn/list/list/? sorttype=1&conditions=searchWord+QWJS+++全文检索.

最高人民法院在本案中,对级别管辖标准采纳程序审查规则。

综上所述,最高人民法院在对特殊地域管辖要件的审理,通过笔者司法调查,4件案件,其中有3件都采纳程序审查标准。因此,当事人通过变更诉讼标的、诉讼金额规避管辖,违反诚实信用原则时,法院很难有效规制。

二、当事人违反诚实信用原则协议管辖规避法定管辖

在民事诉讼中,双方当事人有时会通过诉讼协议方式,规避民事诉讼法定管辖规则。《民事诉讼法》第34条规定,在合同以及其他财产权益纠纷中,双方当事人可以书面协议,共同选择合同履行地、被告住所地、原告住所地、标的物所在地、合同签订地等与合同争议有实际联系地点的人民法院进行管辖,但不得违反本法对级别管辖和专属管辖的规定。协议管辖是合同或者其他财产权益纠纷当事人,在诉讼之前,采取书面方式约定与案件有实际联系地点的法院审理案件的一种诉讼契约。众所周知,民事诉讼法是公法,诉讼法规范原则上不允许当事人通过契约行为进行变更。但是,法律允许当事人通过协议约定案件的管辖法院,这体现了私法自治原则,也充分地保障了程序利益。

但是,当事人恶意通过协议约定管辖条款,违反民事诉讼法或者规避法定管辖的情况时有发生。司法实践中,一方当事人通过强势、恶意逼迫另一方当事人签订管辖协议,侵犯其民事程序利益。协议管辖条款,其立法本意在于尊重当事人的意思自治,体现程序正义原则。由于当事人之间经济实力、法律知识水平参差不齐,有时差距悬殊。有时一方当事人利用自己的优势地位,将管辖协议条款强加给另一方当事人,违反程序公正原则。我国最高人民法院制定的民事诉讼法解释,已经对这种恶意行为进行了规制。《民事诉讼法司法解释》第31条规定,经营者使用格式条款与消费者订立管辖协议,未采取合理方式提请消费者注意,消费者主张管辖协议无效的,人民法院应予支持。消费者与经营者服务合同中,经营者一般都属于大型商业企业或者垄断跨国公司。经营者为了快捷签订合同、节约交易成本,往往通过格式合同约定双方当事人的权利义务。合同书的末尾,一般都是纠纷解决条款,要么约定由仲裁委员会仲裁因为本合同产生的纠纷,要么约定法院对本案进行管辖。《民事诉讼法》第34条规定,在合同以及其他财产权益纠纷中,双方当事人可以书面协议共同选择合同履行地、被告住所地、原告住所地、标的物所在地、合同签订地等与合同争议有实际联系地点的人民法院进行管辖,但不得违反本法对级别管辖和专属管辖的规定。因此,合同双方当事人能够约定管辖的法院,范围又被扩大了,这也给具有优势地位一方当事人提供了便利,可以约定对自己进行诉讼有利的法院管辖本案。

最高人民法院关于民事诉讼法解释规定,对于这种格式管辖协议,格式合同制定方应当给对方充分的说明,待对方完全理解内容并同意后,格式协议管辖条款才具有法律效力。民事诉讼法及其解释,对于格式管辖条款的法律规定,就是否定一方当事人恶意利用自己的优势地位,迫使对方接受其提出的管辖条款。

本书认为,处于优势地位的当事人,在签订合同时,比较容易将自己的意志强加于另一方当事人,对方当事人迫于劣势的境地,不得已会接受这种管辖协议条款。即使优势地位方当事人向对方明示格式条款内容,该方当事人也无法拒绝这个条款,因为弱势方当事人更加需要订立合同。针对这种情况,大陆法系德国民事诉讼法规定,格式协议管辖条款只能够适用于商人之间的合同,其他合同不得适用格式管辖条款。相对于我国民事诉讼法及其解释,德国民事诉讼法的规定又过于极端。但是在我国现今状态下,特别是在市场经济条件下,对于民事纠纷的解决机制和管辖机制,采纳现今发达国家的规定也可以被视为一种明智的选择。

第七章

法院违反诚实信用原则滥用管辖权

法院行使民事审判权,也是司法权的行使者。法院在民事诉讼中,处于司法三角形顶端,是民事诉讼程序的具体推动者。法院有权审理刑事案件、民事案件、行政案件。法院在民事诉讼中享有广泛的民事审判权,与当事人共同决定着民事诉讼的开始、进行、结束。在现代民事诉讼中,当事人与法院处于协同关系,分别行使自己的民事诉讼权利和民事审判权,查清案件事实,作出判决。

根据处分原则,当事人有权决定民事诉讼程序的开始、进行、结束,当事人在民事诉讼中对程序的控制权,会随着程序的推进,逐渐减弱;法院对于民事诉讼程序的决定权,相反会逐渐趋于强硬。原告提起诉讼,必须向法院提交民事起诉状,依据民事诉讼法规定,法院对原告提起的诉进行审查,符合起诉要件时,应当受理,不符合起诉要件,应当不予受理。法院受理以后才发现无权受理,应当裁定驳回起诉。司法实践中,由于客观情况下我国民事诉讼案件增幅过大,法院办理案件的压力增大,导致法院自觉或者不自觉地推诿案件,恶意规避法定管辖。本书认为,法院违反诚实信用原则,规避法定管辖的情况如下。

第一节 立案阶段推诿法定管辖

原告向法院提起民事诉讼,法院立案庭接受案件材料后应当立即进行审查。原告起诉是一种取效性诉讼行为,"所谓取效性行为,是指当事人向法院提出特定审判的行为,以及为实现该目的而提供相应的诉讼资料和证据的行为"①。法律立案庭对原告起诉进行审查,符合法律规定法院就应当立案受理,不反之即裁定不予受理。在法院内部,民事案件的管辖审查权被赋予了立案庭。立案庭属于法院一个内设部门,负责接待当事人、审查起诉等。立案庭法官对于当事人的起诉,应当依据《民事诉讼法》第119条规定进行审查,如果发现案件不属于本法院受理,应当告知当事人到有管辖权的法院起诉。如果当事人不愿意到其他法院提起诉讼,法院应当对当事人的起诉作出裁定不予受理。原告对于法院不予受理的裁定,在收到裁定书的10天内,可以向上一级法院提起上诉。管辖权争议属于纯粹的程序法争议,作为案件实体审理的前置,一审、二审法院必须先对本案的管辖作出终局裁定,法官才进入案件的实体审理。

经过多年的司法改革,一方面,法院系统在组织上、人事上、经费保障等方面都发生的巨大变化。另一方面,我国诉讼案件逐年激增,基层法院审判力量不足,导致一些法院积压案件、拖延办案情况时有发生。甚至某些基层法院违反诚实信用原则,规避管辖、推诿案件。

针对法院推诿案件侵犯当事人诉权情况,最高人民法院制定了《最高人民法院关于人民法院登记立案若干问题的规定》,第2条规定,对起诉、自诉,人民法院应当一律接收诉状,出具书面凭证并注明收到日期。对符合法律规定的起诉、自诉,人民法院应当当场予以登记立案。对不符合法律规定的起诉、自诉,人民法院应当予以释明。然而司法实践中,原告向人民法院提起诉讼,法院立案庭收到起诉资料后,先审查本院是否享有管辖权。假如立案庭审查发现,该案属于特殊地域管辖或者共同管辖时,有的法院立案庭会极力建议当事人选择其他有法定共同管辖法院受理案件。一部分当事人会听取法院立案庭建议,将案件提交其他法定共同管辖法院起诉。有些当事人不听从建议,非要接收材料的法院要么受理案件、要么裁定不予受理。在这种情况下,法院会应当作出不予受理裁定。一些不规范的法院根本不顾立案登记制规定,为原告出具收到立案材料的收据,而是不收原告的起诉材料。2016年"广西被打律师:律师尊严未得到法院尊重"事件就折射出法院推诿案件,甚至恶意对待同是法律人的律师。

可见,在省会城市基层法院立案,律师都会遭遇这种困难,老百姓进行民

---

① 常怡,等.比较民事诉讼法[M].北京:中国政法大学,2002:411.

事诉讼立案难还将长期存在。

第二节 管辖权异议审查程序中违反诚实信用原则

依据民事诉讼平等原则,原告享有提起诉讼的诉权,被告享有与诉权对等的反诉权;原告享有提供证据权利,被告也相应地提供支持其抗辩主张的证据权利。原告须向有管辖权的法院提起诉讼,原告认为法院对本案享有管辖权,提起民事诉讼。虽然法院管辖形式上属于纯粹的程序性事项,与当事人之间的实体权利义务没有实质上的直接关联。但是,实质上法院管辖会极大地影响当事人的程序利益和实体利益。毕竟在不同地方的法院进行诉讼,会影响当事人进行诉讼所耗费的成本,原被告通常情况下均希望案件就在自己所在辖区进行,这样就可以节约时间、人力、费用。

另外,现代化司法制度下的民事审判体制孕育了法官的自由裁量空间。法官审理民事案件适用司法三段论裁判模式,在民事诉讼学界又被称之为"函摄",即法律适用过程。"法律适用可以分为四个步骤,(1)认定事实;(2)寻找相关的一个或若干法律规范;(3)检验得到认定的事实是否满足相关规范的事实构成,并以整个法律秩序为标准,将事实函摄于相关的规范;(4)宣布法律后果。"[1]法官审理民事案件,第一个步骤为认定要件事实。原告起诉提交诉状,诉状是诉讼中原告诉讼请求、诉讼标的等内容的完整诉讼文书。诉讼请求与诉讼标的均指原告提起诉讼的目标,例如侵权损害赔偿或者民间借贷返还请求、不当得利返还请求等。同时,原告还会着重主张争议的事实,主张的民事争议的事实就与法院查明的事实息息相关。法官与当事人之间依据辩论主义划分各自的权限职责范围。"根据日本民事诉讼法的规定,辩论主义有如下内容:①在口头辩论即法庭审理中当事人没有主张的主要事实,法院不能作为判决的基础(第186条)。②对当事人之间不争执的事实无须证明,法院作为判决的根据(第186条)。③对争执的主要事实,必须以证据加以证明。④对事实的认定、适用法律并作出判决,是法院的责任。因此,对法律的解释和适用

---

[1] 李浩.证据法学[M].北京:高等教育出版社,2015:16.

不属于辩论主义的内容。"①大陆法系国家通常民事诉讼中,当事人主张的事实约束法院,法院认定的事实不能超越当事人主张的范围,当事人没有主张的事实,法院不得依职权作为判决的基础。但是,我国民事诉讼法以及最高人民法院的司法解释均没有规定约束性的辩论原则,原被告主张的事实只能作为法官审判案件、查清事实的参考。普通民事诉讼中,法官仍然可以依据职权裁量调查证据认定事实。法官认定证据确认事实时,享有自由心证。"自由心证原则是指法律对证据的证明力大小和如何运用不作预先规定,而由事实裁判者根据自己的理性和良心对证据的证明价值做出判断的法律原则。自由心证包含两层意思:对证据的自由评价;根据内心确信制作裁判。"②法官认定事实上享有广泛的自由心证,依据自己的良心理性判断证据认定事实。然而,几百年的诉讼制度史反映,过度的自由裁量权,可能导致法官认定事实形成恣意而"刚愎自用";在收受当事人好处的情况下,自由心证也可能导致法官枉法裁判,故意歪曲认定事实。因此,大陆法系各国民事诉讼法都逐渐强化了对法官的自由心证的限制,以保障程序公正。我国《民事诉讼法》和最高人民法院司法解释规定了一些证据认定规则,为了正确引导约束法官的自由心证。

综上所述,在民事诉讼中,法官对于个案事实的自由裁量权非常之大,不同的法官面对同一案件时也可能作出不同的事实认定。再加上我国民事诉讼法规定,对于违反管辖的法院判决不能够通过再审程序推翻,违反管辖的判决只能通过有限的二审裁定进行纠正。我国《民事诉讼法》第170条规定了第二审法院审判民事案件,应当如何作出终审的裁判。第二审法院对当事人的上诉民事案件,经过开庭或者不开庭审理,按照下列各种情形,分别予以判决和裁定:①原判决与裁定认定的案件事实清楚,对案件事实适用法律正确的,应当通过判决或者裁定方式驳回上诉人的上诉,并且维持原判决与裁定;②原判决与裁定认定案件事实错误或对案件事实适用法律错误时,二审法院应以判决或者裁定方式对原审依法改判以及撤销或者变更;③原判决认定的案件基本事实不清楚,二审法院应当裁定撤销原审原判决,并且发回原审法院对案件重新审理,以及查清案件事实以后依法改判;④如果原判决遗漏了当事人(必要共同诉讼人)或违法进行缺席判决等严重违反法定程序时,二审法院应当裁定撤销原审原判决,并且发回原审法院重审。如果原审法院对发回其重

---

① 兼子一,竹下守夫.民事诉讼法[M].白绿铉,译.北京:中国政法大学出版社,1995年:13-14.
② 李浩.证据法学[M].北京:高等教育出版社,2015:99.

审的案件又作出判决后,当事人再次上诉,第二审法院不得裁定撤销后再次发回重审。一审法院严重违反法定程序时,二审法院才会撤销原判,发回重审。当一审判决遗漏(必要共同上诉人)当事人或违法缺席判决(剥夺当事人辩论权利)等这些严重违反法定的诉讼程序时,二审才可以裁定撤销原判,发回重审。但是,一审法院在什么情况下才够得上"严重违反法定程序",民事诉讼法只是列举了遗漏当事人或者违法缺席判决,不包含违反法定管辖。《民事诉讼法司法解释》第325条规定,下列情形,可以认定为民事诉讼法第170条第1款第4项规定的严重违反法定程序:(一)审判组织的组成不合法的;(二)应当回避的审判人员未回避的;(三)无诉讼行为能力人未经法定代理人代为诉讼的;(四)违法剥夺当事人辩论权利的。第331条规定,人民法院依照第二审程序审理案件,认为第一审人民法院受理案件违反专属管辖规定的,应当裁定撤销原裁判并移送有管辖权的人民法院。《民事诉讼法》第33条规定了我国的专属管辖包括:①因为不动产而产生的纠纷所提起之诉讼,不动产所在地的法院进行管辖;②因港口范围内作业所发生民事纠纷而提起的诉讼,由港口所在地,即港口所在的海事法院管辖;③因遗产继承纠纷从而提起的民事诉讼,由被继承人在死亡时的住所地以及主要遗产所在地的法院管辖。本书认为我国民事诉讼法规定专属管辖案件范围较窄,而且一审判决违反一般地域管辖、特殊地域管辖程序违法时,二审法院不能裁定撤销原判。司法实践中,二审法院着重审理一审实体结果是否正确,如果一审法院判决结果正确,二审法院不能以程序违法为由撤销一审判决,可见,我国审级制度立法目的在于纠正下级审判实体的错误裁判。

  我国民事诉讼法对于法院管辖违法所持较宽松,这就更加导致当事人违反诚实信用原则规避法定管辖,侵犯对方当事人的管辖程序利益。原告提起民事诉讼,依据诉讼权利平等原则,被告在收到法院送达的起诉状和应诉通知书等诉讼资料起15天之内应当向法院提交答辩状,同时可以提起管辖权异议。这时法院应当停止案件的实体审理,集中审理管辖权争议。民事诉讼法规定管辖权异议期间不计算在案件的审结期限,司法实践中,一审法院审理管辖权异议期限比较随意,有时更是久拖不决。二审法院审理管辖异议上诉期限为30日,但二审法院很少遵循30天的审结期限。某些中级法院通常将一段时间受理的多件管辖权异议案件进行集中审理,同时作出裁定,侵犯了当事人的程序利益。另外,民事诉讼法以及民事诉讼法解释均没有规定具体的管辖异议审理操作规范。根据笔者调查,一些中级人民法院为了慎重起见,法官会通知上诉人和被上诉人共同到法院陈述意见,并收取相关的证据材料;另一些法院严格执行书面审理规定,不给予当事人提交证据的机会,也不开听证会,这就剥夺了当事人进行诉讼的基本程序利益。

法官审理管辖权异议时,应当遵守当事人诉讼权利平等原则,符合诚实信用原则。法官应当给予双方当事人平等的主张和抗辩的机会,公平对待双方当事人的主张,认真审核证据。我国管辖权异议审查制度存在重大缺陷,就在于没有规定充分的程序规则,对双方当事人的程序保障欠缺,法官的自由裁量权过大。本书认为,管辖权异议程序中,民事诉讼法应当建构双方当事人共同参与的、程序公开的听证程序,双方当事人被赋予充分的提交证据权利。不论此证据为对方当事人提供还是由法院依据职权调取,《民事诉讼法》第68条规定当事人有权对证据质证,体现了程序保障规则。如果此证据涉及国家秘密、商业秘密以及个人隐私,不方便公开质证的,法院应当采取秘密质证的方式。基本程序保障规则下,法官对当事人提交的证据,应当在对方当事人进行质证后,才能够采信。

另外,法院管辖是一种程序事项,原则上与案件的实体裁判无直接关联。法院管辖权也是一种诉讼要件,即当事人向法院起诉必须具备的前提条件。根据辩论主义,法院不得超越当事人的主张认定事实,也不得擅自依职权调查证据。当事人之间自认的事实能够约束法院。管辖异议程序中,因为案件的法定管辖事项属于程序性的诉讼要件,法官应当依据职权去调取相关的证据,不受当事人主张的约束。

《民事诉讼法司法解释》第43条规定审判员以及法院其他司法工作人员应当回避的法定情形,分别为:①法官或者其他司法人员是本案件的当事人或当事人的近亲属;②法官或者其他司法人员本人或其近亲属与本案结果有法律上利害关系的;③法官或者其他司法人员曾经担任过本案之司法鉴定人、证人、辩护人、诉讼代理人和翻译人员的;④法官或者其他司法人员是本案建的诉讼代理人之近亲属;⑤法官或者其他司法人员本人或者他的近亲属自身持有本诉讼案件非上市公司下当事人的股份或股权;⑥法官或者其他司法人员同本案的当事人或诉讼代理人之间有其他的利害关系,并且可能影响本案公正审理的。

民事诉讼法司法解释又补充了新的司法人员的回避是由:法官或者其他司法人员如果有下列情形之一的,当事人有权申请其回避:①法官或者其他司法人员接受本案当事人及委托人宴请,或参加由当事人支付了费用之活动的;②主动索取、接受本案当事人或者委托人的财物以及其他经济利益的;③违法官或者其他司法人员反法律规定,单独会见本案的当事人及其诉讼代理人的；④法官或者其他司法人员为本案的当事人推荐或者介绍了委托诉讼代理人，以及为其他律师、其他有关人员介绍代理本案的；⑤法官或者其他司法人员向本案的当事人或者委托人借用款物的；⑥法官或者其他司法人员有其他不正当行为，可能影响本案公正审理的。

新民事诉讼法解释对于回避制度，进行了详细的解释，增强了法院适用回避制度的可操作性。而上述这些回避事实与案件实体权利义务无关，属于纯粹的程序事项。当事人之间自认程序性的回避事实，法院就不受当事人自认的约束，法院直接依职权查明的事实作为裁判依据。

当事人违反诚实信用原则，提高诉讼标的额，致使案件级别管辖提高，人民法院现在仍然采纳形式审查说，有待改进。

案例，最高人民法院（2016）最高法民辖终 21 号民事裁定书。原告恒万公司、川源公司因与被告合江县人民政府合同纠纷管辖案。一审原告以合江县人民政府违约为由，诉至四川省高级人民法院，请求法院判令：一、确认恒万公司与合江县人民政府签订的《招商投资项目补充协议》不发生法律效力；二、确认川源公司作出的《退款承诺书》不发生法律效力；三、合江县人民政府补偿 3 亿元（暂定）；四、合江县人民政府承担违约金 2000 万元（暂定）；五、合江县人民政府返还 1000 万元并承担利息。

四川省高级人民法院受理案件后，一审被告合江县人民政府在提交答辩状期间对管辖权提出异议称：《招商投资项目补充协议》以及《退款承诺书》所涉事项应适用专属管辖的规定，由四川省泸州市中级人民法院管辖；原告诉请的补偿款、违约金及返还款完全无事实依据，属滥用诉权虚报诉讼标的，根据级别管辖的规定，本案应由四川省泸州市中级人民法院管辖。

四川省高级人民法院一审查明：2010 年 9 月 21 日，合江县人民政府与恒万公司签订《四川合江临港工业园区地产项目招商投资合同书》。2014 年 7 月 9 日，合江县人民政府又与恒万公司签订《招商投资项目补充协议》。2014 年 8 月 8 日，川源公司作出《退款承诺书》。2015 年 7 月 6 日，恒万公司、川源公司向该院提起诉讼。

四川省高级人民法院一审裁定认为：该案属合江县人民政府与恒万公司、川源公司在招商引资过程中引起的合同纠纷，不属于《民事诉讼法》第 33 条专属管辖及最高人民法院有关司法解释规定，四川省高级人民法院管辖当事人住所地均在受理法院所处省级行政辖区的第一审民商事案件的诉讼标的额为 3 亿以上；或当事人一方住所地不在受理法院所处省级行政辖区的第一审民商事案件的诉讼标的额为 1 亿元以上。恒万公司住所地为福建省厦门市，属当事人一方住所地不在受理法院所处省级行政辖区的第一审民商事案件,诉讼标的额在1亿元以上即为四川省高级人民法院管辖,本案恒万公司、川源公司诉讼标的额在3亿元以上,四川省高级人民法院有管辖权。合江县人民政府认为恒万公司、川源公司滥用诉权虚报诉讼标的,该案是否存在滥用诉权虚报诉讼标的行为,需对本案进行实体审理,不属管辖权异议审理范围。合江县人民政府以违反专属管辖及级别管辖为由主张将本案移送至四川省泸州市中级人民法院管辖缺乏事实及法律依据,不予支持。裁定驳回合江县人民政府对本案管辖权提出的异议。

合江县人民政府不服一审裁定,向本院上诉称:被上诉人所主张的3亿元的诉讼请求,是凭空想象,完全无事实依据,属滥用诉权,不应作为有效诉讼标的,因此,根据级别管辖的规定,本案应当由四川省泸州市中级人民法院管辖。故请求二审法院依法撤销一审民事裁定,将此案移送四川省泸州市中级人民法院管辖。

被上诉人恒万公司、川源公司答辩称:本案诉讼标的额为3.3亿,依级别管辖规定应由四川省高级人民法院管辖;上诉人对诉讼标的额为3.3亿元存在争议是案件实体审理的内容,并非管辖权审查的评判范围。

本院认为:本案争议焦点为级别管辖。一审原告恒万公司、川源公司主张因合江县人民政府终止合同,应补偿其3亿元,并承担违约金2000万元。恒万公司、川源公司提交《张湾园区第一期成本费用一览表》《川源第一城开发成本明细表》、川源公司签订的土地出让合同、缴纳土地出让金票据以及川源公司签订的建筑施工合同等证据,欲证明恒万公司为履行《四川合江临港工业园工业地产项目招商投资合同书》,已完成投资项目的建设成本达到八亿一千余万元。恒万公司、川源公司主张合江县人民政府应依照合同约定,按已完成的投资项目评估价值总额40%支付补偿金,按此标准计算,补偿金数额已达3亿元。恒万公司、川源公司提交初步证据证明其主张。人民法院在立案审查阶段仅进行形式审查,对于恒万公司、川源公司提交的证据是否具有证据能力,是否足以证实其主张,不属于人民法院立案阶段审查的范围,应待案件实体审理中查明。合江县人民政府没有证据证明恒万公司、川源公司虚列诉讼标的额,其要求将案件移送四川省泸州市中级人民法院审理,没有法律依据。恒万公司、川源公司提出的诉讼请求额超过3亿元,达到四川省高级人民法院级别管辖标准,四川省高级人民法院受理恒万公司、川源公司的起诉,并无不当。

综上,上诉人的上诉理由不能成立,原裁定适用法律正确。本院根据《中华人民共和国民事诉讼法》第170条第1款第(1)项和第171条之规定,裁定如下:驳回上诉,维持原裁定。①

可见,最高人民法院对本案的裁定,体现了法院审理管辖事项审理规则,即程序性审查。

---

① 中国裁判文书网. 最高人民法院(2016)民辖终21号民事裁定书. (2016-12-14) [2017-04-29]. http://wenshu. court. gov. cn/list/list/? sorttype = 1&conditions = searchWord＋QWJS＋＋＋全文检索.

第八章

案例指导规范下的恶意民事管辖行为之规制

民事诉讼法规定了诚实信用原则,规范参与民事诉讼法律主体的行为。民事诉讼法基本原则,作为指导民事诉讼立法和司法实践的指导思想。基本原则具有抽象性,缺乏可操作性。民事诉讼法律关系主体违反诚实信用原则,缺乏法律规范时,本书认为,最高人民法院可以以具有案例指导价值的裁判加以规范。

第一节 案例指导制度

在我国民事诉讼中,法官查清事实后,应当适用法律进行裁判。然而,民事生活纷繁复杂,我国属于大陆法系国家,立法机关制定的成文法具有滞后性、抽象性,社会生活视野下的民事纠纷具有复杂性和具体性。针对大陆法系成文法的不足,古今中外司法制度史上,各国司法制度均制定了案例指导制度。

一、案例指导制度的历史渊源

成文法具有稳定性、确定性、当事人可预见性,司法机关及其他诉讼主体能够率先预测自己行为的适法性,随时纠正自己的行为。然而,当立法出现抽象性,不完善时,司法机关就应当发挥其固有的"能动性",进行创造性司法,或者权威性地对典型案例进行统一裁判,以维护法律的统一和社会的公平正义。

"我国古代是一个君主专制和中央集权的社会,君主集立法、司法与行政于一身,即所谓'乾纲独断',具有高度集权的性质。在国家权力的运作中,立法、司法与行政的事实上分离是存在的,只不过三权之间的制衡关系付之阙如,而君主凌驾于三权之上,具有终局性的权力。"①可见,在我国古代司法审判制度中,由于高度集权的中央封建体制,皇帝君权凌驾于一切权力之上,君主当然有权对任何的法律问题进行解释,并对重大案件行使最终裁决权。另外,在我国古代封建社会中,皇权至上,封建君主皇帝享有最终立法权,并且可以依据自己的意志随意更改法律。体现封建皇帝专制思想的法律,一方面控制普通民众,约束一般人的行为;另一方面,还约束封建官吏。因此,我国古代封建社会中,立法权和司法权并不是一种"监督制约"关系,而是一种命令与服从的关系。"在有些情况下,皇帝在核准案件时直接定例或指使刑部议定专门条例,以概况出具体的、普遍的法律规范,即定例。"②可见,我国古代封建社会中,司法官审判案件时,必须适用已经发生法律效力的成文法,该成文法由封建皇帝享有最终决定权,即使裁判官在具体个案的审理中发现成文法的不足,应当以上谕的形式逐层报请皇帝审核,皇帝在核准时要么自己制定定例,要么要求刑部制定条例和定例。裁判官而后可适用此定例,但不能擅自超越法律进行判决。

欧美各国在法制史历史上被分为英美法系和大陆法系,分别适用不同的司法审判模式。然而,两大法系近代政权组织形式都源于"三权分立""分权制衡"法治理念,即立法权、行政权、司法权各自独立、互相监督、分权制衡。西欧资本主义社会早期,国家主义一直是立法和司法的理论基础。普通民众通过民主选举的议会,作为立法机关制定成文法,法官在个案的审判中,应当严格遵循成文法,不能创制法律和规则。成文法体现了一个法治国家社会稳定的根本。"一个社会如果没有成文的东西,就绝不会具有稳定的管理形式。在稳定的管理形式中,力量来自于整体,而不是局部的社会;法律只能依据普遍意志才能修改,也不会蜕变为私人利益的杂烩。"③西欧英美法系和大陆法系各国民事诉讼中,自古就有体系化的判例制度,特别是英美法系国家,判例法是其主要的法律渊源。"基于经验主义的判例(法)制度越发受到重视,充分发挥案例的规范性与指导性作用已经成为一种具有普适性的法律自我完善机制,这是人类理性的有限性与社会生活的丰富性、法律的安定性与现实的变动性

---

① 陈兴良.案例指导制度的法理思考[J].法制与社会发展.2012(3):74.
② 汪世荣.中国古代判例研究[M].上海:复旦大学出版社,1997:122.见陈兴良.案例指导制度的法理思考[J].法制与社会发展.2012(3):74.
③ 贝卡利亚.论犯罪与惩罚[M].黄风,译.北京:中国大百科全书出版社,1993:15.见陈兴良.案例指导制度的法理思考[J].法制与社会发展.2012(3):75.

之间不断碰撞、冲击、调适的必然产物。"①另外,成文法"与生俱来"便具有一定的局限性:第一,落后于发展着的社会生活;第二,成文法由立法机关通过立法人员集体讨论而制定,难免具有抽象性。法院在判决时,首先查明案件事实,然后适用实体法作出判决。抽象的实体法规范并不能直接适用在案件事实之上,必须由法官进行个案归纳解释,然后才能用于案件的裁判。法官在审理案件时,逐渐就会创造出一套法律规则,包含成文法规范以及超越于成文法的裁判规则。这种裁判规则也就是案例指导规则,大陆法系国家虽然属于成文法渊源,但是判例的作用越来越重要。

"英美法系与大陆法系的区别并不在于是否存在成文法,而在于成文法与判例法的互相联系。在大陆法系国家,成文法居于主导地位,判例只是成文法的补充,裁判规则是法律规范的细致化。而在英美法系国家,判例法居于主导地位,而制定法只不过起到辅助作用。"②

二、案例指导制度的制度基础

实体法的滞后性,法院在审判工作中不可避免会面临新情况、新类型案件,或者不同法院对同类案件可能产生矛盾裁判。这时,法院就应当发挥司法能动性,创造性地产生裁判规则。案例指导制度对于法制统一、防止裁判矛盾、维护司法权威性,具有不可替代的作用。

我国属于大陆法系国家,法官判决以成文法为主。民事诉讼程序中,法官审理案件查明事实后,适用法律作出判决。法官适用的法律为立法机关制定的成文法,为立法者理性思想所形成的规范。然而,任何一个个案,都具有具体性,法官必须将理性主义下的实体法规范解构、分析,并适用于个案进行裁判。法官对实体法进行的分析、解构过程,就是一种法解释活动,也是创造性的司法活动。立法机关在制定成文法时,立法的基础是理性主义。"成文法体制的哲学基础是建构理性主义,它具有设计生成的特征。然而,司法面对的是日新月异的发展变化中的社会,滞后的立法往往难以满足司法活动对于规则的需求。因此,即使是在成文法体制下,判例仍然不可或缺,它是规则的辅助性提供者。"③

在司法实践中,法官不可避免遇到新型案件或者同种类案件,发生认识不

---

① 四川省高级人民法院、四川大学联合课题组.中国特色案例指导制度的发展与完善[M].中国法学.2013(3):34.
② 陈兴良.案例指导制度的法理思考[J].法制与社会发展.2012(3):77.
③ 陈兴良.案例指导制度的法理思考[J].法制与社会发展.2012(3):77.

一致,裁判矛盾的情形。这时,最高人民法院通过规范化的案例指导制度,就可以弥补法律滞后性、裁判矛盾的现象。法官的裁判依据就成了由法律、司法解释、指导性案例三位一体组成的法规范体系。

三、我国的案例指导制度

(一)我国案例指导制度之程序规则

最高人民法院于2012年11月26日颁布了《最高人民法院关于案例指导工作的规定》,指导各级法院在司法审判中适用法律,形成以判例中创立的规则作为裁判依据的司法体制。《案例指导工作的规定》第2条规定,本规定所称指导性案例,是指裁判已经发生法律效力,并符合以下条件的案例:(一)社会广泛关注的;(二)法律规定比较原则的;(三)具有典型性的;(四)疑难复杂或者新类型的;(四)其他具有指导作用的案例。

关于第一类社会广泛关注的案件,我国民事诉讼中,对于社会广泛关注的案例较少,而社会公众广泛关注的案例一般是刑事案件。第二类指导性案例,即法律规定比较原则的案例。民事实体法和民事诉讼法有许多基本的原则规定,而如何准确地适用基本原则,为各级法院面临的难题。因此,最高人民法院就有必要通过指导性案例,推动基本原则的司法适用。典型性的案例,即地方各级法院对于法律适用产生矛盾的案件,发生同案不同判的类似案件,最高人民法院可以通过指导性案例,建立统一的裁判规则。疑难复杂或者新类型案件,法官对于这种案件的创造性裁判和审理,有力地推动了立法,维护了当事人的合法权益。

自2010年至今,我国已经颁布了14批指导性案例,案例的范围囊括刑事诉讼、民事诉讼、行政诉讼,尤其以民事诉讼案件居多。最高人民法院审判委员会通过的民事指导性案例,指导内容集中于创造规则,既包含解释实体法条文的民事实体法规则,又有创制民事诉讼法规则。指导性案例有弥补实体法条文抽象性的不足,并对其进行细化,也有通过民法基本原则创造新的实体法规则。

最高人民法院设立了例指导工作办公室,负责指导性案例的遴选、审查和报审工作。最高人民法院各审判业务单位对本院和地方各级人民法院已经发生法律效力的裁判,认为符合本规定第2条规定的,可以向案例指导工作办公室推荐。各高级人民法院、解放军军事法院对本院和本辖区内人民法院已经发生法律效力的裁判,认为符合本规定第2条规定的,经本院审判委员会讨论决定,可以向最高人民法院案例指导工作办公室推荐。中级人民法院、基层人民法院对本院已经发生法律效力的裁判,认为符合本规定第2条规定的,经本院审判委员会讨论决定,层报高级人民法院,建议向最高人民法院案例指导工作办公室推荐。人大代表、政协委员、专家学者、律师,以及其他关心人民法院审判、执行工作的社会各界人士对人民法院已经发生法律效力的裁判,认为符合本规定第 2 条规定的,可以向作出生效裁判的原审人民法院推荐。案例指导工作办公室对于被推荐的案例,应当及时提出审查意见。符合本规定第 2 条规定的,应当报请院长或者主管副院长提交最高人民法院审判委员会讨论决定。我国的指导性案例由最高人民法院审判委员会讨论决定,确定了指导性案例的法律效力,即与司法解释效力等同,下级法院应当参照执行。

(二)典型指导性案例 2 例

指导性案例创制实体法规则:最高人民法院公布之第四批指导性案例 15 号:徐工集团工程机械股份有限公司诉成都川交工贸有限责任公司等买卖合同纠纷案,关键词:民事、关联公司、人格混同、连带责任,裁判要点:1.关联公司的人员、业务、财务等方面交叉或混同,导致各自财产无法区分,丧失独立人格的,构成人格混同。2.关联公司人格混同,严重损害债权人利益的,关联公司相互之间对外部债务承担连带责任。

裁判理由:《中华人民共和国公司法》(以下简称《公司法》)第 3 条第 1 款规定:"公司是企业法人,有独立的法人财产,享有法人财产权。公司以其全部财产对公司的债务承担责任。"公司的独立财产是公司独立承担责任的物质保证,公司的独立人格也突出地表现在财产的独立上。当关联公司的财产无法区分,丧失独立人格时,就丧失了独立承担责任的基础。《公司法》第 20 条第 3 款规定:"公司股东滥用公司法人独立地位和股东有限责任,逃避债务,严重损害公司债权人利益的,应当对公司债务承担连带责任。"本案中,3 个公司虽在工商登记部门登记为彼此独立的企业法人,但实际上相互之间界线模糊、人格混同,其中川交工贸公司承担所有关联公司的债务却无力清偿,又使其他关联公司逃避巨额债务,严重损害了债权人的利益。上述行为违背了法人制度设立的宗旨,违背了诚实信用原则,其行为本质和危害结果与《公司法》第 20 条第 3 款规定的情形相当,故参照《公司法》第 20 条第 3 款的规定,川交机械公司、瑞路公司对川交工贸公司的债务应当承担连带清偿责任。①

本案中,法院判决实质创立了一条实体法规则,弥补了司法实践中公司股

---

① 最高人民法院.徐工集团工程机械股份有限公司诉成都川交工贸有限责任公司等买卖合同纠纷案[J].最高人民法院公报,2013(7):37.

东恶意创立关联公司,将本公司和关联公司进行混同,对外逃避债务行为的规制。本书认为,法院实质上依据民事实体法中的帝王法则——诚实信用原则,对本案进行判决,并且创制了一种更加细化的裁判规则或者实体法规则。

指导性案例创制程序法规则最高人民法院公布之第一批指导性案例2号的裁判要点:民事案件二审期间,双方当事人达成和解协议,人民法院准许撤回上诉的,该和解协议未经人民法院依法制作调解书,属于诉讼外达成的协议。一方当事人不履行和解协议,另一方当事人申请执行一审判决的,人民法院应予支持。

法院认为:西城纸业公司对于撤诉的法律后果应当明知,即一旦法院裁定准予其撤回上诉,眉山市东坡区人民法院的一审判决即为生效判决,具有强制执行的效力。虽然二审期间双方在自愿基础上达成的和解协议对相关权利义务作出约定,西城纸业公司因该协议的签订而放弃行使上诉权,吴梅则放弃了利息,但是该和解协议属于双方当事人诉讼外达成的协议,未经人民法院依法确认制作调解书,不具有强制执行力。西城纸业公司未按和解协议履行还款义务,违背了双方约定和诚实信用原则,故对其以双方达成和解协议为由,主张不予执行原生效判决的请求不予支持。

《中华人民共和国民事诉讼法(旧)》第207条第2款:在执行中,双方当事人自行和解达成协议的,执行员应当将协议内容记入笔录,由双方当事人签名或者盖章。一方当事人不履行和解协议的,人民法院可以根据对方当事人的申请,恢复对原生效法律文书的执行①。

本书认为,此指导性案例创制了一种程序法规则,对民事判决的既判力进行了过度的扩张。本案中,上诉人撤回对被上诉人的上诉,一审判决就发生法律效力。根据民事诉讼既判力理论,一审判决遮断了言词辩论终结以前当事人主张的事实和证据资料,而一审判决后,当事人对一审判决的法律关系进行了变更,达成新的和解协议时,那一审判决内容就被适度修改。当事人双方享有民事处分权,既能够处分实体权利、又能够处分程序权,那么新产生的和解协议应当拘束双方当事人,也能够约束法院。本指导性案例的裁判要点,否定了当事人这种和解协议的法律效力,创制了一种新的判决效之程序法规则,值得商榷。

① 最高人民法院.吴梅诉四川省眉山西城纸业有限公司买卖合同纠纷案[J].最高人民法院公报,2012(2):27.

第二节　案例指导制度下恶意管辖行为之规制

民事诉讼管辖制度作为当事人进行诉讼必须首先解决的"司法门槛",虽然属于一种程序规则,并不是特别明显地关涉当事人的民事实体权益。但是,民事案件的管辖直接涉及当事人进行诉讼的程序耗费,影响到进行诉讼的金钱支出、时间耗费以及精力;另外,在现今我国四级两审终审制的审级制度架构下,各地法院对于类似案件的裁判,由于主客观的原因,无法避免同案不同判的尴尬局面,进而间接地影响当事人的实体权益。因此,当事人实质上已经把民事案件的管辖,作为头等关注的事项。

我国民事诉讼法立法还比较原则,对于一些具体的程序法规范,没有进行细致的规定。依据我国民事诉讼法,当事人进行民事诉讼应当遵循平等原则、诚实信用原则等基本原则,在无具体规定的情况下,法官应当适用抽象的基本原则进行判案。最高人民法院已经制定了《最高人民法院关于案例指导工作的规定》,指导各级法院在司法审判中,适用法律、司法解释的同时,以判例中创立的规则作为裁判依据。《案例指导工作的规定》第2条规定,本规定所称指导性案例,是指裁判已经发生法律效力,并符合以下条件的案例:(一)社会广泛关注的;(二)法律规定比较原则的;(三)具有典型性的;(四)疑难复杂或者新类型的;(五)其他具有指导作用的案例。最高人民法院可以建立专门针对管辖问题的判例,指导各级人民法院对于管辖问题的审理和裁定。

一、《民事诉讼法》赋予了法院制定管辖指导案例的权力

《案例指导工作的规定》第2条第1款规定,法律规定比较原则的案例,人民法院可以制定指导性案例。《民事诉讼法》第13条规定,民事诉讼应当遵循诚实信用原则。当事人有权在法律规定的范围内处分自己的民事权利和诉讼权利。民事诉讼法中,所有的诉讼参与人都应当遵循诚实信用原则,诚实地进行诉讼,不得恶意进行管辖诉讼行为。《民事诉讼法司法解释》已经将典型的格式合同管辖协议条款,进行了严格的约束,这就是诚实信用原则的具体体现。司法诉讼的复杂性,必定在司法实践中会不断出现疑难复杂或者典型性的管辖案件,最高人民法院就应当依据《案例指导工作的规定》选取具有案例指导意义的管辖判例,作为今后全国各级法院审理同类管辖案件的指导依据。

二、指导性案例应当加强程序规范的指导

《案例指导工作的规定》第2条规定,本规定所称指导性案例,是指裁判已经发生法律效力,并符合以下条件的案例:(一)社会广泛关注的;(二)法律规定比较原则的;(三)具有典型性的;(四)疑难复杂或者新类型的;(五)其他具有指导作用的案例。可见,我国案例指导规定,还是比较着重案件的实体裁判,轻程序。本书认为,无论在立法还是司法解释中,我们应当同等地看待实体法和程序法,在程序公正原则的指引下,加强对程序问题的引导。民事诉讼管辖,历来不被理论界重视,导致相关的立法和司法实践缺乏逻辑性。司法实践表明,越是诉讼金额大的纠纷案件,当事人提起管辖权异议的比例越高。因为我国民事诉讼法规定了特别丰富的特殊地域管辖,法官、原告、被告,对于这种依据民事诉讼标的或者民事纠纷发生地产生的管辖,往往理解不一致,或者违反诚实信用原则规避管辖。当民事诉讼法和司法解释无法约束这种规避管辖的诉讼行为时,最高人民法院可以通过管辖司法判例,规制这种诉讼行为,以维护程序公正。

三、民事诉讼管辖指导性案例有利于维护法制统一和避免裁判矛盾

我国民事诉讼法采纳两审终审制的审级制度,民事纠纷案件中,当事人最多可以进行一审、二审诉讼就告终结。对于类似案件,特别是管辖的具体案情,各地法院的认识发生不一致时,当事人就会极力地通过司法技术性手段,规避法定管辖,绕开与一方当事人不利的管辖法院,将案件起诉到有利的法院。对方当事人提交管辖权异议申请,受理案件的法院因为立案法官的工作绩效等因素,不愿意将案件进行移送,往往裁定驳回管辖权异议申请。另外,我国民事诉讼级别管辖中,对于案件性质、影响大小等因素的规定非常之抽象,绝大多数案件都是由基层法院作为一审,二审为中级法院,案件的终审级别较低。虽然对于生效的管辖裁定,当事人可以申请再审,但是法院对于这种纯粹程序性的争议,启动再审审理的比例不大。

如果最高人民法院发布具有典型性的管辖案件指导案例,就能够充分地保障受到不利管辖当事人的合法权益,也可以防止各地法院对于类似管辖问题作出矛盾的裁定,并对法律和司法解释条文作出统一的理解。最终维护法律统一,避免裁判矛盾。

虽然我国现在采纳两审终审的审级制度,但是最高人民法院会适时地在权威期刊《最高人民法院公报》上刊登若干具有典型意义的案例。管辖问题是基层法院受理案件必须首先解决的先决程序问题,而且属于案件的诉讼要件,如果此问题没有解决好,会影响后续的实体审理的公平。而且,当事人也会从根本上对法院审理此案件产生不信任,虽然被告当事人可以对案件提起管辖权异议,但是司法实践中,客观上法院系统会竭力维护自己已经立案的民事案件,不愿意将案件裁定移送给其他法院。其他法院也不愿意接受移送,因为前法院的裁定对于接受移送案件的法院具有拘束力。

因此,我国应当建构完善的案例指导制度,规范当事人滥用诉讼权利,违反诚实信用原则规避管辖。

四、我国管辖制度之案例指导规则建构建议

我国民事诉讼法规定了民事诉讼基本原则,包括当事人平等原则、辩论原则、诚实信用原则,而基本不同于具体的诉讼规则,法官在民事诉讼中必须首先适用民事诉讼法律具体规范,只有当民事诉讼规范无法公平且合目的性地处理案件时,法官才能够适用抽象的基本原则。另外,"在某种意义上,所有的民事诉讼程序都可以适用基本原则作为判决的依据,其后果是使当事人无法精确地预测自己的行为在法律上的评价,整部民事诉讼法规范亦将'软化',形同虚设,诉讼过程中,如果出现法无明文规定的情形,法院应依多种解释学方法,寻找本案的具体法律依据,其间,法院当然应当参酌基本原则"①。民事诉讼法基本原则主要功能有两项,其一,统和民事诉讼具体规范,为民事诉讼立法和司法提供最高行为准则;其二,弥补民事诉讼具体规范的不足,在面临新案件新情况时,法官可以依据民事诉讼基本原则裁判案件。

民事诉讼管辖在理论界,可能长期不受特别的关注,与之形成鲜明对比,在司法实践中,当事人非常在意本案的管辖,有时对管辖的关注度甚至超过本案的实体结果。民事诉讼管辖的具体规范不够原则,也缺乏灵活性,有时管辖规定之间存在某种冲突。本书认为,我国应当适时建构民事诉讼管辖案例指导制度,体现民事诉讼诚实信用原则,公平维护双方当事人的程序利益与实体利益。

(一)地方各级法院应当加强案件管辖的调研

根据我国最高人民法院颁布的指导性案例规定,地方各级法院法官在审理案件中,发现案件的管辖问题争议较大,并且法定管辖或者约定管辖的执行可能会违反当事人平等原则以及诚实信用原则时,法官可以对案件裁定,并将裁定报请本院审判委员会讨论决定,逐层上报最高人民法院。

(二)案件承办律师可以推荐管辖异议案件

作为当事人代理人之律师,为当事人在案件中最为信任的诉讼参与人,律师精通法律,当遇到管辖争议,法院依据民事诉讼基本原则之诚实信用原则裁定时,可以通过各级律师协会层层上报全国律师协会,最后报请最高人民法院

---

① 杨荣馨.民事诉讼原理[M].北京:法律出版社,2003:102.

进行筛选,作为指导性案例向全国公布。

(三)法院应当制裁故意违反诚实信用原则规避管辖的当事人

当事人进行民事诉讼,应当遵守民事诉讼法及司法解释的规定。《民事诉讼法》第 13 条规定了诚实信用原则,不仅当事人,而且法官都应当遵守。如果当事人违反诚实信用原则,规避诚实信用原则,侵犯对方当事人合法权益,造成民事诉讼审理拖延的,应当受到司法处罚。

参考文献

一、专著类

[1][日]谷口安平.程序的正义与诉讼[M].王亚新,刘荣军,译.北京:中国政法大学出版社,1996.

[2]常怡.比较民事诉讼法[M].北京:中国政法大学,2002.

[3]陈业宏,唐鸣.中外司法制度比较研究[M].北京:商务印书馆,2015.

[4]张卫平.民事诉讼法.[M].3版.北京:法律出版社,2013.

[5]陈朝壁.罗马法原理[M].台北:台湾商务印书馆,1974.

[6]谢怀栻.德意志联邦共和国民事诉讼法[M].北京:中国法制出版社,2000.

[7][德]罗森贝克,施瓦布,戈特瓦尔德.德国民事诉讼法.[M].16版.李大雪,译.北京:中国法制出版社,2007.

[8]雷万来.民事证据法论[M].台北:瑞兴图书股份有限公司,1997.

[9][日]兼子一,竹下守夫.民事诉讼法[M].白绿铉,译.北京:中国政法大学出版社,1995.

[10]王甲乙,杨建华,郑健才.民事诉讼法新论[M].台北:广益印书局.1983.

[11][德]奥特马·尧厄尼希.民事诉讼法.[M].27版.周翠,译.北京:法律出版社,2003.

[12]章武生,等.司法现代化与民事诉讼制度的建构[M].北京:法律出版社,2000.

[13]杨荣馨.民事诉讼原理[M].北京:法律出版社,2003:102.

[14]江伟,肖建国.民事诉讼法.[M].7版.北京:中国人民大学出版社,2015.

[15][法]孟德斯鸠.论法的精神(上册)[M].张雁深,译.北京:商务印书馆,1961.

[16]法学教材编辑部《罗马法》编写组.罗马法[M].北京:群众出版社,1983.

[17]周楠.罗马法原论(下册)[M].北京:商务印书馆,1994.

[18]史尚宽.民法总论[M].北京:中国政法大学出版社,2000.

[19]张晋藩.中国民事诉讼制度史[M].成都:巴蜀书社,1999.

[20]张贤钰.婚姻家庭法教程[M].北京:法律出版社,1995.

[21]石志泉,杨建华.民事诉讼法释义[M].台北:三民书局,1981.

[22]王锡三.民事诉讼法研究[M].重庆:重庆出版社,1996:66.

[23]李新天.违约责任比较研究[M].武汉:武汉大学出版社,2005.

[24]最高人民法院保险法司法解释起草小组.中华人民共和国保险法保险合同章(条文理解与适用)[M].北京:中国法制出版社,2010.

[25]肖学治.融资租赁合同[M].北京:中国民主法制出版社,2003.

[26]王书江.中国商法[M].北京:中国经济出版社,1994.

[27]徐学鹿.商法学[M].北京:中国财政经济出版社,1998.

[28]黄立.民法债编总论[M].台北:元照出版公司,1995.

[29]王泽鉴.商品制造者责任与纯粹经济上损失(之一)[M]//王译鉴.民法学说与判例研究(8)[M].北京:中国政法大学出版社,1998.

[30]王泽鉴.民法物权(第一册)[M].北京:中国政法大学出版社,2002.

[31]李浩.证据法学[M].北京:高等教育出版社,2015:99.

[32]陈荣宗,林庆苗.民事诉讼法[M].台北:三民书局,1996.

[33]常怡.民事诉讼法学.[M].3版.北京:中国政法大学出版社,1999.

[34][日]新堂幸司.新民事诉讼法[M].林剑锋,译.北京:法律出版社,2008.

[35]白绿铉.日本新民事诉讼法[M].北京:中国法制出版社,2000.

[36][日]中村英郎.新民事诉讼法讲义[M].陈刚,林剑峰,郭美松,译.常怡,审校.法律出版社,2001.

[37][美]杰克·H.佛兰德泰尔,玛丽·凯·凯恩,阿瑟·R.米勒.民事诉讼法.[M].3版.夏登峻,黄娟,唐前宏,王衡,译.夏登峻,校.北京:中国政法大学出版社,2003.

[38]李祖军.民事诉讼目的论[M].北京:法律出版社,2000.

[39]张卫平.诉讼构架与程式:民事诉讼的法理分析[M].北京:清华大学出版社,2000.

[40]蔡章麟.民事诉讼法上诚实信用原则[M].//杨建华.民事诉讼法论

文选辑(上).台北:五南图书出版公司,1984.

[41][英]A.L.科宾.科宾论合同.1卷版.上册[M].王卫国,徐国栋,夏登峻,译.北京:中国大百科全书出版社,1997.

[42]卢云.法学基础理论[M].北京:中国政法大学出版社,1994.

[43]邱联恭.司法之现代化与程序法[M].台北:三民书局,1992.

[44]徐继军.专家证人研究[M].北京:中国人民大学出版社,2004.

[45]骆永家.既判力之研究[M].台北:台大法学丛书编辑委员会,1975.

[46]李浩.民事举证责任研究[M].北京:中国政法大学出版社,1993.

[47]王敬藩.民事诉讼法教学案例[M].北京:中国政法大学出版社,1999.

[48]夏勇.走向权利的时代(中国公民权利发展研究)[M].北京:中国政法大学出版社,2000.

[49]王甲乙,杨建华,郑健才.民事诉讼法新论[M].台北:广益印书局,1983.

[50]邱联恭.程序制度机能论[M].台北:三民书局,1996.

[51]张卫平.程序公正实现中的冲突与衡平——外国民事诉讼研究引论[M].成都:成都出版社,1993.

[52]江伟,傅郁林,等.民事诉讼法学.[M].2版.北京:北京大学出版社,2014.

[53][德]莱奥·罗森贝克.证明责任论.[M].4版.庄敬华,译.中国法制出版社,2002.

[54][德]莱奥·罗森贝克.证明责任论.[M].4版.仓田卓次,译.日本判例时报,1987.

[55]骆永家.民事举证责任论[M].台北:台湾商务印书馆,1981.

[56]石志泉,杨建华.民事诉讼法释义[M].台北:三民书局,1981.

[57][日]松冈义正.民事证据论[M].张知本,译.北京:中国政法大学出版社,2004.

[58][意]贝卡利亚.论犯罪与惩罚[M].黄风,译.北京:中国大百科全书出版社,1993:15.

[59]汪世荣.中国古代判例研究[M].上海:复旦大学出版社,1997.

二、论文类

[1]肖建国,刘东.管辖规范中的合同履行地规则研究[J].现代法学,2015,(5).

[2]陈兴良.案例指导制度的法理思考[J].法制与社会发展.2012(3).

[3]四川省高级人民法院、四川大学联合课题组.中国特色案例指导制度的发展与完善[J].中国法学.2013(3).

[4]史长青.和解与法律文化传统——ADR对司法职能的冲击[J].法律科学(西北政法大学学报),2014(2):

[5]肖建国,刘东.管辖规范中的合同履行地规则研究[J].现代法学,2015(5)。

[6]李浩.民事诉讼专属管辖制度研究[J].法商研究,2009,130(2).

[7]李浩.民事诉讼管辖制度的新发展——对管辖修订的评析与研究[J].法学家,2012(4).

[8]杨秀清.解读民事诉讼中的诚实信用原则[J].河北法学,2006(3).

[9]唐力.司法公正实现之程序机制——以当事人诉讼权保障为侧重[J].现代法学,2015(7):52.

[10]王福华.协议管辖制度的进步与局限[J].法律科学(西北政法大学学报),2012(6).

[11]最高人民法院.吴梅诉四川省眉山西城纸业有限公司买卖合同纠纷案[J].最高人民法院公报,2012(2):27.

[12]最高人民法院.徐工集团工程机械股份有限公司诉成都川交工贸有限责任公司等买卖合同纠纷案[J].最高人民法院公报,2013(7).

[13]司法部基层工作指导司人民调解处.2015年度全国人民调解工作数据统计[J].人民调解,2016(4).

[14]汤维建.两大法系民事诉讼制度[C]//陈光中,江伟.诉讼法论丛(第1卷).北京:法律出版社,1998.

[15]聂明根.民事诉讼法上诚实信用原则[C]//陈光中,江伟.诉讼法论丛(第4卷).北京:法律出版社,2000.

[16]曾华松.确认诉讼实务问题之研究(之一)[C]//民事诉讼法研究基金会.民事诉讼法之研讨(八).台北:三民书局,1999.

[17]张卫平.管辖权异议:回归原点与制度修正[J].法学研究.2006(4).

[18]孙森炎.民事诉讼之起诉:论诉权学说及其实用[C]//杨建华.民事诉讼法论文选辑(下).台北:五南图书出版公司,1984.

[19]吕太郎:诉之利益之判决(之一)[C]//民事诉讼法研究基金会.民事诉讼法之研讨(四).台北:三民书局,1993.

[20]曾红梅.美国民事审判改革之比较研究[C]//陈刚.比较民事诉讼法

(第一卷).北京:中国人民大学出版社,2001.

[21]邱联恭.突袭性裁判[C]//民事诉讼法研究会.民事诉讼法之研讨(一).台北:三民书局,1986.

[22]罗筱琦.民事判决对象的比较研究[C]//陈刚.比较民事诉讼法(第一卷).北京:中国人民大学出版社,2001.

[23]邱联恭.民事诉讼研究会.处分权主义、辩论主义之新容貌及机能演变——着重评析其如何受最近立法走向所影响及相关理论背景[C]//台北:民事诉讼法之研讨(九)台北:三民书局,2000.

[24]严仁群.管辖规范中的实体要素[J].法律科学(西北政法大学学报),2013(2).

[25]最高人民法院.北京智扬伟博科技发展有限公司与创思生物技术工程(东莞)有限公司、河南省开封市城市管理局居间合同案[J].最高人民法院公报,2009(7).

三、网站类

[1]中国裁判文书网.最高人民法院(2016)民辖终21号民事裁定书.(2016-12-14)[2017-04-29].http://wenshu.court.gov.cn/list/list/?sorttype=1&conditions=searchWord+QWJS+++全文检索.

[2]法制日报转引人民网.(2015-06-13)[2016-10-21].http://legal.people.com.cn/n/2015/0613/c188502-27148536.html.)

[3]东方法眼.全国基层法院数量及办案情况数据.(2011-10-26)[2017-07018].http://www.dffyw.com/sifashijian/ziliao/201110/25845.html

[4]中国裁判文书网.最高法民辖19号民事裁定书.(2016-11-13)[2017-04-29].http://wenshu.court.gov.cn/list/list/?sorttype=1&conditions=searchWord+QWJS+++.

[5]北大法宝.甘某某申请承认外国法院判决纠纷案.(2012-02-13)[2017-03-21].http://scslsxh.chinalawinfo.com/case/displaycontent.asp?Gid=118624771&Keyword=北大法宝.

[6]北大法宝.仇易申请承认离婚判决纠纷案.(2006-11-06)[2017-03-21].http://scslsxh.chinalawinfo.com/case/displaycontent.asp?Gid=117512022&Keyword=北大法宝.

[7]中国裁判文书网.最高人民法院(2013)民一终字第87号民事裁定书.(2013-09-10)[2017-04-29].http://wenshu.court.gov.cn/list/list/?sorttype=1&conditions=searchWord+QWJS+++全文检索.

[8] 中国裁判文书网.最高人民法院(2013)民一终字第96号民事裁定书.(2013-09-10)[2017-04-29]. http://wenshu. court. gov. cn/list/list/? sorttype=1&conditions=searchWord+QWJS+++全文检索.

[9] 最高人民法院裁判文书沧州市中级人民法院.(2015)沧立民终-第590号民事裁定书.(2016-01-07)[2017-4-29]. gov. cn/list/list/? sorttype=1&conditions=searchWord+QWJS+++全文检索.

[10] 中国裁判文书网.最高人民法院(2015)民一终字第120号民事裁定书.(2015-11-06)[2017-03-14]. http://wenshu. court. gov. cn/content/content?DocID=f69250b5－7e67-42c1-bb72-66146b374f62&KeyWord=管辖|裁定.

[11] 中国裁判文书网.最高人民法院(2013)民四终字第31号民事裁定书.(2013-09-06)[2017-04-29]. http://wenshu. court. gov. cn/list/list/? sorttype=1&conditions=searchWord+QWJS+++全文检索.

[12] 中国裁判文书网.最高人民法院(2014)民四终字第16号民事裁定书.(2014-09-16)[2017-04-29]. http://wenshu. court. gov. cn/list/list/? sorttype=1&conditions=searchWord+QWJS+++全文检索.

[13] 中国裁判文书网.最高人民法院(2013)民二终字第35号民事裁定书.(2013-12-4)[2017-04-29]. http://wenshu. court. gov. cn/list/list/? sorttype=1&conditions=searchWord+QWJS+++全文检索.

[14] 中国裁判文书网.最高人民法院(2016)最高法民辖29号民事裁定书.(2016-12-30)[2017-04-29]. http://wenshu. court. gov. cn/list/list/? sorttype=1&conditions=searchWord+QWJS+++全文检索.

[15] 中国裁判文书网.最高人民法院(2013)民一终字第31号民事裁定书.(2013-09-10)[2017-04-29]. http://wenshu. court. gov. cn/list/list/? sorttype=1&conditions=searchWord+QWJS+++全文检索.

[16] 最高人民法院指导案例网.指导案例68号:上海欧宝生物科技有限公司诉辽宁特莱维置业发展有限公司企业借贷纠纷案.(2016-9-30)[2016-12-22]. http://www. court. gov. cn/fabu-xiangqing-27841. html.

[17] 中国裁判文书网.最高人民法院(2013)民一终字第78号民事裁定书.(2013-12-04)[2017-04-29]. http://wenshu. court. gov. cn/list/list/? sorttype=1&conditions=searchWord+QWJS+++全文检索.

[18] 中国裁判文书网.最高人民法院(2013)民一终字第78号民事裁定书.(2016-03-17)[2017-04-29]. http://wenshu. court. gov. cn/content/

content? DocID=954ddc68-213f-4d29-98ef-fdde4d4c2ae1&KeyWord=专属管辖|裁定,2017年3月21日登录.

[19]中国裁判文书网.最高人民法院(2013)民提字第11号民事裁定书.(2013-12-14)[2017-03-14].http://wenshu.court.gov.cn/content/content?DocID=f054baac-b647-11e3-84e9-5cf3fc0c2c18&KeyWord=管辖|裁定.

[20]中国裁判文书网.最高人民法院(2014)民二终字第180号民事裁定书.(2015-04-23)[2017-04-25].http://wenshu.court.gov.cn/list/list/?sorttype=1&conditions=searchWord+QWJS+++全文检索.

[21]中国裁判文书网.最高人民法院(2013)民一终字第132号民事裁定书.(2014-01-02)[2017-03-14].http://wenshu.court.gov.cn/list/list/?sorttype=1&conditions=searchWord+QWJS+++全文检索.

[22]中国裁判文书网.最高人民法院(2014)民一终字第288号民事裁定书.(2015-10-19)[2017-04-29].http://wenshu.court.gov.cn/list/list/?sorttype=1&conditions=searchWord+QWJS+++全文检索.

后 记

诚实信用原则作为私法领域内的"帝王法则",现今已经融入大陆法系各国民事实体法和民事诉讼法中。作为民事诉讼抽象的指导思想,民事诉讼基本原则对民事诉讼立法与司法实践,均具有最高的统领作用。然而,民事诉讼基本原则自身所具有的抽象性,必定导致其可操作性不强,不可能被法院有效地适用。民事诉讼中,法官应当查清案情后,对案件适用法律作出判决。法官首先适用法律的具体规定,只有在无明确法律规定时,才可以适用民事诉讼基本原则。民事诉讼诚实信用原则,早已被大陆法系德国、日本等民事诉讼法采纳,我国在最近一次修改《民事诉讼法》时,也采纳了诚实信用原则。德国民事诉讼法没有直接规定诚实信用原则,而规定了当事人真实义务、完整义务,作为诚实信用原则的主要形态。与其他大陆法系国家民事诉讼法不同,我国民事诉讼法直接将诚实信用原则进行立法。

笔者通过司法实践调研发现,不怎么被民事诉讼理论界关注的民事诉讼管辖制度反而成了民事诉讼中当事人非常在意的诉讼制度。民事诉讼管辖制度决定了当事人应当提起诉讼的级别管辖和地域管辖。我国地域广阔,幅员辽阔,东西部发展不平衡,各地经济社会水平差距较大。大量民事一审案件都由基层法院管辖,司法判决定分止争,我国民事诉讼采纳两审终审制,地、市、自治州中级人民法院往往作为民事案件的终审法院。有时针对同类型案件,不同地方的法院判决大相径庭,这不符合司法原则。所以,当事人会竭尽全力将案件提交到自己住所地法院或者其比较熟悉的法官审理。在实体利益与程序利益的驱动下,当事人乃至法官时常滥用管辖权。对于当事人滥用管辖权的行为,民事诉讼法的规定不是很完善,应当通过民事诉讼诚实信用原则加以规范。

笔者通过大量的司法实践调查,对当事人、法官滥用管辖权的情形进行了分析、总结,并试图提出以指导性案例的方式规范诉讼主体的管辖权,以维护民事诉讼程序公正。落实民事诉讼基本原则是一项系统工程,笔者只是将诚实信用原则与管辖制度进行了一定程度的"链接",其中的论述还有不尽完善之处。笔者将在后续的研究工作中,继续加以完善。

西南政法大学法学院博士研究生导师李祖军教授,作为我的硕士研究生导师和博士研究生导师,给予了我学业上、生活上无微不至的指导与关怀,在此特地向他致以最诚挚的感谢。

四川理工学院法学院杨汉国院长等领导对我的写作提供了大量的帮助,并从工作上、生活上给予我支持和鼓励,在此表示衷心感谢。

妻子严俊一如既往的大力支持,成为我顺利完成学业、不断进步的最宝贵财富。在此我感谢一切关心过、支持过、帮助过我的各位老师、领导、亲友、朋友。

宋　平
2017 年 9 月于四川理工学院法学院